**ACTING
ONE**

액팅 원

초판 1쇄 펴낸날 | 2006년 6월 20일
개정증보판 1쇄 펴낸날 | 2012년 3월 5일
개정증보판 8쇄 펴낸날 | 2023년 5월 30일

지은이 | 로버트 코헨
옮긴이 | 박지홍
편 집 | 김인숙, 김성천
관 리 | 김세정

펴낸이 | 박세경
펴낸곳 | 도서출판 경당
출판 등록 | 1995년 3월 22일(등록번호 제1-1862호)
주 소 | 04002 서울시 마포구 월드컵로5나길 18 대우미래사랑 209호
전 화 | 02-3142-4414~5
팩 스 | 02-3142-4405
이메일 | kdpub@naver.com

ISBN 978-89-86377-44-6 03680
값 20,000원

*잘못 만들어진 책은 구입처에서 바꾸어드립니다.

ACTING ONE

액팅 원

연기에 대해 알아야 할 모든 것

개정
증보판

로버트 코헨 지음 | 박지홍 옮김

경당

UC 어바인 연극과의
과거, 현재, 미래의 동료들에게
이 책을 바친다

추천의 글

우선 강단에서 학생들을 가르치는 선생으로서 이런 좋은 책을 만나게 된 것을 무척 기쁘게 생각합니다.

국내 공연시장 규모는 연간 약 3,000억 원으로 해마다 빠른 성장을 거듭하고 있습니다. 하지만 기초적인 인프라 구축에 많은 노력을 쏟지 못하고 있는 것이 현실이며, 이것은 국내 연극·영화계가 안고 있는 큰 과제가 아닐 수 없습니다.

특히 앞으로 공연예술계를 이끌어갈 젊은 학생들은 더없이 귀중한 자산이 아닐 수 없습니다. 따라서 이에 따른 전문 인력 교육은 국가의 문화 수준을 결정짓는 중요한 부분이라 할 수 있습니다. 훌륭한 인력 구성을 위한 교육 프로그램이나 콘텐츠 개발의 필요성이 매우 시급하고 절실하다고 하겠습니다.

저도 어느덧 강단에 선 지 20여 년이 흘렀습니다.

1984년에 뉴욕대학교 대학원에서 공연학과 석사 과정을 밟기 시작하여 공부를 마치고 1987년 한국에 들어오면서 가졌던 가장 큰 고민 중 하나는 학부 학생들에게 어떤 교재를 선택해줘야 하는가였습니다.

바로 그때 여지없이 고른 책이 《액팅 원 *Acting One*》입니다. 연기 이론을 다룬 교재는 사실 굉장히 많습니다. 다양한 종류의 교재가 연기 수업에 쓰이고 있지만, 이 책은 그중에서 가장 기본적인 연기 이론을 착실히 다룬 좋은 교재로 꼽을 수 있습니다. 실제로 미국에서도 가장 많이 쓰이는 교재이기도 합니다.

그래서 우리 학생들에게 추천해도 손색이 없다는 판단 아래, 저도 1988년부터 강단에서 교재로 사용해오고 있습니다. 그간 개인적으로 번역을 꼭 해야겠다고 마음먹고 있었으나 실행에 옮기지 못했는데, 박지홍 교수가 이런 좋은 결과물을 선보이게 되어 감회가 더욱 남다르지 않을 수 없습니다.

《액팅 원》은 번역서이지만 우리 실정에도 적합한 내용들로 구성되어 있을 뿐 아니라, 1984년 초판 이래로 미흡했던 부분들을 보완한 2008년 개정 5판을 번역 텍스트로 삼은 것입니다. 따라서 기초 연기 습득을 목적으로 하는 연극영화과 학생들뿐만 아니라 무대에서 활동하고 있는 수많은 전문 배우들에게도 도움이 될 만한 흠집 없이 완벽한 최신 교재로 다시 태어났다고 할 수 있겠습니다.

이 책 《액팅 원》이 공연예술계의 열정이 넘치는 무대로 나아가기 위해 오늘도 고된 땀을 흘리는 학생들에게 널리 소개되어 큰 도움이 될 수 있기를 바랍니다.

연출가, 홍익대학교 교수 윤호진

차례

머리말

이 책은 이제 막 연기를 배우기 시작하는 학생들을 위한 입문서이다. 이 책에 있는 총 스물여덟 개의 강의는 연기의 기초를 다지는 1년 또는 2년 과정의 수업에서 다뤄져야 할 기본적인 내용으로 이루어진다. 이 책이 연기에 대한 입문서처럼 보이지만 여기에 담긴 원칙들은 전문 배우가 일생을 두고 탐구하고 완성하는 것이기 때문에, 이 강의를 학습하는 데 필요한 시간은 숙달이 요구되거나 기대되는 정도에 따라 달라진다. 평생을 바친다 하더라도 이 스물여덟 개의 강의 중 어느 하나도 완전히 습득될 수는 없다.

스타일과 성격묘사의 문제들은 초급 연기의 범주를 벗어난 주제이므로 이 책에서는 다루지 않는다. 따라서 이 책은 입문서로서 말하기, 듣기, 전술적 상호작용, 신체화, 장면화, 좋은 선택 등 연기의 기본 원칙들을 다루는 데에 국한되어 있다. 우선 이러한 기초들이 반드시 정립되어야 하는데, 이것들이 모여 사실주의 연기의 포괄적 원칙을 구성하기 때문이다.

하지만 이 책의 모든 내용은 고전주의 시대로부터 현대 아방가르드까지의 연극에서 나타난 수많은 스타일, 성격묘사, 연기방식을 포함한 비사실주의 연기의 기초가 되기도 한다. 이는 영화와 텔레비전, 오페라, 뮤지컬 연기에도 적용된다. 그러므로 《액팅 원》의 내용은 고급 연기 기술의 기초이자 다양한 연기 스타일에 대한 연구인 셈이다. 이 책의 스물여덟 개 강의의 내용을 확실히 습득한다면 당신은 확신을 갖고 보다 전문적인 연기 문제로 옮겨갈 수 있을 것이다.

나는 이 책에서 '젊은 배우' 또는 '초보 배우'라는 말을 여러 번 언급하였는데, 이는 학생 배우들은 당연히 젊고 서툴 것이라는 가정에서이다. 내가 이 점에서 누군가의 기분을 상하게 한다면 미리 양해를 구한다. 물론 훌륭한 기교와 언변으로 연기를 할 수 있는 젊은 초보 배우들도 있다. 한편, 대부분의 학생 배우들은 무대 위에 서면 어찌할 바를 모른다. 경험 있는 선생, 연출가, 관객은 학생들 스스로가 알아차리기 훨씬 전에 이를 알아챌 수 있다. 이는 당신이 연기하는 동안 당신 스스로를 보거나 들을 수 없기 때문이며, 학생 배우는 경험 많은 전문 배우처럼 자신의 연기에 대한 일종의 객관적 타당성을 획득해본 경험이 거의 없기 때문이다. 학생 배우는 무엇인가를 **느낄** 수 있고 그러한 감정의 강도에 (기뻐 날뛰거나) 꽤나 만족스러워 할지도 모르지만, 더 숙련된 전문 배우가 동일한 내용을 가지고 성취할 수 있는 강도에는 아직 미치지 못할 것이다. 초보 배우는 자신이 초심자라는 사실을 기억하는 것이 실제로 도움이 된다. 그렇게 함으로써 당신은 중압감에서 해방되고, 무대 위에 오를 때마다 연극의 성패를 자신의 어깨에 짊어지는 대신 한 번에 한 단계씩 전진할 수 있게 된다. 이 책은 이러한 과정을 시작하고, 초심자가 어느 정도 발전된 단계에 도달하도록 설계되었다.

연기 테크닉과 관련된 이 책의 마지막 부분은 초급 연기 수업에서 항상 다뤄지지는 않는 몇몇 주제를 포함한다. 테크닉이 항상 다뤄지지 않는 이유는, 젊은 배우는 연기가 어떻게 정서적이면서 심리적인 현실과 통제된 연기 '테크닉'을 동시에 포함할 수 있는지를 이해하기가 어렵기 때문이다. 연기는 그럴 수 있다. 실제로 모든 훌륭한 배우들은 배역의 감정을 배역 연기의 기술적 능력과 통합할 수 있다. 어떤 배우들(대개 미국 배우들)은 감정에 대해 더 신경 쓰고, 또 어떤 배우들(대개 영국이나 프랑스 배우들)은 테크닉에 대해 더 신경 쓰는 것이 사실이지만, 당신은 굳이 둘 중의 하나를 선택할 필요는 없다. 마음속에서 우러나는 솔직한 정서적 반응과 뛰어난 연기 테크닉은 서로 다르지 않다. 나는 이 책을 통틀어 진실한 감정과 통제된 연기 테크닉 사이, 그리고 인간적 현실과 연극 예술 사이의 솔직한 관계를 나타내려고 노력했다.

나는 이 책의 전반에 걸쳐 일상적인 용어를 사용하려고 노력했다. 나의 저서들을 포함한 연기에 관한 책들은 종종 의미론과 난처한 씨름을 벌이며, 연기에 관한 토론은 난해한 의미론적 논쟁에 휘말린다. 아마도 이러한 혼란은 연기 분야가 심리학(**역할 연기**role playing, **행동화**acting out)과 철학(**비극**tragedy, **페르소나**persona 등) 분야에 전문 용어들을 제공했기 때문이라고 이해할 수 있다. 그러므로 내가 경우에 따라 다른 사람들이 사용하는 **의도**intention라는 단어 대신 **목표**goal를, 그리고 **목표**Goal, **다른 사람**Other, **전술**Tactics, **기대**Expectation라는 단어들을 기억하도록 돕는 암기 도구로서 각 단어의 알파벳 첫 글자를 따서 활용도가 높은 순으로 배열해 만든 **GOTE**를 사용할 경우를 제외하고는, 연극 용어(일반적으로는 정확하게 정의되지 않은 단어들)를 지속적으로 사용했다.

끝으로 나는 연기를 책으로 배울 수 없다는 사실을 누구보다도 더 잘 알고 있다. 하지만 연기는 분명 배울 수 있는 것이며, 미국 전역에서 배우 훈련의 폭발적인 증가는 지난 30년간 연기 분야의 변화를 초래했다. 하지만 배우 교습에서의 핵심 요소는 선생이다. 나는 이 책이 교실에서의 중심 작업을 해치지 않으면서 자극을 줄 수 있도록, 제한적이고 지시적이기보다는 개방적이고 제시적인 것이 되도록 노력했다. 연기와 배우 훈련은 집단적이고 협력적인 기술 과정 안에서의 개인적인 예술이다. 배우는 기술뿐 아니라 자기 자신을 계발해야 하는데, 연극 예술이 그 두 가지 요소로 만들어지기 때문이다. 이 책은 독자들의 개인적 특성을 전혀 고려하지 않으나, 당신(배우 또는 선생)이 해석하고 실행할 때 비로소 교육 효과가 있다. 나는 예술에서 매우 중요한 요소라고 생각하는 이러한 상호작용을 위해 가급적 많은 여지를 남겨두려고 노력했다.

이번에 이 책을 개정하는 기회를 다시 한 번 갖게 되어 매우 행복하다. 이 개정판에서는 이 책의 중심 개념들을 표현하고 설명하는 더 나은 방법들을 찾고자 했으며, 뛰어난 배우들(수전 서랜던, 제임스 칸, 벤 킹슬리, 에릭 보고지언, 메릴 스트립, 윌렘 대포, 케이트 블란쳇)과 비평가 월터 커, 극작가 겸 연출가인 조지 버나드 쇼의 인용구들을 새로 추가하여 본문의 내용을 보강했다.

감사의 글

이 개정판의 준비 과정에서 도움을 준 윌리엄스타운 연극제의 홍보담당 부서 (줄리엣 플린트)와 사우스 코스트 레퍼토리의 홍보담당 부서(버네사 넬슨), 그리고 영국의 돋보이는 학자이자 가면 제작자인 크리스 버베인에게 감사를 표한다.

또한 맥그로-힐 출판사의 편집자들인 크리스 프라이탁, 캐롤라인 라이언, 존-데이비드 헤이그, 지나 보데커, 베스 에벤스타인의 조언과 이 책의 출판 매니저 멜리사 윌리엄스, 매트릭스 프로덕션의 프로덕션 매니저 에런 다우니, 분명하면서도 우아한 필체로 원고를 윤색해준 훌륭한 교열 담당자 퍼트리샤 허브스트의 예리한 안목에 진심으로 감사한다.

그리고 집필 당시에는 몰랐지만 이전 판版의 리뷰를 맡아 사려 깊은 제안들이 개정판에 반영되도록 해주신 분들이 있다. 이 책이 출판되고 나서야 알게 된 새들백대학의 패트릭 J. 페널, 미네소타주립대학교 맨케이토 캠퍼스의 니나 르노아, 사우스플로리다대학교의 데이비드 만, 인디애나대학교의 머레이 맥기번에게 진심으로 감사의 뜻을 전한다.

I

연기를 위한 준비

연기는 가르칠 수 있는가?

그렇다. 물론 연기는 가르칠 수 있다. 미국 내에서만 수천 개의 대학, 연극학교, 워크숍, 전문 스튜디오 등에서 정규 과목으로 연기를 가르친다. 요즘 직업 배우의 길로 들어서는 거의 모든 젊은이들은 어느 정도의 정규적인 연기 수업을 받았으며, 수많은 직업 배우들도 이미 성공했음에도 불구하고 오랜 기간 훈련을 지속한다. 따라서 연기는 가르칠 수 있을 뿐 아니라 배울 수 있는 것이다.

물론 특정한 책을 읽거나, 유능한 스승에게 배우거나, 우수한 교육 프로그램에 등록한다고 해도 탁월한 배우가 되거나 심지어 어지간한 배우가 된다는 보장은 받을 수 없다. 훌륭한 연기는 지성, 상상력, 심리적 자유, 신체적 기민성, 발성의 강도와 유연성, 정서적 심도, 그리고 실수, 비평, 관찰로부터의 습득 능력 등 매우 뛰어난 재능들의 조합을 필요로 한다. 이것은 또한 재치, 매력, 자부심, 확신, 정직, 대담성, 권위, 열정, 솔직함 등 개인의 용기를 필요로 한다. 이러한 특성들은 직접적으로 가르칠 수 없으며, 인생 경험과 연기 수련을 통해 습득된다.

그러므로 가르칠 수 있다는 사실이 바로 연기 예술로의 시작이다. 이러한 가르침은 단순히 당신에게 무대를 가리키는 것 이상이며, 성문화된 규칙과 규정을 부여하는 것 이하이다. 그리고 연기자 스스로를 최대한 활용할 수 있도록 돕고, 음성과 신체를 비롯한 연기 도구를 보다 유용하고 활발한 도구로 수련하도록 돕는 방법이다. 또한 인생에서 터득한 것을 예술로 전환시키는 예술, 즉 연극 예술을 배울 수 있도록 돕는 방법이다. 이러한 시작을 제공하는 것이 이 책의 목표이다.

제1강

연기의 준비

이완

모든 배우들은 이완의 중요성을 알고 있는데, 이는 연기를 위한 필수적인 시작점이기 때문이다. 이완은 신체적이고 정신적인 것이며, 몸이 상쾌하게 반응하고 마음이 자연스럽게 형성되도록 한다. 이완된 배우는 무엇이든 할 수 있으나, 긴장한 배우는 항상 부자연스럽다.

이완은 강요될 수 없으나, 유도되거나 스스로 유도할 수 있다. 간단한 준비운동, 즉 머리를 원 모양으로 돌리기, 몸을 앞뒤로 굽히기, 그리고 손가락·손·팔·다리를 8자 모양으로 움직이기 등은 신체 근육을 단련하고 긴장을 풀어주는 훌륭한 몸 풀기 테크닉이다. 발끝으로 가볍게 뛰어오르기, 팔·손·얼굴, 몸통을 격렬히 흔들기, 그리고 섀도복싱이나 줄넘기도 몸을 유연하게 하고 이완시킨다. 사실상 모든 배우들은 리허설이나 공연 전에 활용할 수 있도록 이와 같은 운동을 통한 신체 요법을 개발하는데, 당신도 예외는 아니다. 많은 연기 수

자신의 몸을 해방하라

젊은 배우들은 우선 긴장 상태로 연기에 임하는데, 그것이 그들이 할 수 있는 유일한 것이기 때문이다. 하지만 이는 가장 비효율적이다. 자신의 몸속에 있는 모든 근육을 차례로 이완시키는 연습을 하라. 그러면 자신이 지시하는 대로 몸이 반응하고, 생각과 감정은 진실해질 것이다.

—로렌스 올리비에Laurence Olivier*,
젊은 시절의 앤서니 홉킨스Anthony Hopkins**에게 한 조언

* 1907~1989. 영국 태생. 영화 〈폭풍의 언덕 *Wuthering Heights*〉(1939), 〈레베카*Rebecca*〉
(1940), 〈햄릿*Hamlet*〉(1948), 〈리처드 3세*Richard III*〉(1955, 주연·제작·감독·각본) 등에 출연. 1948년 아카데미 최우수작품상, 남우주연상 수상.
** 1937~ . 영국 태생. 영화 〈양들의 침묵 *The Silence of the Lambs*〉(1991), 〈남아 있는 나날*The Remains of the Day*〉(1993), 〈닉슨*Nixon*〉(1995), 〈한니발*Hannibal*〉(2001) 등에 출연. 1992년 아카데미 남우주연상 수상.

업들이 이러한 준비 운동으로 시작하는데도 당신의 수업만 그렇지 않다면, 사전에 자신의 준비 운동을 하면 된다.

정신적 이완은 연기에 관련된 문제들과 맡은 배역의 상황에 좀 더 직접적이고 충분히 집중할 수 있도록 일상의 마음으로부터 벗어나는 것이다. 연기란 무엇보다 하나의 복합적인 정신 활동이므로, 일상에서 극단적 중압감에 시달리고 있을지라도 일상적 문제들로부터 자유로워질수록 자신에게 주어진 연기 상황에 더 깊이 몰입할 수 있게 된다. 신체 운동은 명상, 요가, 유쾌한 상상 또는 편안한 음악 감상과 마찬가지로 이러한 정신적 이완을 성취하도록 돕는다. 연기 수업 중에 정신적 이완을 성취하기 위한 최선의 방법 중의 하나는 단순히 자기 주위를 둘러보고 자신이 보는 것에 대해 자세히 알아보는 것이다. 벽은 무슨 색인가? 수업에는 몇 사람이 참여하는가? 선생님이 콘택트렌즈를 끼고 있는가? 다른 학생들도 당신만큼 안절부절못하고 있는가? 누가 오늘 교재를 가져왔는가? 대부분의 정신적 긴장은 자기 자신에 대한 생각(그리고 '자격 미달'에 대

한 불안감)에서 비롯된 것이기 때문에, 다른 사람들에 대한 생각은 우리를 편안하게 하고 세상을 긍정적으로 만든다.

이완은 연기를 위한 시작점이지 끝점이 아니다. 이완을 '생각하지 않는 것'으로 절대 혼동하지 말라. 이완은 무감각의 상태가 아니라 자신의 주위에 대한 개방과 수용의 상태이며, 극단적인 일상의 문제나 걱정으로부터 해방된 상태를 의미한다. 자신이 원하는 것을 마음껏 생각하라. 하지만 자신의 생각을 파고들거나 자신에 대해 생각하지는 말라. 자신의 눈을 크게 뜨고, 자신의 감각을 깨우고, 자신이 무엇이든 할 수 있다는 생각으로 편안해져라.

◆ **연습 1-1**

이완

양팔을 자유롭게 뻗을 수 있는 충분한 공간을 확보하고 다리를 조금 벌린 자세로 편안히 서라.

숨을 들이쉬면서 양팔을 위쪽으로, 바깥쪽으로 뻗어라. 이번엔 숨을 내쉬면서 양팔을 양옆으로 내려뜨려라. 손가락, 손목, 팔꿈치, 어깨의 순으로 완전히 긴장을 풀어라.

위 행동을 네 번 반복하되, 세 번째부터는 숨을 들이쉴 때 발꿈치를 들고 숨을 내쉴 때 발꿈치를 내려라. 이때 팔과 발가락을 최대한 뻗고, 손가락, 손목, 팔꿈치, 어깨의 긴장을 최대한 풀도록 노력하라.

긴 호흡을 세 번 하면서 왼쪽 다리를 흔들어 털고, 다음엔 오른쪽 다리를 흔들어 털고, 그런 다음 이 동작을 반복하라. 목을 왼쪽에서 오른쪽으로 반복해서 돌려라.

심호흡을 다섯 번 하는 동안 허리에 양손을 대고 몸을 떨며 모든 긴장을 풀어라. 숨을 너무 과하게 들이쉬지는 말라.

같은 자세에서 몸을 최대한 왼쪽으로, 다음엔 오른쪽으로 세 번씩 비틀어 돌려라. 그런 다음 양손을 여전히 허리에 댄 채로 척추 관절을 하나씩 구부려 가능한 한 멀리 앞쪽으로 허리를 굽히면서 등, 어깨, 팔, 손가락의 긴장을 풀어 양팔이 마루 쪽으로 늘어지도록 하라. 잠시 그 자세를 유지하고, 심호흡을 한 번 하며, 그런 이완 상태를 즐겨라. 이번엔 척추 관절을 하나씩 펴서 똑바로 선 자세로 천천히 돌아오라. 옆 사람과 경쟁하지 말라! 이것은 이완 연습이지 체력, 속도 또는 민첩성 테스트가 아니다.

몸을 좌우로 두 번 더 비틀어 돌린 다음, 허리를 굽히고 몸을 떨며 일어서라.

긴 숨을 내쉬며, "**허**, 버바 버, 버바 버, 버바 버!"라고 말하라. 매번 조금씩 더 큰 소리로 이것을 네 번 더 반복하라.

긴 숨을 내쉬며, "브레카 코렉스, 코렉스, 코렉스, 코렉스"라고 말하라. 매번 조금씩 더 큰 소리로 이것을 세 번 더 반복하라. (참고로, 이 대사는 2,500년 전 아리스토파네스의 희곡 〈개구리들 *The Frogs*〉 중 '개구리 합창' 소리와 비슷하다.)

이것을 세 번 **더** 반복하되, 이번엔 각각의 '코렉스'를 바로 앞의 '코렉스'보다 조금씩 더 큰 소리로 말하라. "브레카 코렉스. 코렉스! 코렉스!! 코렉스!!!"

몸을 좌우로 비틀어 돌리며 숨을 내쉬면서 "**허**, 버바 버, 버바 버, 버바 버!"라고 말하라. 계속 몸을 비틀어 돌리며 "브레카 코렉스, 코렉스, 코렉스, 코렉스"라고 말하라. 세 번 더 몸을 비틀어 돌리고 허리를 굽히며 두 대사를 번갈아가며 말하라.

열다섯 번을 호흡하는 동안 제자리에서 달리거나 줄넘기를 하는 시늉을 하라.

마지막으로 발꿈치를 들고 양팔을 최대한 뻗어라. 그런 다음 긴장을 풀고 서서히 무너지면서 편하게 선 자세로 돌아오라.

신뢰

신뢰 또한 연기를 위한 전제 조건이다. 연기는 다른 사람들과 함께, 그리고 그들 앞에서 하는 것이기 때문에 그들에 대한 불안은 자신의 연기력을 갉아먹을 수 있다. 이완과 마찬가지로 신뢰는 강요될 수 없지만, 그저 기다린다고 생기지도 않는다. 신뢰는 자신과 동료 배우 또는 학생들 간의 주고받음이나 공동 관심사에 의해 생기는 상호 관계이다.

당신은 여기서 자발적으로 나서야 하는데, 고립과 무관심은 첫 수업 시간을 치명적인 무력 상태로 만들고, 낯선 사람들이 제멋대로 모인 집단에 대부분 있기 마련인 이기심과 의구심의 장벽은 당신과 동료들 사이의 결연한 노력만이 허물 수 있기 때문이다. 만일 당신의 연기 상대에게서 흥미로운 점을 찾을 수 있다면, 그것은 당신을 흥미롭게 하고 흥미로운 사람으로 만들 것이다. 또 만일 당신의 연기 상대에게서 매혹적인 점을 찾을 수 있다면, 그것은 당신을 매혹시키고 매혹적인 사람으로 만들 것이다. 당신의 동료 배우들에게서 감탄할 만하고 훌륭한 면모를 찾는 것이 유리한데, 그렇게 함으로써 그들을 훌륭한 친구와 동지로 만들고, 당신을 그들과 극적인 교전을 벌이는 생기 넘치는 연기 상대로 만들 것이다.

경쟁에 대하여 한마디! 어느 정도 수준에 오른 연극은 고도의 경쟁 사업이므로, 그만큼 더 많은 친구와 동지를 필요로 하기 마련이다. 가장 위대한 공연을 통해 경험할 수 있는 격렬한 개인적 순간들은 적대적이고 반목적인 분위기나 거만해 보이는 배우들 간의 고립을 통해서는 좀처럼 오지 않는다. 조화로운 작업에 대한 믿음을 통해 발전된 연기자들 간의 관계는 훌륭한 연기의 전제 조건이다.

배우의 신뢰란 근본적으로 서로에게 편안해지는 것을 의미한다. 당신은 부끄럼 없이 바보가 될 수도 있고, 남의 감정을 해치지 않으면서 자신의 마음을

열어 보일 수 있어야 한다. 연기는 개인적인 약점들을 드러내 보인다. 훌륭한
연기는 그렇다, 여하튼. 신뢰하는 분위기에서는 그러한 약점의 노출이 예사로
이 다뤄지지도 않을 것이고, 굴욕감을 주기보다는 치유의 기회를 부여하고 좌
절감을 주기보다는 유쾌한 경험이 되도록 할 것이다.

신뢰는 우선 연기하는 집단 안에서의 자신감과 공유된 활동을 통해 생겨난
다. 신뢰 연습과 놀이가 종종 이용되기도 하는데, 상호 신뢰의 필요성에 대해
민감한 지도교사나 연출가는 아이들의 놀이를 수업이나 리허설에 자주 이용한
다. 수업은 물론 직업 세계에서, 순수한 협동은 배우의 작업에서 중요한 위치를
차지한다. 상호간의 마사지나 등을 긁어주는 행위는 신뢰와 이완에 도움을 준
다. 두 가지 모두를 위한 훌륭한 기초 준비 운동은 다음에 설명할 알렉산더 테
크닉Alexander technique(제18강 참조)에서 변형된 '등뼈 펴기' 연습이다.

◆ **연습 1-2**
....
등뼈 펴기

두 사람씩 짝을 짓는다. 한 사람은 매트 위에 누워, 얼굴을 위로 하고, 무릎을 세
운다. 다른 사람은 반듯이 누운 상대의 턱을 살며시 아래로 기울이면서 머리를
몸통으로부터 가볍게 당긴다. 마사지하는 사람은 반듯이 누운 상대의 몸 주위
를 돌며 팔다리를 한 번에 하나씩 몸통의 중심에서 팔다리를 따라 부드럽게 당
긴 다음, 마지막엔 머리로 다시 돌아온다.

마사지를 끝낸 다음, 상대를 옆으로 돌려 눕히고 태아의 자세처럼 웅크리
게 한다. 그런 다음 상대를 곧게 선 자세로 서서히 들어 올리고, 마지막으로 그
의 머리를 위로 들어 올린 다음, 상대와 역할을 바꾼다. 이 연습은 이완과 신뢰
뿐 아니라 행복감을 안겨주기까지 하는데, 이 연습 뒤에는 두 사람 모두 자신의

키가 5센티미터 정도 커진 느낌이 들 것이다.

신뢰나 이완은 저절로 찾아오는 것이 아니며, 어떤 이들에게는 결코 쉽게 찾아오지 않는다. 우리는 모두 자신의 일을 하며 각기 다른 두려움과 긴장감을 갖는다. 일반적으로 자기 자신으로부터 멀어지면 멀어질수록 주위에 있는 사람들의 개성과 아름다움을 좀 더 인식할 수 있을 것이며, 세상을 원망하고 시기하기보다는 경이로움으로 느끼면 느낄수록 깊이 있고 생기 있는 완전한 연기를 할 수 있게 해주는 창조적 상태에 도달하게 될 것이다.

충만감

어떤 형태의 연기든 글쓰기나 공부와 같이 앉아서 하는 활동과는 달리 일정 수준의 공연 에너지를 요구한다. 이것은 또 연기자가 자기 회의가 아닌 확신을 가지고 실제 공연에 임할 수 있도록 긍정적이고 비판적이지 않은 태도를 요구한다. 에너지와 확신에 찬 태도, 이 두 가지를 종합해볼 때, 연기는 일상적 학교생활에서 좀처럼 찾아보기 힘든 일정 수준의 강한 열의, 즉 필요하다면 대중 앞에서 기꺼이 바보짓을 할 수 있는 의지를 요구한다.

이와 같은 과시행위는 쉽게 할 수 있는 것이 아니며, 충만감의 공공연한 과시를 억제하는 사회적 조절을 고려하여 행해져야 한다. 자신이 배우라는 것을 입증하기 위해 공공연히 소리를 지르거나, 얼굴을 찌푸리거나, 사납게 행동하거나, 연기할 필요는 없지만, 성가대나 뮤지컬에서 노래하거나, 수업이나 대본 읽기에서 소리 내어 읽거나, 학급 선거에서 정견을 발표하거나, 강의를 하거나, 수업 중에 토론하는 것과 같은 일상적 발표 행위는 공연 에너지와 풍부한 표현력을 발전시키는 데 모두 도움이 된다. 다음은 장애를 극복하는 데 유용한 간단한 연습 과제이다.

팍-팡, 댄스, 노래

1. 섀도복싱

발을 바꿔가며 스텝을 밟으면서, 한쪽(대개 오른쪽) 주먹은 턱을 보호하기 위해 치켜든 상태로, 다른 주먹으로는 팔을 최대한 뻗어 보이지 않는 상대에게 잽을 먹여라. 그리고 주먹을 뻗을 때마다 "팍!" 하고 외쳐라.

계속 스텝을 밟으면서, 보이지 않는 상대의 주먹을 (무하마드 알리Muham-mad Ali처럼) 날쌔게 피하라. 상대에게서 (가상의) 빈틈이 보이면 다른 주먹으로 녹아웃 펀치(또는 크로스 펀치)를 날려라. 펀치를 날릴 때마다 "팡!" 하고 외쳐라.

자신의 기운을 북돋기 위해, 상대를 위협하여 굴복시키기 위해, 또 다른 사람들이 당신을 열렬히 응원할 수 있도록 (그래서 상대가 좀 더 주눅 들도록), '팍' 과 '팡' 을 사용하라. (가상의) 승리에 기뻐 날뛰어라. 관중의 환성을 이끌어내라.

2. 댄스

발꿈치를 살짝 들고 서 있는 자세에서 한 발을 앞으로 내딛는 동시에 같은 쪽 팔을 앞으로 뻗는다. 같은 방향으로 손목을 최대한 뻗으며 손목 관절을 앞쪽으로 펴면서 손가락들도 따라 편다. 이 동작은 던지기 놀이에 사용되는 원반인 프리스비Frisbee를 던지는 것과 동일하다. 손가락들이 펴지는 (혹은 가상의 프리스비가 손에서 벗어나는) 순간, "댄스!" 라고 외쳐라. 다른 쪽 다리와 팔로 바꿔, 번갈아가며 이 동작을 반복하고, 매 동작마다 "댄스!" 라고 외쳐라.

이번엔 "발레!" 라고 말을 바꿔 이 동작을 계속하라. 오른발을 내딛으면서 왼발의 발가락을 들어 올리며 서라. 발을 바꿔가며 이 동작을 반복하라. (당신이 발레가 아름답다고 여기든 말든) 다른 사람들이 발레의 아름다움에 매료될 수 있도록 "발레"를 적절한 방식으로 말하라.

이번엔 "라무르!"라고 말을 바꿔 이 동작을 계속하라('l'amour'는 프랑스어로 '사랑'을 뜻한다). 아름다운 사람들의 발밑에 사랑의 징표로 아름다운 꽃잎들을 날려 보낸다고 상상하라. (당신이 비록 그렇게 생각하지 않는다 하더라도) 다른 사람들이 당신을 아주 멋지고 상상력이 풍부한 연인으로 생각할 수 있도록 "라무르"를 적절한 방식으로 말하라.

격조 높은 발레 동작과 꽃잎들을 날려 보내는 아름다운 행위를 마음껏 뽐내라.

(왠지 바보가 된 기분인가? 괜찮다. 당신은 잘 해내고 있다. 그러나 연기할 때는 이에 버금가는 우스꽝스러운 짓을 해야 하고, 그것들을 믿어야 한다! 이건 단지 시작에 불과하다.)

3. 노래

발을 바닥에 단단히 고정시킨 상태에서, 한 손은 배 위에 올려놓은 채 다른 한 손을 앞으로 뻗으면서, "아리아!"라는 단어만 반복되는 아리아를 제멋대로 불러라.

오페라다운 화려함을 뽐내라. 머릿속에서 "브라보!"라는 함성을 들어라.

"허, 버바 버, 버바 버, 버바 버!"라고 바꿔 불러라. 이런 연습을 그냥 하는 정도가 아니라 **열광적**으로 하라.

규율

말할 나위 없이 배우는 규율 있는 예술가여야 한다. 연극이 협력의 예술인 만큼, 규율은 협력의 효율성을 위해 필수적이다. 규율 없이는 신뢰도 사라지게 된다. 만약 동료 배우가 리허설에 나타나리라는 믿음이 없다면, 그가 당신의 감정에 반응하리라는 믿음도 사라진다.

＊ 1938~ . 미국 태생의 연극배우. 에드워드 올비의 연극 〈바다풍경 *Seascape*〉(1975)과 투르게네프의 소설을 각색한 연극 〈운명의 어릿광대 *Fortune's Fool*〉(2002)로 브로드웨이 토니상 남우조연상과 남우주연상 수상. 영화 〈드라큘라 *Dracula*〉(1979), 〈나인스 게이트 *The Ninth Gate*〉(1999) 등에도 출연.

결과적으로 연극 예술가는 각별히 정확하고 책임감이 있어야 하며, 시간에 (**정확히**) 맞춰 자신의 의무를 다해야 하고, 고도의 예술적 성과를 추구할 때 자신의 에너지를 소진할 만반의 준비가 되어 있어야 한다. "쇼는 계속되어야 한다."라는 널리 알려진 진부한 표현은 연극 세계에서 규율의 중대성과도 무관하지 않다. 연극은 평상적인 활동이 아니며, 연극적 경험의 강렬함은 연극 예술가들 사이에 지속되는 완전하고 확실한 협력을 꾀하기 위한 헌신과 책임으로 생겨날 수 있다. 규율은 자신을 의지할 수 있는 사람으로 만들고, 다른 사람들의 책임에 의지할 수 있도록 한다. 연기 수업은 예술적 규율을 배우기 시작할 수 있는 가장 좋은 기회이다.

비평

초심자에서 노련한 전문가에 이르기까지 모든 배우는 비평을 대하는 법을 배워야 한다. 이것을 피해갈 수 있는 방법은 없다. 비평의 주체는 선생, 동료 학생,

관객, 연출가, 언론, 이웃사람, 부모, 친구, 경쟁자, 그리고 적이 될 수도 있다. 어떤 비평은 건설적이기도 하고, 교훈적이기도 하며, 파괴적이기도 하고, 논점을 비껴가기도 한다. 또 어떤 비평은 유용할 수도, 공허할 수도, 부득이하게 불공평할 수도 있다. 그리고 비평에 대해 오해가 없도록 하자. 비평은 상처를 준다. 그렇지 않다고 하는 사람은 바보이거나 거짓말쟁이이다.

비평이 다른 예술가보다 배우에게 더 상처를 주는 이유는 배우의 예술이 배우 자신을 통해 직접 전달되기 때문인데, 그래서 배우에 대한 비평은 대개 배우의 음성, 동작, 감정(또는 감정의 외관상의 결핍), 표정 또는 개성을 비평하는 형식을 취하게 된다. 널리 읽혀지는 잡지에서의 이른바 연기 비평은 배우의 개인적인 용모나 습관에 대해서도 신랄한 공격을 서슴지 않는다. 그러므로 배우들이 일반적으로 비평을 개인적으로 받아들이려는 경향은 이해할 수 있는 일이며, 그것이 바로 그들이 상처받는 이유이다.

자신의 작업에 대한 비평에 대응하는 최선의 방법은 비평으로부터 도움을 얻는 것이다. 자신이 초심자이므로 아직 배울 것이 많고, 연극에 경험이 있는 사람들이 자신에게 많은 도움을 줄 수 있다는 사실을 깨달아야 한다. 선의의 건설적 비평이 분명 자신에게 최상의 도움이 될 것이라면, 냉담한 비평도 자신이 그것을 적절히 여과시킴으로써 배울 점이 있다. 중요한 점은 비평을 지나치게 개인적으로 받아들이거나 자신을 보호하는 데 너무 많은 시간을 허비해서는 안 된다는 것이다. 궁극적으로 비평이 공정한지 불공정한지는 별로 중요치 않다. 만약 그것을 통해 배울 수 있다면, 그것을 이용하라. 만약 배울 수 없다면, 그냥 잊어라. 모든 비평은 최종적인 분석에서 주관적이며, 당신이 모든 사람을 만족시킬 수는 없을 것이다. 자신이 몹시 불리한 정서적 상황의 반복으로부터 벗어날 수 있도록 꾸준한 성장, 무대 위의 편안함, 더 큰 자유를 목표로 해야 한다. 자신에게 유용할 수도 있는 어떤 제안이나 비평은 대처해야 하는 것일 뿐만 아니라, 인내심을 갖고 탐구해야 하는 것이기도 하다. 최고의 배우는 비평을 두려

위하지 않으며, 오히려 그것을 갈구한다.

유희적 태도

연기는 진지한 예술이지 결코 근엄한 예술이 아니다. 연기의 역사적 기원이 일부 종교적 숭배에 있기는 하지만, 아이들의 장난과 '놀이'에도 대등하게 그 기원이 있다 할 수 있다. 연기에 임하는 배우는 규율 있는 책임감과 창조적인 놀이 사이에서, 그리고 자기 주위의 현실에 대한 연구와 자기 안의 상상력의 탐구 사이에서 건전한 균형 감각을 발전시켜야 한다. 놀이와 마찬가지로 연극은 관객뿐 아니라 배우(놀이하는 사람)도 즐겁게 한다. 연극은 배우에게 매우 특별한 즐거움을 선사하는데, 이는 정해진 틀 안에서의 깊은 관여, 열정적 노력, 창조적 즉흥성에 그 뿌리를 두고 있다. 연극은 배구, 서양장기, 탁구와 마찬가지로 마음을 흡족하게 한다. 실로 연기는 여가 선용을 위한 주요 대상으로서 스포츠에 버금가며, 연기와 스포츠, 그리고 연극과 놀이는 놀랍게도 유사한 활동이다. 이러한 이유로 기초 연기 수업은 물론, 일부 전문 극단들은 종종 약간의 게임으로 작업을 시작한다.

> **마음을 열고 즐기기**
>
> 나는 연기를 꽤 즐기는 편이었는데, 배우에게 무대는 늘 열려 있고, 유희적이고, 경청하고, 탐험하는 공간이라고 생각한다.
>
> —수전 서랜던Susan Sarandon*, 연기를 하게 된 동기에 대해

* 1946~ . 미국 태생의 영화배우. 〈죠 Joe〉(1970)로 데뷔한 이래 〈템피스트 Tempest〉(1982), 〈델마와 루이스 Thelma & Louis〉(1991), 〈로렌조 오일 Lorenzo's Oil〉(1992), 〈의뢰인 The Client〉(1994) 등 90여 편의 영화에 출연. 〈데드 맨 워킹 Dead Man Walking〉(1995)으로 아카데미 여우주연상 수상.

연기는 작업이자 놀이이다. 이러한 사실을 잊는다면, 연극이라는 매우 미묘한 예술의 중요한 한 면모를 놓치게 된다.

자유

마지막으로, 배우는 신체적이고 심리적인 억압으로부터 자유로워지는 법과 그러한 자유를 즐기는 법을 배워야 한다. 배우는 자유롭게 생각하고, 느끼고, 감동시키고, 감동해야 한다. 결국 연기자의 상상력이 방해받아서는 안 된다는 것이다. 이완, 신뢰, 규율, 비평에 대한 효율적인 반응은 모두 자유로워지는 데 중요한 역할을 한다. 이완과 신뢰는 억제되지 않은 상호작용을 증진시키고, 규율은 배우의 신체적 프라이버시에 대한 불필요한 침해(부당한 성적 접촉 등)를 억제하며, 비평에 대한 반응은 배우가 자신의 경험으로부터 위축되지 않고 성장할 수 있도록 한다.

자유로운 배우는 무엇이든 상상할 수 있다. 공상은 배우의 놀이터이고, 억제되지 않은 공상은 로미오 또는 줄리엣, 조지 또는 마사*를 연기하는 데 필요조건이다. 공상하기를 두려워하고, 상상할 수 없는 것에 대한 상상을 두려워하는 배우는 편협한 정서 생활에 불만족스럽게 속박된 배우이다. 연극과 무대는 외관상으로 부드러울 수 있으나, 내면적으로는 대개 폭풍이 몰아치고 격렬하기 마련이다. 배우의 마음은 등장인물의 내면적 혼란을 자유롭게 연기할 수 있어야 한다. 배우의 마음은 번갈아 찾아오는 쾌락, 공포, 기쁨, 환희 등에 개방되어 있어야 하며, 그러한 정신 상태를 발산하는 연기를 자유롭게 할 수 있어야 한다.

....

* 에드워드 올비Edward Albee의 〈누가 버지니아 울프를 두려워하랴Who's Afraid of Virginia Woolf?〉의 두 주인공.

연기는 정서적인 모험이다. 연기하는 즐거움 가운데 하나가 바로 그러한 모험을 감수한다는 사실이다. 이 책에 있는 연습과 제안, 그리고 어느 연기 수업에서든 갖게 될 경험이 이러한 정서적인 모험의 영역으로 인도할 것이다. 이러한 인도에 따르기를 완고하게 거절하는 배우, 즉 자신의 고착된 이미지 뒤로 물러서는 배우는 자유롭게 연기할 수 없다.

준비

연기 공부는 나이에 상관없이 시작할 수 있다. 실제로 연기 공부는 연출과 같은 기타 연극 예술 분야를 공부하기 위한 불변의 필요조건이며, 연설, 정치, 법률, 사업, 그리고 자기 표현과 의사소통이 중요한 어떤 전문 분야를 위해서도 유용한 준비 과정이기도 하다. 하지만 연기를 시작하기 전에 해보거나 공부할 수 있는 유용한 것들이 있다. 어떤 종류의 춤이든 연기의 신체적 양식을 배울 수 있으므로 이제 막 시작하는 배우에게 가장 유용한 것이다. 운동경기 또한 그것이 요구하는 에너지와 대중적 특성 때문에 연기를 위한 좋은 배경을 제공한다. 노래하기, 시 낭송하기(그리고 쓰기), 이야기하기는 언어와 행위를 동반하여 구조적인 방법으로 감정의 핵심에 도달하기 때문에 매우 유용하다. (소설, 희곡, 전기 등의) 독서는 젊은 배우가 주위에서 직접 경험할 수 없는 다양한 인간적 경험을 포함한 삶의 복합성을 이해하도록 돕는다. 그리고 물론, 공연의 잠재력과 훌륭한 배우들의 작업을 직접 볼 수 있는 연극 관람은 연기를 위한 기본적인 준비이다.

요약

이완, 신뢰, 열의, 규율, 비평에 대한 반응, 유희적 태도, 연기를 위한 자유, 사전 준비 등 연기의 전제 조건들은 명령으로 간단히 생겨나지 않으며, 첫 연기 수업 전에 바지 뒷주머니에 꽂혀 있을 필요가 없다. 그것들은 젊은 배우의 작업을 통해 지속적으로 발전되고, 배우의 경력을 쌓아가면서 충전되어야 한다. 그것들은 개인적이든 직업적이든 일상의 상호작용과 모든 질서의 관계를 위한 유용한 준비이므로 배우가 되건 되지 않건 간에 큰 도움을 줄 것이다. 그리고 이는 연극이나 다른 분야에서의 예술적 진보를 위해 연구를 계속해나갈 때, 자신이 규칙적으로 점검해야 할 기본 목표 같은 것이다.

연기란 무엇인가

◆ 연습 2-1

국기에 대한 충성 서약[1]

강의실의 앞쪽 벽에 미국 국기가 걸려 있다고 상상하라. 그리고 다음과 같이 국기에 대한 충성을 서약하라.

> 나는 미합중국의 국기 앞에, 그리고 이 국기가 상징하는 공화국 앞에, 하나님의 보우 아래, 나누어질 수 없고, 모두에게 자유와 정의가 보장된, 유일한 국가에 충성할 것을 서약한다.*

• • •

----

1 이 연습은 이 책의 첫 번째 과제를 내기 전에 지도교사의 지도 아래 행해지는 것이 가장 바람직하다.
* 미국 국기에 대한 '충성 서약'을, 실제 연습에서는 우리 실정에 맞게 '국기에 대한 맹세'로 대체하여 활용할 수도 있다.

이번에는 이것을 **매우 진지하게** 반복하라. 끝난 뒤에는 전과 마찬가지로 움직이거나 말하지 말고, 가상의 국기를 계속 바라보라.

● ● ●

계속 국기를 바라보라.

이번에는 다음 상황을 상상하라. 당신은 미국 시민이 아니며 미국 국적을 가져본 적도 없다. 미국에 가본 적도 없으며, 대양 너머 미국의 맞은편에 있는 당신의 나라를 떠나본 적도 없다. 당신이 일생을 살아온 나라에는 몇 년 전 극악무도한 정권이 들어섰으며, 당신의 인종과 민족이 아무 이유 없이 철저히 박해당하는 지경에 이르렀다. 이러한 박해는 최근 몇 달 사이 더 심해졌다. 폭력단원들이 차를 몰고 다니며 마을 사람들을 닥치는 대로 잡아가고 있다. 마을 외곽의 군부대에서는 고문의 고통으로 울부짖는 소리가 끊이질 않는다. 바깥세상과 우편물, 텔레비전, 라디오, 전화 등 모든 통신수단이 두절된 상태이며, 현 정권에 대한 비판은 친구나 가족에게조차 절대 용납되지 않는다. 그리고 어제는 당신의 누이가 폭력단원들에게 잡혀갔고, 멀어져가는 차 속에서 도와달라고 절규했다.

당신은 수단과 방법을 가리지 않고 조국을 떠나기로 결심했다. 당신은 입은 옷 외에는 아무것도 지니지 않은 채 한밤중에 마을을 몰래 빠져나와 먼 바다를 향해 걷는다. 그리고 마침내 미국행 배에 오른다. 지루하고 참혹한 항해 끝에 당신은 기적적으로 내륙과 맞닿은 해변의 모래사장 위에 서 있는 자신을 발견한다. 당신 앞에는 초록빛 풀로 덮인 언덕이 있고, 언덕 꼭대기에는 미국 국기가 휘날리고 있다.

당신은 미국 국기를 단 한 번도 직접 보지 못했지만, 그것을 그림으로 본 적은 있다. 당신은 미국이 자유와 정의와 민주주의의 나라라고 믿고, 발길을 더 옮기기 전에 시詩 한 수를 짓기로 결정한다. 이 시는 합중국을 상징하는 천 조각만이 아니라 민주 정부와 자유 시민들과의 결속에 대한 당신의 충성심을 표출할 것이다.

여전히 (가상의) 국기를 바라보면서 서약하라. 그러나 **당신의 시에 사용된 단어들은 공교롭게도 위에서 언급한 충성 서약의 단어들과 조금도 다르지 않다.** 하지만 이제 이 단어들은 당신 자신의 것이며, 그것들을 말함과 동시에 끼워 맞춰라.

당신 혼자서, 다른 사람들과 굳이 한목소리를 내려 애쓰지 말고, 이것을 해 보라.

• • •

계속 국기를 바라보라.

지금 한 번 더 서약하라. 이번에는 아래 설명한 네 가지 어구語句에 이르렀을 때, 당신이 조금 전까지 반복했던 서약에 있는 바로 그 단어를 **선택**하기 전에 가능한 대안들, 즉 이와 같은 상황에서 예전에 말했거나 말했음 직한 단어들을 생각하라.

'미합중국' 당신은 친구들과 미국에 대해 얘기할 때, '아메리카America' 또는 '유에스에이USA' 또는 '더 유에스the US' 등으로 호칭했을 것이다. 하지만 한 나라에 충성함을 서약하는 순간에 그런 단어들은 너무 격식 없어 보이지 않는가?

'공화국' 우리가 학교에서 배운 통치 형태에는 어떤 것들이 있는가? 독재, 군주제…… 아니, 미국은 아마도…… '공화국'일 듯……

'하나님의 보우 아래' 전에 살던 나라에서는 폭군, 군대, 부자, 상류계층 또는 일부 선택된 인종 집단에 의해 국정이 좌우되었다. 하지만 지금 충성을 서약하는 당신의 새 국가에서는 (**만일 있다면**) 오직 한 존재만을 더 큰 권력으로 인정하고, 바로 그 '하나님의 보우 아래' 국가가 존재한다고 믿는다.

'충성' 전에 살던 나라에서 당신은 '복종'을 서약해야 했다. 하지만 그것은 여기서는 옳지 않다. 당신은 국가의 '노예'가 아니라 '동맹'이 될 것이다. 그렇다면, '~의 동맹'을 한 단어로 표현한다면? 지금껏 살며 단 한 번도 말해본 기억이 없을지라도, 당신은 그 단어를 익히 알고 있다. 그것은 바로 '충성'이다. 그래서 이런 단어들을 동반한 당신의 (괄호 속의) 생각은 다음과 같을 것이다. "국가에…… (복종이 아니라, 음……) 충성할 것을…… 서약한다."

이번에도 전과 같이 충성을 서약하되, 이 네 가지 어구를 말하기 직전에 당신의 가능한 대안들 중에서 이 어구들을 바로바로 **선택**하라.

전과 마찬가지로 당신 혼자서 이것을 해보라.

• • •

계속 국기를 바라보라.

지금부터 전과 똑같이 한 번 더 서약을 하되, 이번에는 **'미합중국'**을 말할 차례가 왔을 때, 미국은 원래 독립적인 주州들이 모여 그곳 주민들의 **선택**으로 연합하게 되었고, 이제 **당신**이 그들과 연합하기로 했다는 사실을 반영해야 한다. 당신이 '미합중국'이라고 말할 때, 국기 **뒤에** 서 있는 이미 서로 단결된 사람들에게 당신이 그들과 연합하러 왔음을 알려라.

그리고 당신 옆에 서 있는 사람들은 어떤가? 처음으로 그들이 하는 말을 **듣고**, 당신의 단어들과 놀랄 만큼 똑같이 들리는 단어들로 미루어볼 때, 그들 역시 자신들의 충성을 서약하고 있을지도 모른다는 사실을 발견하라.

당신은 이제 당신이 다른 나라에서 탈출해온 단 하나뿐인 망명자가 아니라, 당신에게만이 아니라 **모두**에게 자유와 정의를 보장하는 한 국가로 피난 온 이민자 **집단**의 일부라는 사실을 깨달아야 한다.

이제 이런 다른 사람들을 바라보지 않은 채 당신의 목소리를 당신 주위의 목소리들과 **섞기** 시작하라. 그들과 **연합하라**. 당신의 목소리만으로 동료 이민자들에게 그들이 하는 말을 당신이 듣고 있고, 일치된 목적을 위해 그들을 기꺼이 돕고 싶으며, 그들의 도움이 필요하다는 사실을 분명히 하라.

그리고 당신이 **'나누어질 수 없고'** 라고 말할 때, 당신은 **이 집단이 다시 나뉘지 않도록 하겠다**고 해변에 있는 모든 사람들에게 알려라. 당신의 조국에 있는 독재자는 의회의 자유를 인정하지 않음으로써 혹은 사람들이 서로 의사소통하는 것을 허락하지 않음으로써 국민들을 격리시켰다. 당신은 결코 이런 일이 다시 생기지 않도록 하겠다고 동료 이민자들을 납득시켜라.

그리고 당신이 **'모두에게'** 라고 말할 때, 해변 위에서 당신 옆에 서 있는 사람들과 국기 뒤쪽으로 5,000킬로미터 떨어져 있는 사람들 모두에게, 앞으로 미국인이 될 당신 자신을 포함한 모든 미국인들을 위해 만인의 자유와 정의를 베풀기 위해 일할 것임을 주장하라.

그리고 당신이 **'유일한 국가'** 라고 말할 때, 이것이 당신 혼자만의 노력이기보다는 단결된 서약처럼 들리도록 당신 주위의 사람들과 함께 일제히 말하라.

자, 이제 당신 혼자서 시작하되, 다른 사람들이 말하는 것을 듣다가, '미합중국' 이라고 말할 때 섞기 시작하면서, 이것을 해보라.

● ● ●

자, 이제 한 번 더 해보자.

허리를 숙여, 당신이 보통 물건을 던지는 데 사용하는 손으로, 해변에서 가상의 모래를 한 움큼 집어 들고, 일어서라.

이번에는 당신이 전과 마찬가지로 당신의 서약을 하되, **'자유'** 라고 말할 때 몸을 돌려 당신이 막 건너온 바다를, 그리고 그 너머에 당신이 탈출해온 나라를 바라볼 것이다. 당신으로부터 수천 킬로미터 떨어진 그곳에는 당신의 누이를 납치한 폭력단원들이 있다. 그리고 그들이 그토록 소름끼치는 일을 하도록 명령한 독재자도 있다. 그리고 당신이 두고 온 가족들과 친구들도 있다.

당신의 친구들과 가족들이 들을 수 있도록, 또 당신이 바다를 가로질러 이같은 서약을 할 수 있는 자유의 땅에 도착했다는 사실을 알 수 있도록, **'자유'** 라는 말을 **바다 건너 저편으로** 보내라.

'정의' 라는 말 또한 그들에게, 그리고 폭력단원들과 독재자에게, 당신 나라의 모든 사람들에게로 보내라. 이렇게 하여 세상에는 여전히 정의가 존재한다는 사실을 알리고, 따라서 폭력단원들과 독재자의 여생이 얼마 남지 않았다는 것을 알게 하라.

그리고 **'모두에게'** 라는 말과 함께, 폭력단원들의 눈이 멀도록, 그리고 동시에 당신의 누이와 억류된 친구들의 머리 위에 희망의 신호처럼 떠다니도록, 바다 건너 저편으로 모래를 던져라.

한번 해보라.

• • •

이게 전부다. 연습은 끝났다.

처음과 마지막 충성 서약의 차이점은 무엇인가?

만일 당신이 이 연습에 참여한 수천 명의 사람들과 다르지 않다면, 다음의 변화들 중에서 많은 부분을 감지하게 될 것이다.

◆ 말에 **감정**이 더 실렸다. 단순한 기계적 방식의 열거에서 실제 감정의 표현으로 바뀌었다.
◆ 단어들이 **의미**를 지니게 되었다. 처음에는 막연하게 이해되던 개념들이 구

체적인 정치적 혹은 개인적 신념들이 되었다.

- ◆ 당신 옆에 있는 실재 인물들은 물론, 즉흥적으로 배치된 보이지 않는 가상의 인물들 모두와 **관계**하고 있다는 느낌을 받았다.

- ◆ 당신의 입에서뿐만 아니라 적극적인 사고에서 나오는 것처럼 보이는, 당신이 말하고 있는 단어들과 **개인적으로** 관계가 있다고 느꼈다.

- ◆ 당신은 더 **창의적**이고, 단순한 낭송가가 아닌 창조자임을 느꼈다.

- ◆ 당신은 수동적이 아니라 **능동적**임을 느꼈다.

- ◆ 당신이 말하는 동안 감정이 고정되어 있다기보다는 **고조되는** 것을 느꼈다.

- ◆ 처음에는 단지 의무감 또는 ('진지하게' 서약하라고 요구받았을 때는) 좌절감마저 느꼈지만, 마지막에는 **격렬한 흥분**을 경험했다.

- ◆ 기술적으로 당신의 서약은 **소리가 더 커졌고**, 마지막에는 점점 더 빠른 속도로 고조되었다. 당신이 듣고 있던 다른 사람들의 서약도 마찬가지였다.

- ◆ 또한 기술적으로 당신과 동료 학생들 모두, 어구 사이에서 항상 내려가던 **억양**(음의 높낮이 변화)이 나중에는 자주 올라갔다.

이 연습은 **연기가 무엇인지**를 정확히 보여준다.

연기란 다른 누군가가 쓴 대사를 암기한 뒤, 그것에 당신 자신의 개인적 감성, 지성, 의사소통 기술, 다른 사람들에 대한 관심, 개성을 부여하는 것이다. 이 모든 것은 극중 등장인물(이 경우, 미국으로 온 이민자)이 겪는 **상황을 나타냄으로써** 드러난다.

그리고 공교롭게도 앞서 정리한 처음부터 마지막 서약까지의 '변화들' 은 모두 대다수의 사람들이 '좋은 연극' 그리고 '좋은 연기' 라고 부르는 것들이다. 여기서 좋은 연기란 감정적으로 실감 나고, 지적으로 명확하고, 상대방과 소통 가능하고, 개인적으로 믿을 만하고, 창의적이고, 능동적이고, 발전적이고, 그리고 변화, 추진력, 감정의 고조를 지닌 연기를 말한다.

이러한 변화들 중 어떤 것도 두 번째 반복 연습에서 당신이 단순히 '진지해지라고' 요구받았을 때 나타나지 않았다는 사실에 주목하라. 실제로 당신은 아마도 그러한 요구에 좌절감('처음엔 진지하지 않았단 말인가?')을 느꼈을 것이고, 그리고 그 다음 서약에서도 당신의 진지함(진지해지는 것은 원래 '연극[시늉]'을 하려 들지' 않는 것을 의미하지만, '진지해져라'라는 명령은 당신을 그렇게 하도록 만든다)의 수준에 대한 자의식이 강해졌기 때문에 마찬가지 감정을 느꼈을 것이다.

진지함, 그리고 좋은 연기는 (물론 **훌륭한** 연기는), '연극(시늉)'을 해서'가 아니라, 당신 자신을 상황 속으로 완전히 던져 넣음으로써 나오는 것이다.

다음 사항에 유의하라. 이 연습은 당신이나 작가의 정치관에 관한 것이 아니다! 이것은 미국에 관한 것도 아니다! 이것은 단지 **연기**에 관한 것이다. 이 즉흥연기는 완전 허구일 뿐이다. 당신 조상들의 일부는 노예선을 타고 미국에 왔으며, 그들은 비교적 자유로운 상태를 떠나 형언할 수 없는 억압 상태로 이주해 왔다. 다른 이민자들은 실용적이거나 가정적인 이유로 이곳에 왔다. 다른 가족들은 '미국'이란 나라가 생기기 훨씬 전인 수천 년 전에 베링해를 건너 이주해 왔다. 그리고 미국이 **모두를 위해, 언제나** 자유와 정의를 베푼다고 아무도 진지하게 믿지 않는다. 이 연습에서 당신이 해야 할 일은 단지 거기에 묘사된 경험을 했거나 하고 있는 사람의 **배역을 연기하는 것**이다. 그리고 당신은 바다 건너편으로 모래를 던질 수 있다고 **상상**해야 한다. 물론 이것은 환상 속에서나 가능한 일이다. 연기는, 그리고 그것에 동력을 공급하는 상상력은, 위에 열거한 모든 변화들을 창조한다.

요약

이렇게 즉흥연기를 **경험**해봄으로써, 당신은 연기의 가장 기본적인 특성을 배왔다. 당신은 다른 누군가[2]가 쓴 대사를 암기하고, 상황을 받아들이며, 면밀히 검토하고 연기함으로써 그것에 자신의 개성을 부여한다. 이 책의 나머지 부분에 있는 거의 모든 것들은 당신이 이 기초적인 연습에서 경험한 것을 토대로 할 것이다.

---

2 충성 서약은 《청소년의 벗 *Youth's Companion*》의 필진 중 한 명인 프랜시스 벨러미 Francis Bellamy가 쓴 것으로, 1892년 9월 8일 이 잡지에 처음 발표되었다. '하나님의 보우 아래 under God' 라는 문구는 1954년 연방 의회의 결정으로 추가되었다.

II

배우의 접근법

연기란 어떤 변화를 수반하는 과정이다. 사람이 배우로 변화하고, 배우는 하나의 등장인물로 변화한다. 이러한 과정은 (간혹 그렇게 보일지라도) 갑작스럽거나 마술처럼 바로 이루어지지 않으며, 오히려 점진적이고 더디기 일쑤이다.

배우의 접근법이란 배우가 그 과정상에서 거쳐야 할 일련의 단계들이다. 그것들은 탐구하고, 느끼고, 시도하고, 실행하는 단계들이며, 그것들이 합쳐져 하나의 총체적인 경험을 일구어낸다. 초심자에서 숙련된 전문 배우까지 누구나 이러한 과정을 겪는다. 모든 배우는 모든 공연을 통해 연기의 과정을 재창조한다.

그러므로 배우의 접근법이란 자기 자신에게서 벗어나 맡은 배역을 예술의 경지로 승화시키는 자기 변화의 과정이다. 그것은 모든 첫 단계가 그렇듯, 매우 도전적인 일련의 첫 단계들로 이루어진다.

제3강

목표와 장애물

기본 법칙

연기에는 한 가지 기본 법칙이 있다. 배우는 항상 목표를 향해 연기해야 한다. 이는 일상 속의 사람들과 마찬가지로 배우들도 목표를 추구하기 때문이다. **배우는 등장인물의 가정된 목표를 (흔히 강력하게) 추구함으로써 연기한다.**

이 목표는 때로 **목적**이라고 불리며, 이 책에서는 종종 **승리**라고 불리기도 한다. 또 다른 지도교사들은 **의향**, **의도**, 또는 **욕구**라는 단어를 사용한다. 그것이 어떻게 불리든, 그것이 추구되는 한 전혀 상관이 없다. 이것이 바로 연기가 삶을 재현하고, 연기를 실감 나게 만드는 것이다.

이 법칙에 단서조항이 있다면, 그 목표는 성취하기가 상당히 어려워야 한다는 것이다. 이것이 바로 연기를 극적으로 만드는 것이다. '숨쉬기'가 현실의 목표일 수 있지만, 그것은 일상 환경에서 우리의 에너지를 충분히 활용할 만큼 혹은 관객의 흥미를 충분히 끌 만큼 어려운 일이 아니다. 그러나 만일 자신이

* 1950~ . 미국 태생. 영화 〈파고*Fargo*〉(1996), 〈부기 나이트*Boogie Nights*〉(1997), 〈플레전트빌 *Pleasantville*〉(1998), 〈매그놀리아*Magnolia*〉(1999) 등에 출연.

물밑에 있다고 가정할 때, '숨쉬기'는 극적일 만큼 충분히 어려운 목표가 될 수 있다.

그러므로 배우는 **장애**('물밑에서')의 맥락에서 **목표**('숨쉬기')를 추구해야 한다. 당신은 결혼하기를 주저하는 상대와 결혼하고 싶어 한다. 당신은 강력한 적을 꺼꾸러뜨려야 한다. 당신은 접질린 발목에도 불구하고 경주에서 이겨야 한다.

목표는 당신이, 즉 등장인물이 원하는 것이다.

장애는 당신의 앞길을 가로막는 것이다.

당신은 장애에도 불구하고 목표를 성취하고자 열심히 노력해야 한다.

이것은 당신과 당신의 등장인물을 하나로 묶어주며, 당신의 연기를 실감나게 하고 극적으로 만든다.

◆ 연습 3-1

손 뻗기

오른발로만 서서 최대한 높이 왼손을 뻗어라. 반대로, 왼발로만 서서 최대한 높이 오른손을 뻗어라.

손 뻗기 자체만으로는 연기 연습이 아니다. 이는 단지 신체운동 또는 유연
체조에 불과하다.

◆ 연습 3-2
목표 추구하기

머리 위에 당신이 정말로 원하는 무엇인가가 있다고 상상하라. 예를 들어, 아름
다운 보석, 딸기가 담긴 그릇, 또는 진정한 사랑의 열쇠 같은 것 말이다. 이제,
다시 손을 뻗어 보라!

목표를 추구할 때, 당신의 연기는 의도적으로 되고, 정서적이고 생리적으
로 연기에 몰두하게 된다. 당신은 더 멀리, 더 열중해서, 더 정열적으로 추구한
다. 당신은 몸의 균형을 잃을 정도로 열심히 목표에 도달하려 하고, 발끝으로
뛰어오른다. 당신은 단순히 지시에 따르지 않고, 뭔가를 **하려고** 애쓴다. 당신은
목표를 성취하는 데 여념이 없고, 뭔가를 몹시 갈망한다. **의도**, **실행**, **노력**, **열
중**, **극복**, **욕구** 등의 단어들은 목표를 위한 놀이를 묘사하는 데 유용한 단어들
이다. 배우가 등장인물의 목표를 정열적으로 추구함으로써 자신의 액션을 단순
제시가 아닌 연기로, 정적인 것이 아닌 역동적인 것으로 만든다.

손 뻗기는 자신의 신체적 한계라는 장애를 극복하는 연습이다. 중력에 대
항하여 최대한으로 몸을 쭉 펴보자. 이제 좀 더 강력한 장애물을 상상해보자.

장애 극복하기

당신이 복통으로 내장이 뒤집어질지도 모른다는 두려움에 시달린다고 상상하라. 연습 3-2에서처럼 손을 위로 쭉 뻗어라. 하지만 손을 뻗으면 뻗을수록 고통은 더 커질 것이다. 딸기 그릇을 잡으려고 흥분하면 할수록, 많은 사람들 앞에서 난처하게 될까 봐 더 두려워할 것이다.

연습 3-3에서, 손을 뻗는 당신의 단순한 행위는 정서적으로 복잡하고, 심지어는 심오한 경지에까지 도달하게 된다. 당신은 연기를 하는 것이다.

장애물과 배우의 목표 추구 사이에서의 대립은 연습이나 연기 도전과 무관하지 않다. 자신의 배역은 물론 유연체조나 신체훈련을 통해서 목표를 찾아 추구하는 일과 앞길을 가로막는 장애물을 찾아 극복해야 하는 일은 배우의 몫이다. 목표와 장애물을 찾기 위해서는 자료 조사가 간혹 필요하고 상상력이 항상 수반된다. 따라서 적절히 집중된 상상력은 단순하고 일상적인 행위를 연기로 바꾸어주는 데 필요한 모든 것이다.

상상력은 공상으로 가는 출발점이며, 배우의 공상은 가장 설득력 있는 목

장애물

연기가 극적으로 되기 위해서는 목표에 버금가는 장애물이 필요하고, 따라서 그것이 무엇인지를 확인하라.

—존 조리Jon Jory*

---

* 1938~ . 미국 태생. 1969년부터 루이빌 배우 극단Actors Theatre of Louisville의 연출가, 제작자 겸 극작가로 활동.

표와 장애물의 원천이다. '진정한 사랑의 열쇠'라고 읽으며 당신은 무슨 생각을 했는가? 문자 그대로 받아들였는가 아니면 비유적으로 받아들였는가? 탑 꼭대기 감옥에 갇힌 라푼젤이나 사슬에 결박된 톰 크루즈의 이미지가 당신을 더 높이, 더 열심히 추구하도록 만들었는가? 배우가 해야 할 일은 단순히 목표와 장애물을 찾는 것이 아니라, 간단한 연습에서조차 손에 땀을 쥐게 하고 명쾌한 연기를 이끌어낼 수 있도록 활기차고 의욕적으로 그것들을 창조하는 것이다.

자의식

목표를 추구하고 장애를 극복하는 것이 연기의 기본 원칙이라면, 자의식은 배우에게 가장 큰 적이다. 다른 사람들의 비판적 시선 앞에 '전시된' 상태로 서서 관찰되는 것은 대개 끔찍한 경험이다.

◆ 연습 3-4
'하기' 대 '되기'

아래 액션을 순서대로 하라. 한 지시문당 30초씩 할애하라.

1. 여러 사람 앞에 서라.
2. 근엄하게 있어라.
3. 섹시하게 보여라.
4. 긴장을 풀어라.

5. 당신 앞에 있는 남자의 수를 세어라.
6. 당신 앞에 있는 여자의 수를 남자의 수를 세었던 것보다 더 빨리 세어라.
   만일 그럴 수 있다면 당신은 상을 받을 것이다!

이 연습의 처음 2분간은 괴로울 것이다. 대중 앞에서 '근엄하게 있거나' '섹시하게 보이도록' 요구당함으로써, 우리는 결코 성공하지 못할 것이라는 두려움에 휩싸일 것이다. 그리고 어떻게 우리를 바라보는 많은 사람들 앞에서 긴장하지 않을 수 있는가? 어떻게 단번에 긴장을 풀 수 있겠는가? 하지만 남자의 수를 세는 일은 뭔가를 **하는** 것이고, 초점을 우리에게서 관찰자로 전환시킨다. 그리고 (비록 가상의 상이긴 하지만) 상을 받기 위해 빠르게 여자의 수를 세는 일은 **활기에 찬** 행위이고, 심지어 즐겁기까지 하다!

배우는 자신이 뭔가가 '되거나' 어떻게 '보이거나' 할 것이라는 피할 수 없는 자의식 없이 무대 위에서 단순히 무엇 또는 누군가로 '되거나' '보일' 수 없다. 그리고 배우는 지시받은 대로 긴장을 풀 수도 없는데, 긴장을 푸는 것, 즉 진정한 이완은 어떠한 사람의 명령에 대해서도 신경 쓰지 않는 상태이기 때문이다. 진정한 이완 상태를 위해 배우가 자의식을 피하는 유일한 방법은 무엇인가를 하는 것이다. 그리고 배우가 뭔가 중요한 것을 하고 있다고 느끼면 느낄수록 (예를 들어, 상을 받으려고 노력한다면), 좀 더 긴장을 풀고 자신이 아닌 다른 것들에 대해 생각할 수 있을 것이다.

투영

자의식은 자기 자신에게 초점을 맞추는 것이지만, 투영은 초점을 다른 것들 또는 바깥 세상에 맞추는 것이자 자기 주변에 대한 관심을 전달하기 위한 노력이다. 투영은 또한 다른 사람들이 **들을 수 있도록** 자신의 목소리를 투사하는 능력이다. 그러므로 투영은 기본적으로 자의식의 반대 개념이자, 자신 안의 감옥(자기 회의, 방종, 이기주의)으로부터 탈출할 수 있는 능력이며, 활동적이고 생산적인 사회적 교류를 할 수 있도록 한다. 모든 배우는 확실하게 이러한 기술을 익혀야 한다.

◆ **연습 3-5**

공명하기

다음 액션을 차례로 하라.

1. 벽을 마주보고 "아〜〜〜"라고 말하라.
2. 소리는 단지 분자들의 진동이라는 사실을 인지하라. 벽을 마주보고 "아〜〜〜"라고 말하고, 목에서 생기는 진동을 느껴라.
3. 소리는 공명하고 다른 사물들을 교감 진동시킨다는 사실을 인지하라. 벽을 마주보고 "아〜〜〜"라고 말하고, 당신의 목소리에 맞춰 벽 속의 분자들을 진동시키려고 노력해보라.

연습 3-5의 세 단계는 당신을 자의식에서 투영으로 이끌 것이다. 첫 번째 단계에서, 당신은 단순히 소리를 낸다. 두 번째 단계에서, 당신은 자신의 진동을 느껴보려는 의도로 소리를 낸다. 세 번째 단계에서, 당신은 **자신의 범주를 넘어서는** 확장된 의도로 소리를 낸다. 다시 말해, 당신은 의도적으로 소리를 투영하고, (벽을 진동시키려는) 목표를 추구하고자 (벽의 견고함이라는) 장애물과 맞선다. 벽이 진동하건 하지 않건 상관없다. (실제로 벽은 진동하지만, 그것을 측정할 수 있는 방법은 없다.) 중요한 것은 당신이 실재하는 대상(벽), 당신의 목소리, 당신의 상상력을 이용하여 목표를 창조하고 그것을 위해 연기했다는 사실이다.

세 번째 단계에서 당신의 목소리가 바뀌었는가? 물론 그랬을 것이다. 그것은 더 커지고, 더 울리고, 더 세졌다. 당신은 아마도 턱뼈를 더 넓게 벌리고, 후골喉骨을 목구멍 아래쪽으로 밀어 넣고, 자세를 똑바르게 했을 것이다. 당신이 의식할지 모르지만, 이것들은 바로 음성 지도교사가 지시하는 내용이며, 그리고 당신은 벽을 진동시키려는 노력 외에는 아무런 생각도 없이 그것을 해낸다.

◆ 연습 3-6

공명하기(계속)

두 사람이 짝이 되어 가능한 한 상대방으로부터 멀리 떨어져라. 번갈아 가며 상대의 등뼈가 진동하도록 "아～～～" 하고 힘차게 소리 내라. 손가락으로 상대의 등뼈가 실제로 진동하는지 느껴라. 음의 높낮이가 다른 목소리, 다양한 종류의 목소리, 또는 다양한 자세로 시도해보라. 최선을 다해 진동을 느껴보라.

연습 3-6에서 당신은 벽이 아닌 다른 사람에게 소리를 투영한다. 더 나아가서, 그 투영의 물리적 영향을 감지하도록 노력한다. 당신의 집중력은 자신의 목소리에서 그것이 당신의 상대에게 미치는 물리적 영향으로 완전히 옮겨가며, 이제 당신의 의식은 자율적인 것이 아닌 타율적인 것이 된다. 이 연습은 당신을 가장 기본적인 개인 대 개인의 의사소통으로서 '순수한' (하지만 단순한) 연기의 순간으로 이끈다.

연극에서 연기의 순간이란 바로 이런 것이다. 한 사람이 다른 사람을 붙잡거나 껴안고는 상대방을 편안하고 로맨틱한 분위기로 빠져들게 하거나 진정시키기 위해 "아~~~"라고 말하는 바로 그런 순간이다. 아니면, "아~~~"는 맥베스가 맥더프를 위협하여 굴복시키려는 시도(목표 추구)로 칼을 뽑아 높이 치켜들면서 내는 절규일 수도 있다. 모든 연기에 대사가 있는 것은 아니지만, 모든 연기는 그것이 언어적이든 비언어적이든 간에 개인 대 개인의 의사소통과 관계가 있다.

물론 배우는 배역을 소화하면서 단지 소리만이 아니라 말, 몸짓, 생각, 느낌, 지시, 인격 등을 투영해야 한다. 이런 것들은 배우가 다른 배우들에게, 그리고 관객, 즉 관객의 마음속에 전달해야 하는 무형의 것들이다. 이러한 투영은 모든 배우가 주고받는 의사소통의 흐름과 관계가 있으며, 배우 주변에서 벌어지는 상황에 자신을 개입시키고, 배우가 자의식의 자기 도취로부터 탈피하여 외부에 관심을 갖게끔 하는 수단이기도 하다.

◆ **연습 3-7**

목표

다음 임무를 수행하라. 그런 다음 목표와 장애물을 정의하고, 각각의 임무를 통해 외부 세계에 얼마만큼 자신을 투영하고 자의식을 쫓아버렸는지를 논의하라.

1. 상대의 신발 끈을 풀어서 벗겨라.
2. 이 책의 106쪽에서 126번째 단어를 찾아라.
3. 상대의 머리 위에 이 책을 올려놓고 균형을 맞춰라.

4. 당신의 목소리가 가장 잘 공명할 수 있는 벽, 가구 또는 사물을 찾아라.

5. 4항에서 찾은 것을 가지고 당신의 목소리가 공명할 수 있는 최상의 음높이를 찾아라.

6. 자신이 서 있는 강의실 한쪽 구석을 깨끗이 치워라.

7. 사람들을 한쪽 구석에서 다른 쪽 구석으로 이동시켜라.

요약

배우는 항상 목표 추구를 위해 장애물에 대항하면서 연기를 한다. 목표를 성취하려는 집중력은 배우의 자의식을 감소시키고, 더 나아가서 배우가 특정한 사물이나 사람에게 초점을 맞추면서 **투영**할 것을 요구한다. 배우들 간의 상호 투영, 즉 개인 대 개인의 의사소통은 가장 복잡하거나 고도로 유형화된 모든 연기의 근본이다.

제4강

'다른 사람' 과의 연기

다른 사람

대부분의 연극에서 배우는 벽을 공명하려는 대신 다른 사람들을 감화하려고 노력한다. 대개 여기서 말하는 다른 사람이란 연극 안에서의 다른 등장인물이다. 이 연기 수업에서 '다른 사람' 은 당신의 연기 상대이다.

다른 사람에게 깊이 몰입하는 것은 배우의 필수적인 일 가운데 하나이다. 이것은 밤새워 하는 긴 이야기, 사회적 관계, 상호간의 치료 활동, 또는 개인적 비밀에 대한 빗장걸기가 아니며, 다른 배우들에게 자백이나 피상적인 관계를 강요하는 것도 분명히 아니다. 이것은 당신의 연기 상대를 분명하고 정확하게 바라보고, 당신과 함께 연기하는 **사람의 모든 것**을 수용하려는 의지이다.

◆ 연습 4-1

상대를 미소 짓게 하기

두 사람씩 짝을 지어라. 상대의 반대편에 서서, 약 20초간 아래 열거한 임무에
몰두하라. 모두 마친 다음엔 역할을 바꿔 연습을 반복하라.

1. 상대의 눈썹을 관찰하라.

2. 상대를 미소 짓게 하라.

3. 상대의 입을 관찰하라.

4. 상대를 웃게 하라.

5. 왜 상대가 웃는지 생각해보라.

6. 상대를 **큰 소리로** 웃게 하라.

7. 상대의 눈을 관찰하라.

8. 상대가 나를 바라보며 무엇에 주목하고 있는지 생각해보라.

9. 상대가 당신을 진지하게 받아들이도록 하라.

10. 미소를 지어라.

11. 상대의 두 손을 잡아라.

12. 상대의 네 살 적 모습을 상상해보라.

13. 결국 죽게 될 상대의 시신을 상상해보라.

14. 상대를 미소 짓게 하라.

(당신이 상대를 미소 짓게 할 때, 상대는 당신이 무슨 생각을 하고 있는지 알아내겠다는 목표
로 단순히 당신의 얼굴을 관찰하고 있어야 한다.)

> ### 다른 사람
>
> 나는 다른 사람들과 자주 작업한다. 나는 혼자 연기하지 않는다. 그리고 나는 다른 사람이 내게 반응하고 솔직해지길 원한다. 나는 그것을 간절히 필요로 한다.
>
> —에스텔 파슨스Estelle Parsons*

* 1927~ . 미국 태생. 영화 〈우리에게 내일은 없다*Bonnie and Clyde*〉(1967), 〈보이즈 온 더 사이드*Boys on the Side*〉(1995), 〈뉴욕 광시곡*Looking for Richard*〉(1996) 등에 출연. 1968년 아카데미 여우조연상 수상.

당신은 상대로 하여금 미소 짓고, 웃고, 당신을 진지하게 받아들이도록 하기 위해 단순히 '뭔가를 한 것'이 아니라 다른 누군가에게(또는 누군가와 함께) 뭔가를 한 것이다. 즉, 당신은 상호작용에 참여한 것이다. 모든 연기는 다른 사람들과의 상호작용이다. (독백도 마찬가지인데, 이번 강의의 끝에서 논의될 것이다.)

당신의 연기 상대는 사람이다. 그는 당신처럼 한때 갓난아기였으며 언젠가는 죽을 것이다. (당신과 마찬가지로) 그 또한 성적 관심이 강하고, 두려워하고, 남을 배려하고, 심오한 욕망을 가진 사람이다. 다시 말해, 그는 단순한 당신의 연기 상대만이 아니다. 그는 한 개인이자, 잠재적으로는 당신을 위한 거대한 영감의 원천이기도 하다.

당신의 상대와 밀접한 관계를 유지하면 할수록, 당신의 연기는 더욱 나아질 것이다. 연기는 개인 대 개인의 의사소통이므로 결코 혼자서 할 수 있는 것이 아니다. 무대 위에서 '살기' 위해 당신은 우선 다른 등장인물들, 당신의 마음속에 '살아 있는' 연기 상대를 만들어야 한다. 당신의 의사소통, 즉 당신의 연기는 궁극적으로 당신만큼이나 그들에게도 달려 있으며, 당신 자신이 그들을 믿고 관심을 갖는 강도에 달려 있다.

상호작용의 역학

다른 사람들에 대한 배우의 자각은 단순히 편견 없는 관찰의 문제만이 아니다. 적당히 극적인 무대 위의 관계는 극적 변화를 위한 잠재성(대개는 사랑을 위한 잠재성)을 암시해야 하고, 한편으로는 신체적이거나 심리적인 폭력을 위한 잠재성을 암시해야 한다. 이러한 잠재성이 관계의 역학이다. 왜냐하면 이러한 사랑이나 폭력에 대한 잠재성은 항상 존재하며, 그래서 배우는 매사에 민감하다. 연습 4-2는 배우와 배우 사이의 감수성으로 접근하는 간단한 방법이다.

◆ 연습 4-2
감수성

두 사람씩 짝을 짓고, 한 사람은 A, 다른 사람은 B로 정하라. 아래의 내용 없는 장면을 기억하고 재빨리 '리허설'을 하라. (내용 없는 장면이란 단어들 자체만으로는 어떤 특정한 인물이나 이야기를 분명히 나타내지 않는 장면, 즉 아무런 극적 요소를 갖지 않는 장면을 말한다.)

A: 하나.
B: 둘.
A: 셋.
B: 넷.
A: 다섯.
B: 여섯.
A: 일곱.

B: 여덟.

A: 아홉!

B: 열!

아래의 각 상황을 상상하며 위 장면을 '연기하라.'

1. 당신의 연기 상대가 당신을 죽이려고 무기를 숨기고 있을지도 모른다.
2. 당신은 세 살 때 당신이 사랑하는 형제와 헤어졌는데, 그가 바로 당신의 연기 상대이다.
3. A는 1항을, B는 2항을 믿을 만한 근거가 있다.
4. B는 2항을, A는 1항을 믿을 만한 근거가 있다.

모든 연기의 중요한 구성 요소인 감수성은 당신이 다른 배우를 완전한 사람으로 인식하고, 서로의 **관계가 초래할 수 있는 잠재적인 선 또는 악**을 인식하고 있다는 것을 의미한다.

상호작용의 역학은 관계가 단순히 적당한 사람들 사이에서의 정적인 합의가 아닌 상호성과 독립성, 흡인과 분리, 욕망과 공포의 상호작용으로 전개되는 것임을 암시한다. 오늘 당신이 카페테리아에서 만난 사람이 지금부터 이십 년 후에 당신의 인생 동반자가 될 **수** 있으며, 지금 함께 장면 연습을 하는 사람이 권총을 뽑아 당신을 쏠 **수**도 있다. 일반적인 인간의 충동은 그런 희박한 잠재성을 무시하기 마련이다. 연기 상황에서 배우의 충동은 그것이 가능하고 적당한 곳이면 어디든 관계의 역학을 창조하기 위해 그러한 잠재성을 생기 있게 만들기 마련이다. 당신이 등장인물 A와 B 사이에 존재한다고 상상하는 사랑이나 폭력에 대한 잠재성과 그런 잠재성에 노출된 배우의 감수성을 탐구한다면, 심지어 "하나, 둘, 셋…… 열"과 같이 내용 없는 장면도 생생하고 흥미로운 연극이 될 수 있을 것이다.

◆ **연습 4-3**

발견

두 사람씩 짝을 지어 A와 B를 정한 다음, 아래 대사를 '연기하라.' 상대의 목소리의 높낮이, 표정, 그리고 호흡 상태의 변화에 대한 연구와 그가 할지도 모를 생각 또는 공상에 대한 추측을 통해 상대에 대해 가급적 많은 것을 알도록 노력하라.

  A: 월요일에 볼 수 있을까요?

  B: 화요일은 어때요?

  A: 수요일은 어때요?

  B: 목요일은 어때요?

  A: 금요일은 어때요?

  B: 토요일은 어때요?

  A: 일요일은 어때요?

  B: 네, 그럼 일요일에 보지요.

멋있게 읽으려 애쓰지 말고, 자신의 대사 전달에 대해서도 걱정하지 말라. 한마디로, 자신에 대해서 생각하지 말라. **오로지 상대방에게 집중하고** 그에 대해 가급적 많은 것을 알아내도록 하라. 자신의 내면이 아닌 외부에 초점을 분명히 맞춰라. 그러면 당신은 학점에 연연하는 연기전공 학생으로서의 자의식을 떨쳐버

'현실'에서 아이의 생명을 구하려는 어머니, 용서를 구하는 죄인, 마지막 기회를 간청하는 속죄하는 연인 등, 사람들은 자신들의 상태에 대해서는 철저히 무관심한 반면, 자신들이 목적을 관철시키고자 하는 대상의 상태에 이목을 집중시킨다. 이러한 외부지향성은 '현실'에서 배우를 아주 민감한 상태로 유도하고, 그의 연기를 긴장감 있게 만든다. 이와 흡사하게 무대 위에서 관객을 긴장하게 만드는 것은 자신의 상태에 상관없이 상대역의 반응을 전적으로 중시하는 외부지향성을 지닌 배우의 행보이다.

—데이비드 매밋 David Mamet*

* 1947~ . 미국 태생. 영화 〈포스트맨은 벨을 두 번 울린다 *The Postman Always Rings Twice*〉(1981), 〈언터처블 *The Untouchables*〉(1987), 〈아메리칸 버팔로 *American Buffalo*〉(연극 1975; 영화 1996), 〈양들의 침묵2 *Hannibal*〉(2001) 등의 작가, 〈하이스트 *Heist*〉(2001), 〈스파르탄 *Spartan*〉(2004) 등의 작가 겸 영화감독.

리고 상호소통이라는 목표를 성취하는 데 매진하게 될 것이다.

다음 장면도 위의 지시대로 번갈아 해보아라.

A: 넌 할 거야.

B: 난 안 할 거야.

A: 넌 할 거야.

B: 난 안 할 거야.

A: 넌 할 거야.

B: 난 안 할 거야.

A: 넌 할 거야.

B: 난 안 할 거야.

이번 강의에 사용된 대사들은 즉시 기억될 수 있기 때문에 선택되었다. 당신이 원한다면, 나중에 연습할 장면들의 대사를 암기하여 이 연습에 사용할 수 있다.

....

등장인물

여기 이미 당신이 생각했음 직한 중요한 질문이 있다. 당신의 상대를 미소 짓게 하고, 그를 오래 전에 잃어버린 형제로 상상하고, 그에게 일요일에 만나자고 요청할 때, 당신의 상대는 급우인가, 배우인가, 아니면 등장인물인가? 철학자는 이 질문에 여러 가지 방법으로 답하겠지만, 당신에겐 오직 하나의 정답만이 있을 뿐이다. **당신의 상대는 언제나 등장인물이다.** 연기 연습이 시작되는 순간, 모든 것은 연극적 정황 안에 존재한다. 그 순간, 모든 참가자들은 등장인물이며, 모든 행위는 연기 또는 '놀이'이다.

이것은 감정을 자유롭게 하는 해결책이다. 그것은 당신의 상대와 당신 사이의 상호작용이 등장인물로서 '놀이'하거나 상호작용하기로 이미 동의한 전체 정황 속에서 발생된다는 것을 의미한다. 그러므로 어떠한 (수업 이외의) 개인적 노력 없이도 당신은 자신의 감정을 충분히 느낄 수 있으며, (심지어 연습 또는 즉흥연기에서와 같은) 극적 정황 속에서 사랑, 욕망, 폭력, 야망 등의 깊이를 체험할 수 있다. 실제로 당신은 '놀이'의 세계에서 극단적이고 심오한 감정을 체험하고, 연습(또는 연극, 즉흥연기)이 끝나면 다시 사적인 개인의 상태로 돌아갈 수 있다. 극단적으로 최고의 친구가 이아고가 되고 최악의 원수가 로미오가 될 수 있듯이, 당신의 급우를 등장인물로 볼 수 있는 능력은 다른 사람들과 함께 실감나고 열정적으로 연기할 수 있도록 당신의 감정을 자유롭게 하는 능력이다.

전술

전술은 인간의 의사소통을 위한 전략이자 역동적 상호작용에 활력을 주는 요소이다. 일상생활에서 대부분의 전술은 단순하고 유연하며, 의도된 계획보다는 즉흥적인 충동에 의해 만들어진다. 예를 들어, 미소는 화합과 관용을 북돋는 반면, 목소리를 높임으로써 복종을 얻어낸다. 어떤 전술은 다른 등장인물의 지지를 구하거나 반대세력을 무마시키는 데 사용되기도 한다.

목표를 성취하고 장애를 극복하기 위한 노력의 일환으로, 배우는 다른 배우, 즉 연극 또는 장면의 등장인물에게 지속적인 압력을 가하려고 한다. 이러한 압력은 실재하는 것이고, 매혹적으로 치켜 올린 눈썹, 위협적으로 움켜쥔 주먹, 또는 현혹적으로 명쾌한 주장을 통해 행사될 수 있으나, 다른 모든 배우와 관객 등에 의해서 감지되는 것이다. 전술을 구사할 수 있는 당신의 능력은 무대 위에서의 당신의 권위와 매력을 결정지을 것이다.

◆ 연습 4-4
전술 구사하기

두 사람씩 짝을 지어라. 어느 외국어일 수도 있고 무의미한 말일 수도 있는 '**비타라타강**'과 '**클레리디피티**'가 각각 "여기서 나가!"와 "이리 와"라는 뜻이라고 상상하라. 그런 다음 아래 주어진 상황을 번갈아 가며 연기하라.

1. 상대에게 "**비타라타강!**"이라고 말하고 나가도록 하라.
2. 상대에게 "**클레리디피티**"라고 말하고 다가오도록 하라.
3. 상대에게 "**비타라타강!**"이라고 말해 나가게 한 뒤, "**클레리디피티**"라고 말

해 되돌아오게 하라. 또 반대로 해보라.

당신의 상대와 의사소통을 하기 위해 몸동작, 목소리의 높낮이, 억양, 손짓, 표정, 신체적 강인함에 의한 위협, 매혹적이고 도발적인 자세 등, 신체 접촉을 **제외한** 당신이 떠올릴 수 있는 모든 것을 동원하라.

연기 상대와의 완벽한 교감은 다른 사람과의 솔직하고 감성적인 상호작용을 이끌어내기 위한 의지, 즉 당신의 연기 상대를 두려워하게 하고, 용기를 북돋고, 경고하고, 즐겁게 해주려는 당신의 의지에 달려 있다. 목표를 성취하고자 하는 욕망은, 그 욕망을 효과적인 개인 대 개인의 행위로 전환시키는 의지와 능력이 하나가 되어, 연기력의 기초를 형성한다. '비타라타강'을 누군가를 내쫓을 만큼 동요시키는 말로 만들거나, '클레리디피티'를 누군가를 다가오게 할 만큼 설득력 있는 말로 만드는 능력은 대본 또는 극적인 연출에 달려 있는 것이 아니라 전적으로 당신에게 달려 있는 기본적인 연기 능력이다.

◆ 연습 4-5
하나 둘 셋 넷 다섯 여섯 일곱

이 연습의 목적은 당신의 집중력을 높이고 의사소통의 전술을 다양화하는 데 있다. 이런 일에는 노력하는 것이 성공시키는 것보다 더 중요하다.

상대와의 접촉 없이, 각 임무에 해당하는 "하나 둘 셋 넷 다섯 여섯 일곱"이라는 단어들만을 사용해, 상대로부터 다음 행동과 감정을 이끌어내도록 하라.

1. 상대를 당신 옆에 앉게 하라.

2. 상대를 당신 앞에 무릎 꿇게 하라.

3. 상대가 당신에게 미안함을 느끼게 하라.

4. 상대를 행복하게 하라.

5. 상대를 긴장시켜라.

6. 상대를 자극하라.

7. 상대를 오싹하게 하라.

독백

주변에 다른 사람이 없을 경우 어떻게 '다른 사람'과 연기할 수 있을까? 예를 들어, 배우 자신 외에는 아무도 없는 무대 위에서 독백을 하거나 1인극을 공연하는 경우처럼? 이런 경우 '자기 자신에게' 또는 '혼잣말로' 얘기한다고 할 수 있지만, 그것은 대단히 극적인 해결책도 아니며, 그렇다고 특별히 사실적이지도 않다.

더 깊이 들어가기 전에, 함께 연기할 가상의 상대를 창조하는 다음 연습을 해보라.

◆ 연습 4-6
다른 사람 창조하기

상대가 없는 상태에서, 다음과 같이 당신의 상상력으로 창조한 '다른 사람들'과 함께 연습 4-4와 연습 4-5를 하라.

1. 깡패를 위협하여 물리치는 연습의 '리허설'로서 상대에게 "비타라타강"이라고 말하라. 크고 작은 다양한 유형의 가상의 깡패들을 상대로 큰 소리로 연습하라.

2. 당신이 믿고 있거나 믿는다고 상상할 수 있는 가상의 신(예를 들어 제우스, 부처, 유대교·기독교·이슬람교의 '신')에게 말하라. "클레리디피티" 또는 "하나 둘 셋 넷 다섯 여섯 일곱"이라고 말함으로써 이런 신적 존재가 당신 앞에 나타나게 하라. 이번엔 제우스를 비너스로, 다음엔 사탄으로, 다음엔 존경하는 조상이나 숭배자로 바꿔라. 실제로 이러한 연습은 절대자를 숭배하고 경외하는 등장인물(예를 들어, 오이디푸스 또는 파우스트)을 연기하는 데 필수적이다.

3. 당신이 싫어하는 삼촌이 사랑하는 아버지를 살해했다는 사실을 알게 되었다고 상상하라. 당신은 법정에서 그와 대면할 기회가 있다는 것을 알고 있다. 많은 사람들 앞에서 그에게 손가락질을 하며 "잔인무도하고 음탕한 악당!"이라고 비난을 퍼붓는 리허설을 하라. 가장 설득력 있는 어조를 찾으려 노력하면서 이 대사를 여러 차례 리허설하라.

4. 당신의 생명을 위협하는 대담한 계획을 꾀하려 할 때, 당신의 머리 위 또는 주변을 떠도는 신적 존재가 있다고 상상하라. "사느냐 죽느냐, 그것이 문제로다."라는 진퇴양난의 문제를 신에게 제기하라. 그 신이 정말로 침묵이나 거센 바람으로 당신에게 답하는지, 아니면 당신이 따라야 할 최선의 방법을 암시해주는지 지켜보라. 다른 형태의 신적 존재를 상상하며 여러 번 반복하라.

5. 당신이 볼 수 없는 가상의 관객에게 (무대 위에 서 있을 경우, 무대 조명을 바라보며) 말하라. 이 질문에 대해 답변을 구하려고 노력하라.

"인간이란 도대체 무엇인가?

인간의 하루하루가

단지 먹고 자는 것뿐이라면?"

그들이 (어떻게) 대답하는지 지켜보라. 그들은 답하지 않겠지만, 같은 질문을 서너 번 반복하면서 계속 답변을 구해보라.

당신이 이미 알아차렸겠지만 3, 4, 5항의 대사들은 셰익스피어의 〈햄릿〉의 독백들이다. 독백을 포함한 모든 극중 대사들은 다른 '누군가'에게 말해지는 것이며, 그 누군가는 현존하지 않거나, 죽었거나, 초자연적이거나, 상상 속의 존재일 수 있다. 이에 대해서는 제28강에서 좀 더 상세히 다룰 것이다. 당신이 이런 대사들을 다루는 데 관심이 있다면, 만일 다가오는 오디션을 준비해야 한다면, 제28강으로 건너뛰어도 무방하다.

요약

연기란 혼자서 하는 것이 아니라 적어도 한 명 이상의 다른 사람에게, 다른 사람과 함께, 다른 사람을 위하여 뭔가를 하는 것이다. 관객이 연기를 통해 궁극적으로 보고 싶은 것은 등장인물 간의 관계, 즉 당신과 당신의 연기 상대 사이에 형성된 **관계**이다. 그러한 관계가 극적인 것이 되기 위해서는 역동적이어야 한다. 배우란 서로에게 민감해야 한다. 선 또는 악의 (가급적 두 가지 모두의) 잠재성은 그 관계에 의해 명쾌하게 암시되어야 하고, 배우들은 상호간의 전술을 구사함으로써 그들의 관계를 변화시키거나 개선하도록 서로에게 압력을 가해야 한다.

제5강

연기의 시작

내용 없는 장면

지금까지 목표, 장애물, 감수성, 투영, 개인 대 개인의 교감, 역동적 관계를 특징 짓는 전술적 상호작용 등 연기의 초석이 되는 여러 요소들을 알아보았다. 이러한 기본 요소들은 모두 일련의 내용 없는 장면들, 즉 정해진 플롯이나 성격묘사가 없는 장면들 안에서 연구될 수 있다.

내용 없는 장면은 10분 남짓의 시간 안에 아주 빠르게 기억될 수 있다. 그룹으로 연습할 경우, 배우들은 두 명씩 짝이 되어 각자가 맡은 A 부분과 B 부분을 소리 내어 암기해야 한다. 암기하는 동안 대사의 뜻을 해석하려 들거나 각각의 대사에 대한 읽기나 억양을 '고착' 시키지 말아야 하며, 그 대사들을 기계적으로 단순히 받아들여야 한다.

장면이 암기되면 배우들은 상대를 바꿔야 하는데, 각각의 A는 자신이 아직 이 대사를 연습한 적이 없는 B와 짝을 이루어야 한다. 이러한 내용 없는 장면들은 상대를 매번 바꿔가며 여러 차례 행해질 수 있는데, 이렇게 함으로써 각각의 장면은 새로 짝 지어진 배우들 사이에서 아무런 사전 리허설 없이 만들어진다.

◆ 연습 5-1

내용 없는 장면 Ⅰ

이 장면을 어떤 형태의 리허설이나 사전 계획 없이 연기하라. 하지만 각각의 연기는 아래 열거한 일곱 가지 상황 중의 하나를 이용하라.

장면: "어젯밤에 뭐 했니?"

A: 안녕!

B: 안녕.

A: 별일 없지?

B: 응.

A: 너 지금 몇 신 줄 아니?

B: 아니, 잘 모르겠는데.

A: 시계 없어?

B: 없어.

A: 그래?

B: 그래서 뭐?

A: 어젯밤에 뭐 했니?

B: 무슨 말이야?

A: 어젯밤에 뭐 했냐고?

B: 아무것도.

A: 아무것도?

B: 아무것도 안 했다니까!

A: 물어봐서 미안해.

B: 괜찮아.

일곱 가지 상황

1. A는 아버지 또는 어머니이고 B는 그의 십대 자녀이다. 이 장면은 아침식사 상황이며, B는 시리얼을 먹고 있고, A가 들어온다.

2. A와 B는 (이성 간의) 신혼부부이다. 지난밤 부부싸움 끝에 B는 아파트를 뛰쳐나갔다. 다음날 아침 A는 설거지를 하고 있고, B가 돌아온다.

3. A와 B는 (동성 간의) 룸메이트이다. 지난 몇 주간 둘은 모두 같은 남자(또는 여자)를 사귀고 있고, 그 관계를 발전시키고 싶어 하며, 상대방의 부정에 대해 약간 의심하고 있다. 그들은 어젯밤 외박을 한 후, 방으로 들어오면서 만난다.

4. A와 B는 (이성 간이며) 한동안 서로에게 연정을 품어온 급우이다. 그들은 우연히 교내식당에서 만나고, A는 B의 옆에 앉는다.

5. A와 B는 (동성 간이며) 중요한 배역의 오디션을 보고 있다. 연출가가 배역을 정하는 과정에서 성적 편애를 한다는 소문이 있다. A와 B는 그들을 부르는 소리를 기다리다가 게시판 앞에서 만난다.

6. A와 B는 형제지간이다. B는 자살 기도를 이유로 정신과 치료를 받다가 최근에 퇴원했다. B는 어젯밤 집에 들어오지 않았고, A는 버스 터미널 대기실에서 B를 발견한다.

7. A와 B는 친구이다. B는 정육용 칼로 친구를 광적으로 찔렀다는 이유로 정신병동에 수감되었다가 최근에 풀려났다. 이 사실을 알고 있는 A는 고립된

공간에 있는 B에게 다가간다.

....

배우들이 매번 상대를 바꿔가며 다양하게 변형된 '내용 없는 장면'을 실연
해보면, 몇 가지 사실들을 알게 된다.

이 장면의 내용은 전적으로 주어진 상황과 배우에 의해서 만들어진다. 말
은 액션의 도구일 뿐 플롯, 등장인물, 또는 행동을 좌우하지는 못한다. 따라서
연기는 임의로 변화하는 관계를 창조하는 하나의 방편이 된다. 그리고 플롯은
전적으로 당신과 당신의 연기 상대 사이에서 생긴 상황으로부터 발전된다.

이 장면은 실시간으로 일어나고, 즉 그것이 실연되는 동안 **경험되는** 것이
다. 연기와 관련하여, '최초의 환영을 창조하기'[1]라는 말이 종종 언급된다. 연
습 5-1에서 '최초'는 환영이 아니며, 당신은 연습되지 않은 생생한 상호작용을
최초로 경험한다.

당신은 연습 5-1을 통해 '자기 스스로' 성공할 수 있는 것은 아무것도 없다
는 사실을 알게 된다. 내용 없는 장면에서 생기는 어떤 일이든 당신 또는 당신
의 연기 상대에게 달려 있는 것이 아니라, 둘 사이에서 발생하는 상황에 달려
있다. 개인 대 개인의 교감, 전술적 상호작용, 투영, 감수성 등이 연습 그 자체로
서 요구된다. 이러한 상황에서 느낌은 자연스럽게 당신에게로 다가온다.

이 장면은 예측될 수 없다. 연극의 문제점 중의 하나는 대본들이 본질적으
로 예측 가능하다는 사실이다. 마지막 막幕은 1막이 시작되기 전에 이미 써지
고 연습된 것이다. 연습 5-1은 예측 가능한 장면을 예측 불가능한 것으로 보이
게끔 하는 문제로부터 잠시나마 비켜갈 수 있도록 한다. 이 장면은 예측될 수
없어서 당신은 물론 당신의 연기 상대도 어떻게 끝나게 될지 전혀 모른다. 이러

....

1 19세기 미국의 배우이자 희곡 작가였던 윌리엄 질레트William Gillette의 견해. 연기는 연습하지 않은 듯
   보여야 하고, 각각의 대사는 마치 등장인물이 '최초로' 그 단어들을 말하는 것처럼 전달되어야 한다.

한 상황은 장면 내내 놀라울 만큼 당신을 긴장시키고, 집중하게 하며, 정신적으로 활발하게 만든다.

강화장치

연습 5-1은 매 주기마다 새롭고 다르게 만들 수 있는 수많은 상황과 암시가 있기에 거의 무한정으로 되풀이될 수 있다. 또 이 연습은 상황에 장애물들을 추가함으로써 강화될 수 있다.

◆ 연습 5-2
강화하기

연습 5-1에 있는 대사를, 일곱 가지의 상황 중의 하나를 이용하되 아래 열거된 장애물 중의 하나를 추가해서 재연하라. 상황과 장애물을 바꿔가며 연습을 반복하라.

1. 당신의 연기 상대가 권총을 가지고 있다.
2. 당신의 배가 아파온다.
3. 방에서 지독한 냄새가 난다.
4. 상대가 죽어가고 있음을 알아챈다.
5. 상대는 다소간의 청각 장애가 있다.
6. 매우 춥다.
7. 상대는 성적 욕구 불만이다.

8. 상대는 몹시 흥분해 있다.
9. 내장이 뒤집어지는 듯해 일어설 수 없을 것 같다.
10. 크게 말하면 울기 시작할 것 같다.

....

강화장치들은 당신이 연기하거나 어떤 식으로든 보여줘야 하는 것들이 아니다. 사실상 그것들은 당신의 길을 막고 서 있는, 당신이 **대항하여** 극복해야 할 장애물들이다. 장애물과의 투쟁은 당신을 더욱 열정적으로 연기하게 만든다. 예를 들어, 당신이 다소간의 청각 장애가 있는 사람과 이야기할 때, 당신은 더욱 크고 분명하게 얘기해야 한다. 장애물은 액션을 완전히 억누를 만큼 거대할 수는 없으며(그래서 **다소간의** 청각 장애라고 지칭), 또한 당신이 완전히 잊을 수 있을 만큼 하찮은 것일 수도 없다. 그것들은 당신을 더욱 열심히 연기하도록 만들 수 있을 만큼 도전적이어야 하고, 당신의 탐구를 극적으로 흥미롭게 만들 수 있을 만큼 고통스러워야 한다.

신체화

단순히 장소가 바뀌거나 조깅과 같은 일종의 기본적인 행동이 배우에게 요구될 때, 장면 안에서 간혹 이상한 변화들이 일어난다. 감정을 몸으로 표현하는 장면의 신체화physicalizing는 좀 더 미묘한 의미와 더욱 예리한 전환을 이끌어내고, 단순히 앉아서 말하는 것 이상으로 연기를 '몸 안으로' 끌어들인다.

장소 또는 행동 바꾸기

다음의 신체화된 변화들을 적용하여 내용 없는 장면을 재연해보라.

1. 조깅을 하며

2. 함께 상을 차리며

3. 해변에 누우며

4. B는 침대에 눕고, A는 침대에 걸터앉으며

5. 농구를 하며

6. 팔씨름을 하며

7. 음악에 맞춰 춤을 추며

8. 팔굽혀펴기를 하며

9. 바나나를 먹으며

10. 등 마사지를 해주며

자신만의 변화들을 창조하라!

내용 없는 장면 II

다음 대사를 암기하라. 그런 다음, 새로운 대사를 이용하여 연습 5-1, 5-2, 5-3
을 반복하라.

장면: "나 이제 갈래."

A: 안녕!

B: 안녕.

A: 너 괜찮니?

B: 그럼.

A: 정말?

B: 그래. 머리가 조금 아플 뿐이야.

A: 어, 그래. 아스피린 좀 줄까?

B: 아니야. 그럴 필요 없어, 알았어?

A: 너 화났구나.

B: 젠장!

A: 좋아, 좋아. 난 네가 말하고 싶어 하는 줄 알았어.

B: 뭘 말해?

A: 아무거나.

B: 나 이제 갈래.

A: 왜 그래?

B: 그냥 간대도.

A: 어디?

B: 멀지 않아. 신경 끊어.

A: 언제?

B: 지금. 〔*떠나기 시작한다.*〕

앞 장면에서의 상황들이 이 연습에 적절하긴 하지만, 당신은 십여 개의 또 다른 상황들도 만들어낼 수 있을 것이다.

요약

내용 없는(대사의 내용이 본질적으로 모호하거나 사소한) 장면은 사전 계획이나 리허설 없이 신선하고 즉흥적인 방법으로 목표, 전술, 그리고 관계의 역할을 탐구할 수 있는 기회를 제공한다. 개인적인 상호작용은 기본적인 목표 추구에 장애물을 설정함으로써 강화될 수 있다. 장면의 신체화는 연기를 하는 데 매우 유용한, 미묘한 의미들과 첨예한 순간들을 이끌어낸다.

제6강

전술

벌과 상

배우에게 목표란 소망이나 공상 그 이상의 것이다. 목표는 극중 등장인물이 적극적으로 획득하고 성취하길 바라는 것이다. 정의하자면 연기acting는 **행위**action이며, **적극적인**active 것이다. 관객은 자신의 목표에 대해 생각만 하는 배우가 아니라, 그 목표를 성취하고자 열심히 노력하는 배우를 보길 원한다.

등장인물들은 실제 사람들이 하는 것처럼 **전술**을 사용하여 자신들의 목표를 추구한다. 그들은 논쟁하고, 설득하고, 위협하고, 유혹하고, 격려한다. 그들은 다른 극중 등장인물들을 지원하고 자신들에게 반대하는 등장인물들을 단념시키기 위해 그들에게 영향을 주고자 한다. 이것이 바로 연극이 **극적인** 이유이다. 전술은 순간순간의 극적인 연기 작업이다. 전술은 연극의 기본적인 상호작용을 유도하고 규정한다.

일상에서도 전술이 사용되는가? 우리들 대부분은 일상생활에서 전술을 구사하지 않으며, 친구들과 주위 사람들을 속이는 일 없이 단순하게 살고 있다고 믿고 싶어 한다. 그러나 제4강에서 보았듯이, 사실은 그렇지 않다. 누군가가 우리에게 말을 건넬 때, 이야기를 더 듣고 싶어 미소를 지을 수도 있으며, 혹은 그의 입을 틀어막기 위해 회의적인 표정을 지어 보일 수도 있다. 우리는 말을 안 듣는 아이에게 눈살을 찌푸리고 지시에 따르도록 언성을 높인다. 또 우리는 저명한 정신적 지도자의 발밑에 겸손하게 쪼그려 앉아 지혜의 말씀을 듣기 위한 공경의 표시로 밝게 미소 짓는다. 이것들은 대인 관계의 전술들이며, 다른 사람들이 있을 때면 언제나 사용된다.

개, 고양이, 그리고 두 달 전에 태어난 아기도 전술을 구사한다. 필요와 욕구를 가진 모든 생각하는 종種들은 순간순간의 목표와 승리를 구하고 성취하기 위해 전술을 구사한다. 연기를 위해서 배우는 강력하고, 현명하고, 매력적인 전술을 구사하는 방법을 익혀야 한다.

전술에는 위협하는 전술과 유도하는 전술, 크게 두 가지 종류가 있다. 위협하는 전술은 "내가 시키는 대로 하지 않으면, 네 삶을 비참하게 만들 거야"라고 말하는 것이고, 유도하는 전술은 "내가 시키는 대로 하면 넌 더 행복해질 거야"라고 말하는 것이다. 언성을 높이는 것은 위협적인 전술이고 미소를 띠는 것은 유도적인 전술인데, 두 가지 모두 일상생활에서는 물론 현실을 반영하는 무대 위에서 흔히 볼 수 있다.

전술 구사

무대 위에서 전술을 구사할 때, 당신은 그것을 **확실히** 구사해야 한다. 당신의 등장인물이 다른 등장인물을 위협하려 할 때, 당신은 자신의 연기 상대를 위협해야 한다. 한편, 만일 당신의 등장인물이 다른 등장인물로부터 온정을 느끼고

자 한다면, 당신은 상대 배우로부터 온정을 유도하기 위한 모든 노력을 기울여야 한다.

하지만 다음의 기본 원칙을 기억하라. 배우는 연습, 장면연기, 또는 즉흥연기 중에 다른 배우를 신체적으로 다치게 하거나 성적으로 모욕해서는 안 된다. 신체적인 힘, 싸움, 또는 노골적인 성적 행위를 수반하는 모든 연기는 두 배우가 완전히 편해질 때까지 리허설과 대화가 거듭되어야 한다. 이렇게 함으로써 연습 상황에서 발생하는 성적인 모욕에 대해 보편적인 이해를 피할 수 있는데, 그 이유는 성적인 모욕의 정의가 배우의 나이, 경험, 문화적 환경에 따라 다를 수 있기 때문이다.

◆ 연습 6-1
상대를 위협하기

두 사람씩 짝을 짓고, 아래의 표현들을 사용하여 당신의 상대를 **정말로 위협해** 보라.

1. 입 닥쳐!
2. 꺼져버려!
3. 날 내버려둬!
4. 뒈져버려!
5. 죽일 테면 죽여봐!

상대의 표정을 살펴보라. 그의 얼굴에서 생기 또는 핏기가 가셨는가? 그가 떨고 있거나 안절부절못하는 것처럼 보이는가? 그의 눈이 커졌는가? 하지만 반

드시 이러한 결과들을 얻는 데 **성공**할 필요는 없다는 것을 명심하라. 당신이 그
것들을 성취하고자 **노력**한 뒤, 상대의 얼굴을 살펴보고 당신의 성공 또는 실패
(이 경우, 더 노력하라!) 여부를 알아내면 그만이다.

◆ 연습 6-2

강도 높이기

연습 6-1의 표현들을 사용하여 다시 상대를 위협하는데, "입 닥쳐! 입 닥쳐!!!
입 닥쳐!!!!!"와 같이 매번 강도를 높여가며 각각의 말들을 세 번씩 반복하라.
원한다면 "입 닥쳐! 입 닥쳐!!! **입 닥쳐, 제기랄!!!!!**"과 같이 가벼운 욕설에서부
터 지독한 욕설까지 추가할 수도 있다. 목소리를 높이는 것뿐만 아니라 더 강한
억양, 보다 위엄 있는(그리고 위협적인) 풍채, 목표에로의 심오한 정서적 헌신 등
여러 방법으로 당신의 강도를 높여보아라.

◆ 연습 6-3

상대 울리기

다른 상대와 함께 연습 6-2를 반복하고, 상대의 눈에서 눈물이 솟구치게 만들
라. 다시 말하지만, 그렇게 하지 못하더라도 걱정 말라. 왜냐하면 이 연습의 요
지는 성공하는 것이 아니라 시도하는 것이다. 연극은 자신들의 목표를 성취하
지 못하는 등장인물들로 채워지기 마련이고, 배우는 오로지 자신의 등장인물이
참된 노력을 기울이도록 만들면 된다. 상대를 울리는 시도는 당신의 전술이 생
리적 현실감을 갖도록 하며, 당신이 추구해야 할 매우 구체적이고 인간적인 목

상대방을 겁먹게 하기

상대 배우는 장면에서 가장 중요하다. 나는 상대방을 겁먹게 하거나 웃게 만드는데, 그가 잘하면 잘할수록 나도 더 잘하게 되고 그만큼 더 장면이 좋아지기 때문이다. 어떤 장면이 형편없다면 그 장면에 출연한 모든 배우들이 형편없는 것이다. 만일 내가 상대방을 두어 차례 극적인 순간으로 몰아갈 수 있다면, 장면이 훌륭해질 뿐 아니라 나 또한 잘하고 있는 것이다.

—제임스 칸James Caan*

* 1940~ . 미국 태생의 영화배우. 〈철창 속의 여인 *Lady In A Cage*〉(1964)으로 데뷔한 이래 〈대부 *The Godfather*〉(1972), 〈갬블러 *The Gambler*〉(1974), 〈화니 레이디 *Funny Lady*〉(1975), 〈비정의 거리 *Thief*〉(1981), 〈미저리 *Misery*〉(1990), 〈도그빌 *Dogville*〉(2003) 등 70여 편의 영화와 TV시리즈에 출연.

표를 부여한다. 그리고 단지 그 목표를 설득력 있게 추구함으로써 당신은 배우로서 성공할 수 있다. 하지만 정말로 노력하라. 그리고 아주 열심히 노력하라.

상대 배우를 울리는 시도는 배우가 추구할 수 있는 가장 강력한 목표 중의 하나인데, 이는 많은 잠재의식 속의 행위를 노출시키면서 어린 시절의 억눌린 생각과 감정을 드러나게 하기 때문이다. 누구나 어릴 적 고통, 분노, 공포 때문에, 또 대개는 전능해 보이는 부모가 주는 공포로 인해, 첫 눈물을 흘렸기 마련이다. 그러므로 그러한 초기 상황을 재현하는 즉흥연기나 대사는 매우 고무적인 연기 방편이 될 수 있다. 누군가를 울리는 시도는 수업시간에 흔히 볼 수 없는 행위의 본질을 야기하고, 연기자의 타고난 능력이 최대한 발휘되도록 한다.

◆ 연습 6-4

동작과 접촉

당신의 승리 추구를 강화하기 위한 몸짓과 동작을 추가하여 연습 6-3을 반복하라. 상대의 한쪽 어깨나 양쪽 어깨를 살짝 밀거나, 상대의 손목을 잡거나, 상대의 팔과 몸통을 찰싹 때리거나 하는 **합의된** 신체 접촉을 사용하라. 대사를 강화하고 강조하는 수단으로서만 신체 행위를 사용해야 하며, 실제 고통을 줌으로써 상대를 울게 만들어서는 안 된다. 배우를 위협하는 전술은 단지 심리적인 것이고, 무대 위에서의 육체적 폭력은 **항상** 가장된 것이다.

당신은 위협하거나 놀라게 하는 연습에 곧 싫증 나게 될 것이다. 왜냐하면 이러한 연습은 어떤 경우든 아주 짧은 시간 동안에만 지속될 수 있기 때문이다. 그래서 이 연습과 함께 다음과 같이 상대를 유도하는 연습을 번갈아 가며 하는 것이 바람직하다.

◆ 연습 6-5

상대에게 권유하기

두 사람씩 짝이 되어 아래 표현들 중 하나를 이용하여 당신의 상대가 당신에게 다가오거나, 앉거나 또는 당신이 흥미로울 거라 여기는 행위를 하도록 권하라.

1. 이리 와.
2. 내 옆에 앉아.

3. 너와 이야기하고 싶어.

4. 네가 좋아할 만한 것이 여기 있어.

5. 제발……

6. 〔당신 자신만의 표현을 만들어라.〕

즉흥적으로 당신만의 표현들을 만들어가면서, 연습 6-5를 반복하라. 상대의 평온함, 신뢰, 환대를 이끌어내기 위해 당신의 몸, 억양과 말투, 목소리, 몸짓과 표정을 이용하라. 상대를 **미소 짓거나 웃게 하라.** 신체화의 일환으로, 상대의 한 손 또는 양손을 잡아라. 당신의 요구대로 상대를 친밀한 관계로 유도하라.

....

(불복종을 위협하는 것이 아니라 행위를 **유도하는** 경향이 있는) 유도 전술은 일상적인 인간의 상호작용에서 흔히 볼 수 있는 것이며, 위협에 비해 일상과 무대를 통틀어 보다 일반적이다. 위협 전술이 배우에게 강력한 힘을 실어주듯이, 유도 전술이 제대로 구사되면 배우는 흡인력과 매력을 갖게 된다.

위협 전술과 유도 전술은 모두 다른 배우의 행위와 생각에 영향을 주고 다른 배우의 냉정한 상태 또는 목표를 훼방하는 당신의 역할에 노력을 기울이는 것이다. 전술을 구사함으로써 배우는 장면을 구체화하려고 노력하는 등장인물, 즉 극적으로 흥미 있는 독특한 등장인물을 창조한다. 연극에서의 등장인물은 결코 관찰자에 그치지 않는다. 마치 존 밴 드루텐John Van Druten의 〈나는 카메라I Am a Camera〉*의 주인공처럼, 자신을 관찰자로 묘사하는 등장인물도 대

....

* 미국 소설가 크리스토퍼 이셔우드Christopher Isherwood의 1939년 작 《베를린이여 안녕 Goodbye to Berlin》을 원작으로, 영국 태생의 미국 극작가 존 밴 드루텐(1901~1957)이 1951년에 각색, 발표한 희곡. 1951~1952년에 뉴욕 브로드웨이에서 초연되었고, 1955년에는 영화로 제작되었으며, 이후 〈카바레 Cabaret〉라는 제목으로 뮤지컬(1966~), 영화(1972), TV드라마(1993)로 리메이크되었다.

인 관계와 관련된 일에는 적극적이다. 연극에서의 등장인물은 모두 대인 관계에 적극적이다. 그들은 항상 누군가에게 영향을 주고, 굴복시키고, 감동시키고, 유혹하고, 극복하고, 억압하고, 교전하려는 노력을 기울인다. 전술이 배우에게 중요한 이유가 바로 여기 있다. 전술은 무대 위에 실재하는 '일'이고, 등장인물 사이, 즉 배우 사이에서 벌어지는 일이다.

교대 전술

전술은 무대 위에서 결코 획일화되는 법이 없으며, 대부분의 경우 위협과 유도 사이에서 변덕스러울 정도로 빠르게 바뀌기 마련이다. 예를 들어 로렌스 올리비에와 같이 머리털을 쭈뼛하게 하는 강인함과 매혹적인 온화함을 순식간에 오갈 수 있는 배우는 거의 폭발적인 예측 불가능성으로 인해 극적으로 전율시키는 대인 관계적 효과의 범주를 극대화함으로써 널리 존경을 받는다.

◆ **연습 6-6**

전술 섞기

두 사람씩 짝을 짓고, 연습 6-1과 6-5의 표현들(또는 유사한 표현들)을 이용하여 당신의 상대에게 위협, 유도, 위협을 번갈아 가며 하거나 유도, 위협, 유도를 번갈아 가며 하는 전술적인 접근의 시퀀스를 만들어보라. 다음 예를 살펴보자.

1. [위협] 여기서 나가! 내가 나가라고 했지! [유도] 여기서 나가줄래! 이리 와. 이리로 좀 와. 제발? [위협] 제발! 그래, 입 닥쳐! 닥쳐! 젠장, 존, 입 닥쳐!

2. [유도] 존, 이리 와. 이리 와서, 앉아. 너와 이야기하고 싶어. 신발 벗지 않을래? 어서, 신발 좀 벗어. [위협] 내가 신발 벗으라고 했지. 젠장, 존, 신발 벗어! [유도] 제발? 그러면 아무 일 없을 거야, 내가 약속하지. 어서.

상대를 **좀 더 압박할** 목적으로 위협과 유도를 번갈아 하라. 아무런 경고 없이 기습적으로 전술을 바꿔라.

다음 세 단계로 이 연습을 해보라.

1. 우선, 당신이 말하는 각각의 말들 사이에 상대는 "**싫어**"라고 말한다.
2. 다음엔, 상대가 매번 **싫다**고 고개를 젓는다.
3. 마지막으로, 상대가 매번 전혀 반응을 보이지 않고, 당신의 요구에도 응하지 않는다.

상대가 당신의 요구를 거역하든(즉, "싫어"라고 한다든지) 그것에 무관심해 보이든, 전술을 바꾸어 더 열심히 노력하는 요령을 터득하라. 후자의 경우, 당신은 스스로 그 장애물을 판독해내야 한다. 이것은 나중에 더 복잡한 연기 과제들을 다루게 될 때 그 진가를 발휘할 것이다.

중간 범주

누군가를 울리고 웃기는 것은 전술적 행위가 할 수 있는 극단적인 일이며, 그 중간에는 누군가를 귀 기울이게 하고, 누군가를 관심 갖게 하고, 누군가를 자랑스럽고, 걱정스럽고, 행복하고, 상냥하게 만드는 일이 있다. 이러한 행위들은 연기의 중간 범주들이며, 배우들은 대부분의 시간을 여기에 소비한다.

극단적 요소 제거하기

두 사람씩 짝을 짓고, 한 사람은 A, 다른 사람은 B라 정한다. 유도 전술에서 시작해서 위협 전술로 끝나도록 점차적으로 분위기를 고조시키면서 다음 장면을 암기하고 실연하라.

1. A: 넌 할 거야.

   B: 난 안 할 거야.

2. A: 넌 할 거야.

   B: 난 안 할 거야.

3. A: 넌 할 거야.

   B: 난 안 할 거야!

4. A: 넌 할 거야!

   B: 난 안 할 거야!

5. A: [필사적으로] 넌 할 거야!!

   B: [필사적으로] 난 안 할 거야!!

매번 얼굴 표정, 몸짓, 전신 동작을 추가하여 상승의 느낌을 강화시키면서, 위의 상황을 여러 번 반복하라.

이번에는 다섯 번에 걸쳐 주고받는 대사 양식에 유념하면서, 마지막(다섯 번째) 대사를 상승시키지 말고, 즉 네 번째 수준에 맞춰 위의 상황을 반복하라.

연습 6-7에서 첫 번째와 다섯 번째 변화는 극단적이다. 두 번째, 세 번째, 네 번째는 대부분의 연기에서 발생하는 중간 범주이다. 극단적인 것들은 항상 거기에(적어도 배우의 마음속에) 있어야 하는데, 바로 그것들이 장면이나 연극을 궁극적으로 좌우하기 때문이다. 그러나 대부분의 연기 교감은 극단적이지 않은 강렬한 수준의 전술적 상호작용에서 발생한다. 강력한 유도에서부터 충격적인 위협까지의 연장선상에서 중간 범주를 행할 때, 배우들은 그들의 전술적 범주를 탐구하고 발전시킨다.

이 강의의 연습은 연기의 일부분, 그중 아주 중요한 일부분만을 탐구토록 하는 '연습' 또는 학습으로 간주되어야 한다. 여기서 중요한 일부분이란 대개 한 장면의 절정에 있는 순간들로서, 당신이 어떠한 동기에서든 당신의 연기 상대의 감정과 행위에 영향력을 행사함으로써 성취하거나 성취하려고 애쓰는 데 전념하도록 만든다. 당신이 사력을 다해 이러한 연습들을 실연하려 든다면, 그것들은 당신의 연기에 중요한 순간들이 될 것이다.

요약

전술에는 위협 전술과 유도 전술, 두 가지의 기본 형태가 있다. 성공적인 배우는 이 두 가지 형태 모두를 강력하고 신속하게 번갈아 가며 구사하는 법을 터득한다. 전술의 양극단 사이에는 폭 넓은 중간 범주가 있는데, 배우는 양극단을 항상 마음속에 감춰둔 채 이러한 중간 범주를 위해 대부분의 시간을 할애한다. 전술은 다른 사람들에게 영향을 행사하도록 고안된 **진정한** 대인관계의 행위이다. 무대 위에서의 전술은 현실에서처럼 강렬하게 구사되어야 하며, 다른 배우로부터 (생리적인 반응을 포함한) 실재하는 반응을 이끌어내야 한다. 당신과 당신의 연기 상대가 강력하고, 강렬하고, 신체적인 전술을 구사함으로써 실감 나고 역동적인 연기 관계가 형성될 수 있다.

제7강

기대

목표에 대한 기대

기대는 배우의 연기를 이끄는 결정적인 것이며, 등장인물은 목표나 승리를 성취하기 위해 **노력**해야 할 뿐 아니라 그것을 성취할 것이라고 **기대**해야 한다. 이러한 기대는 비합리적일 수도 있지만, 그것은 등장인물의 비합리성이지 배우의 비합리성은 아니다. 당신이 미리 대본을 읽었다고 해서 등장인물이 읽은 것은 아니므로, 그는 승리의 성취가 마지막 결과가 아닐지라도 그것을 기대할 수 있다.

따라서 당신의 연기 상대를 울리고자 한다면, 그가 울 것이라는 **기대**를 해야 한다. 즉 당신이 최선의 노력을 기울인다면, 승리를 얻을 것이라고 기대해야 한다. 이러한 기대는 공연의 활력소가 되고, '활력적'이 되고자 하는 당신의 노력만으로 단순히 '강요'될 수 없는 그런 활력을 당신으로부터 이끌어낸다.

기대expectation는 **활력**energy, **흥분**excitement, **자극**electricity, **열의**

enthusiasm 등 'E'로 시작되는 몇몇 단어들의 근원이고, 이들은 모두 관객을 감동시킬 수 있는 강렬한 연기를 특징짓는 말들이다. 사실상 관객의 감정이입은 거의 전적으로 등장인물의 기대에 자신을 동일시함으로써 생기기 마련이다. 이것은 첫눈에 놀랄 만한 것이다. 우리는 흔히 관객이 등장인물의 고통에 동일시되고, 신출내기 배우는 종종 자기 연민이 관객의 반응을 동정적으로 자극하리라는 잘못된 인식으로 자기 연민을 연기한다고 생각하는 경향이 있다. 그러나 관객은 단지 등장인물의 기대와 열의에만 동일시될 수 있다. 예를 들어, 청각 및 시각 장애자인 헬렌 켈러가 **물**이라는 단어를 이해하는 과정에서 생기는 흥분이 윌리엄 깁슨William Gibson*의 멋진 희곡 〈기적은 사랑과 함께 *The Miracle Worker*〉**에 대한 굉장한 정서적 반응을 유발하는 것이지, 헬렌 켈러의 장애에 대한 우리의 연민이 아니다. 등장인물의 기대는 관객을 연기의 내면으로 유도하고 연극의 정서에 몰입하게 함으로써 감동시킨다. 등장인물의 열의는 관객과의 접촉에서 핵심적인 역할을 하며, 등장인물이 성공하고 실패할 때 우리가 느끼고 분담하는 의기양양함과 통렬함을 결정짓는다. 기대는 관객에게 등장인물의 행위에 대한 정황을 제공하고, 그것을 연기하는 배우에게는 등장인물의 행위를 위한 자극을 제공하는 한편, 극적인 감동 그 자체이기도 한 열의는 극적 갈등의 흥분을 제공한다.

반대로, 성공에 대한 어떠한 기대도 없이 전혀 열정적이지 않은 등장인물은 극중에서 단순히 기능적인 역할로 전락할 것이며, 그가 얼마나 섬세하고 조심스럽게 그 역할을 소화하는지에 관계없이 분명 열중하지 않는 상태로 비칠

* 1914~2008. 미국 태생. 빈센트 미넬리Vincente Minnelli 감독의 〈거미줄 *The Cobweb*〉(1955)의 원작자이자 로버트 와이즈Robert Wise 감독의 〈시소 위의 두 사람 *Two for the Seesaw*〉(1962)의 시나리오 작가.
** 헬렌 켈러Helen Keller에게 희망과 도전을 가르쳐준 앤 설리번Anne Sullivan 선생의 이야기를 그린 이 연극은 1959~1960년 뉴욕 브로드웨이에서 초연되었으며, 아서 펜Arthur Penn 감독의 영화(1962)로도 유명하다. 1963년 아카데미 여우주연상(앤 설리번 역의 앤 밴크로프트Anne Bancroft), 여우조연상(헬렌 켈러 역의 패티 듀크Patty Duke) 수상작.

> **기쁨을 연기하라**
>
> 만일 당신이 매우 비극적인 역할을 맡는다면 기쁨, 즉 잠재된 기쁨을 찾아라.
> 왜냐하면 그것이 바로 비극을 불러일으키기 때문이다. 당신이 연기해야 하는
> 것은 비극이 아니라 기쁨이다.
>
> —벤 킹슬리Ben Kingsley*,
> 영화 〈섹시 비스트Sexy Beast〉의 돈 로건 역의 연기에 대해 설명하며

* 1943~ . 영국 태생. 1967년 로열 셰익스피어 컴퍼니에 입단해 〈한여름 밤의 꿈〉(1970), 〈햄릿〉 (1975), 〈심판〉(1977), 〈오셀로〉(1985) 등의 연극에 출연. 영화 〈간디 Gandhi〉(1982)로 아카데미 남우주연상을 수상했으며, 〈벅시 Bugsy〉(1991), 〈쉰들러 리스트 Schindler's List〉(1993), 〈섹시 비스트〉 (2000), 〈셔터 아일랜드 Shutter Island〉(2010) 등 60여 편의 영화에 출연.

것이다. 관객은 미리 정해진 패자와 동일시할 수 없거나 하지 않을 것이며, 사실적인 등장인물로 받아들이지도 않는다. 실은 거의 모든 사람들이 (불합리한 기대일지라도) 성공에 대한 최소한의 기대와 함께 험난한 과정으로 나서며, 기대가 극중 인물을 포함한 사람들을 흥미롭고 때로는 영웅적으로 만들기 때문이다.

◆ 연습 7-1
지루함을 연기하기

"난 지루해, 지루해, 지루해." 라는 대사를 암기하라. 이것은 안톤 체호프Anton Chekhov의 〈세 자매〉에 나오는 마샤의 유명한 대사이다. 상황은 이렇다. 집안의 첫째 딸인 마샤는 작은 시골 마을의 가족 및 친지 모임에 참석하였다. 그녀는 특정한 누군가가 아닌 모든 사람들에게 말을 하고 있다.

지금 급우들을 상대로 이 대사를 실연해보라.

당신은 연습 7-1의 대사를 어떻게 연기했는가?

당신은 '지루함을 연기하기' 위해 노력했는가? 지루함을 전달하고, 지루하면 어떻게 되는지 보여주고, 지루해진 사람의 태도를 모방하기 위해 노력했는가? 우리가 지금까지 언급해온 기본적인 원리를 무시하고, 목표, 장애, 전술, 기대 등의 역동적인 상호작용을 일종의 '설명'으로 대신해서는 안 된다.

마샤의 목표는 무엇인가? 아마도 지루하지 **않게** 되는 것, 혹은 자신을 즐겁게 해달라고 (혹은 극중 상황에서처럼 자신을 사랑해달라고) 누군가를 자극하는 것임에 분명하다. 아니면 마샤는 자신에게 집중하거나, 지루함에 대해서 농담을 하거나, 퇴폐적인 사회를 풍자하거나, (체호프의 작품에서 흔히 찾을 수 있는 그런 등장인물을 풍자하거나!), 파티를 활기 있게 만들기를 원한다. 이러한 목표들 중의 어떤 것이든 마샤(또는 이 역을 맡은 배우)에게 자기 자신이 묘사한 '지루한' 일상에 활력, 흥분, 열의를 충전할 기회를 부여할 것이다.[1]

확실한 목표

"난 지루해, 지루해, 지루해."라는 대사는 수백 가지로 해석될 수 있지만, 확실한 뭔가를 하고 매력적인 뭔가를 자극하려는 마샤의 노력으로 해석되는 것이 가장 바람직하다. 만일 그녀가 지루하다면 (그리고 그녀가 정말로 진실을 말하는지 누가 알겠는가!), 그녀가 지루하다고 말하는 이유는 그러한 사실을 인정하는 것이 아니라 그것을 **변화**시키려 하고, 환경에 몸을 맡기기보다는 쫓아서 행동하기

---

[1] 내가 이 글을 처음 쓴 이래로, 이 대사를 슬픈 감정으로 처리하는 스타니슬라프스키 이후 고착된 러시아의 전통마저도 파기되었다. 나는 그루지야Georgia의 연출가 로버트 스트루라Robert Strura가 1991년에 올린 공연에서 린 레드그레이브Lynn Redgrave가 방안으로 뛰어들어 가구들 위로 뛰어다니며 이 대사를 연기하는 것을 보며 기뻐했다. 바로 그 해, 얼마 지나지 않아 그루지야는 여차한 이유로 소련USSR으로부터의 분리를 투표로 가결했다.

위함이다. 우리는 단순히 현실을 확인하기 위해서가 아니라 오로지 뭔가를 변화하고 개선하기 위해서 말을 한다. 우리가 반드시 말해야 할 필요는 없지만, 만일 말한다면, 그것은 우리 세계와 우리 주위의 사람들에게 어느 정도 영향을 주어야 한다.

그렇다면 과연 마샤의 기대는 무엇인가? 아래 다섯 가지 가능성 중에서 어떤 것으로든 실험해보고, 그런 다음 그녀의 대사를 당신이나 그녀의 집에 있는 실재 또는 가상의 손님들에게 다시 연기해보라.

1. 당신은 파티를 활기 있게 만들고 싶다.
2. 당신은 _____와(과) 사랑에 빠지고 싶다.
3. 당신은 자매(누이)들이 당신의 지적 우위를 인정해주길 바란다.
4. 당신은 모든 사람들을 웃기고 싶다.
5. 당신은 _____을(를) 웃음거리로 만들고 싶다.

◆ 연습 7-2
열의

다음 대사들은 어떤 때는 분명하게, 또 어떤 때는 신중하게 확신에 찬 기대와 열의를 갖도록 한다. 각각의 짧은 대사들을 암기하고, 추구해야 할 확실한 목표를 찾고, 당신이 간절히 생겼으면 하고 바라는 정말 멋진 결과를 상상하라. 그 대사를 실재 또는 가상의 인물(들)에게 말하라.

1. "제발 작고 평범한 인간적인 의욕을 가져봤으면 좋겠어, 그게 다야. 따뜻하고 떨리는 목소리로 '할렐루야! 할렐루야! 난 살아 있다!' 를 외치는 소

리를 듣고 싶어. 좋은 생각이 떠올랐어. 작은 게임을 해보자고. 사람인 척,
정말 살아 있는 척, 흉내를 내는 거야. 잠깐이면 돼. 어때?"

(존 오스본John Osborne의 〈성난 얼굴로 돌아보라 *Look Back in Anger*〉에서

지미 포터Jimmy Porter 역)

2. "머리를 좀 써라, 머리를. 이 세상 어디에도 도무지 널 구제할 방법이 없
구나!"

(사무엘 베케트Samuel Beckett의 〈승부의 종말 *Endgame*〉에서 햄Hamm 역)

3. ……"그는 그 땅을 처분하고 싶어 했어, 도커. 그것 때문에 시달리고 싶
지 않았던 게지. 그가 날 부르더니 이렇게 말하더군. 우리 가족들이 얼마나
오랫동안 서로 알고 지내왔는지, 또 얼마나 가깝게 지내왔는지. 그러더니
내게 그 땅을 팔고 싶다고 하더군. 짐 스토벌에게 넘기느니 차라리 내게 넘
기겠다는 거야. 현금 2,000달러면 내가 그걸 가질 수 있다고 말하더군. 스
토벌이 기껏해야 1,500달러만 주겠다고 말한 사실을 내가 알고 있다는 걸
모르는 눈치였어. 내게 선의를 베푸는 척하며 500달러를 더 받아내려 했던
거지. 난 그에게 그저 고맙다고 했어. 그리고 서터가 얼마나 멋지고 인정 많
은 사람인지 말해주었지. 그리곤 2주일만 기다려 달라고 했어. 그가 그러겠
다고 하더군. 그래서 일이 이렇게 된 거지. 수박을 팔고, 버니스에게 피아노
를 팔아치우라 하고, 내가 저축한 돈까지 긁어모아 양쪽 주머니에 나눠 넣
고는 그곳에 갔어. 모자에 가볍게 손을 대 인사하고는 테이블 위에 돈을 올
려놓았지. 그리고 볼일을 보고는 걸어 나왔지. 이번엔 목화 농사를 지었어.
날 위해 그걸 돌볼 사람을 고용했지. 솜을 틀고, 종자를 수확했지. 내년에
자넬 다시 볼 때면, 담배나 귀리를 키울지도 모르지."

(어거스트 윌슨August Wilson의 〈피아노 레슨 *The Piano Lesson*〉에서

보이 윌리Boy Willie 역)

4. "현실은 싫어요. 난 마술이 좋아요! 난 진실을 말하지 않아요. 진실이어야

만 되는 것을 말하죠. 그게 사악한 일이라면, 난 비난을 받아 마땅하죠!"

(테네시 윌리엄스Tennessee Williams의

〈욕망이라는 이름의 전차A Streetcar Named Desire〉에서 블랑슈Blanche 역)

5. "오, 당신은 내가 다시는 용기를 가질 수 없을 거라 생각했나요? 당신은 날 도망자로 생각했나요? 거리에 서서 사람들과 마음을 터놓고 가장 신성하고 위대한 것들에 대해 대화를 나누었던 그런 내가 다시 거실에 앉아서 하릴없이 재잘거릴 수 있을 거라 생각했나요? 아냐, 아냐, 아냐, 아냐! 바버라 소령은 군인으로 죽을 거예요. 신에게 영광이, 할렐루야!"

(조지 버나드 쇼George Bernard Shaw의

〈소령 바버라Major Barbara〉에서 바버라 소령 역)

6. "당신들이 서로 만나, 알게 되고, 사랑한 지 세 시간이 지났어. 빨리 키스를 해. 그를 봐. 그는 주저하고 있고, 그는 떨고 있어. 행복은 그를 두렵게 하지…… 어떻게 남자가! 오, 이르마, 그에게 키스해, 키스를 해! 만일 서로 사랑하는 두 사람이 그들 사이에 단 하나의 장애물을 그대로 놔둔다면, 그건 점점 커지고, 한 달, 일 년, 백 년이 지나지. 그러면 너무 늦게 돼! 키스를 해, 이르마. 조금이라도 시간이 있을 때 그에게 키스를 해. 그렇지 않으면 그의 머리는 어느새 백발이 되고 파리에는 또 하나의 미친 여자가 생길 거야."

(장 지로두Jean Giraudoux의

〈샤이오의 광녀 The Madwoman of Chaillot〉에서 광녀 역)

7. "당신 입에서 나온 말을 들은 건 채 백 마디도 안 되지만, 그래도 전 그 음성을 알아요. 몬터규 가문의 로미오 님이 아니세요?"

(셰익스피어의 〈로미오와 줄리엣〉에서 줄리엣 역)

8. "아뇨 / 난 당신이 날 바보 취급하려 했다고 여기지 않아요 / 하지만 / 당신은 이해해야 해요 / 난 대학에 가지 않을 거예요 / 난 수의사도 의사도 심지

어 간호사도 되지 않을 거예요 / 제기랄 / 난 아마 행정직 조수의 조수도 될 수 없었을 거예요 / 하지만 난 말을 탈 수 있어요 / 그리고 난 최선을 다할 거예요 / 난 여자로서 별반 가진 게 없어요 / 당신이 옳아요 / 난 가족도 별로 없어요 / 당신은 그렇다고 내가 아무것도 바라서는 안 된다고 생각하나요?"

(엔토자키 상게이 Ntozake Shange의

〈아빠가 말하길 *Daddy Says*〉에서 캐시 Cassie 역)

9. "내가 여기 돌아온 이유는, 바로 이 말을 하기 위해서야. 난 사내놈들 꽁무니나 쫓아다니는 그런 여자가 아니야. 이건 네가 분명히 알아야 해. 넌 정말 귀엽고, 상냥하고, 아무튼 그래…… 이미 여자 친구가 있거나 날 거들떠보지 않을지도 모르지. 그건 나도 충분히 이해할 수 있어, 물론이지. 하지만 정말 나한테 전화해주길 바라. 그냥 전화로 얘기만 해도 괜찮아. 왜냐면 내가 그러고 싶으니까. 단지 전화로만 친구해도 상관없어…… 난 그래도 좋아. 걱정 마, 톰. 난 이걸 말하려고 돌아온 것뿐이야. 날 두려워하거나 우연을 두려워하지 마. 또 사람들이 뭐라 생각하든…… 왜냐면 이건 아주 멋질 거야. 진짜, 진짜, 진짜 아주 많이."

(닐 라뷰트 Neil LaBute*의 〈팻 피그 *Fat Pig*〉에서 여자 Woman 역)

견고하고 구체적인 승리에 대한 기대감으로 명확하게 대사를 연기하는 요령을 터득하는 일은 자기 연민, 공허한 풍자, 감상주의, 위선적 도덕성을 지향하는 배우의 연기 성향과 특히 자의식이라는 중대한 문제들로부터 탈피하려는 강한 발걸음이다. 행위의 결과로 성취되는 성공에 대한 기대감과 성공의 가능

---

* 1963~ . 미국 태생. 연극과 영화를 오가며 작가 겸 연출가로 활동. 〈남성 전용 회사 *In the Company of Men*〉(1997)로 선댄스영화제 제작자상과 뉴욕비평가협회 최우수작품상, 〈너스 베티 *Nurse Betty*〉(2000)로 칸영화제 각본상 수상. 〈쉐이프 *The Shape of Things*〉(2001), 〈팻 피그〉(2004), 〈썸 걸즈 *Some Girl(s)*〉(2005) 등의 희곡 작품은 국내에서도 상연.

> ### 기대
>
> 내가 연설을 할 땐 모든 청중들, 그리고 모든 엑스트라들이 우리 측 후보자들에
> 게 투표하도록 정말 설득할 수 있을 거라는 믿음으로 나 자신과 게임을 했다.
>
> ―그레고리 펙Gregory Peck*,
> 영화 〈타인의 돈Other People's Money〉에서 자신이 맡은 배역에 대해 언급

* 1916~2003. 미국 태생. 영화 〈스펠바운드 *Spellbound*〉(1945), 〈로마의 휴일 *Roman Holiday*〉
(1953), 〈케이프 피어 *Cape Fear*〉(1962), 〈알라바마 이야기 *To Kill a Mockingbird*〉(1962) 등에
출연. 〈알라바마 이야기〉(또는 〈앵무새 죽이기〉)로 1963년 아카데미 남우주연상 수상.

성에 대한 **흥분** 없이는, 어떤 연기도 무대 위에서 설득력을 가질 수 없으며, 어
떤 배우도 자신의 배역에 충분한 확신을 가질 수 없다. 대본이 연극의 결말에서
기대에 대한 결과를 반드시 도출하지 않더라도, 그러한 기대를 창조하는 것은
배우의 몫이자 가장 섬세한 작업이기도 하다.

◆ 연습 7-3

불가능에 도전하기

공중으로 6미터를 뛰어오르려 시도해보라. (그렇다, 당신은 그것을 할 수 없다. 하지
만 시도해보라.) 이제 성공할 것이라 기대하며 공중으로 6미터를 뛰어오르려 시
도해보라! 당신이 받게 될 상품을 생각하라! 관중들의 환호를 생각하라! 칭찬!
상! 환상의 기회! 당신은 할 수 있다! 다시 해보라! 다시! **또다시!!**

연습 7-3에서 기대감의 점진적 상승을 통해 무슨 일이 일어났는가? 승리
(심지어 불가능한 승리)를 향한 기대감이 당신에게 더 큰 음성, 근력, 그리고 활기

> **기대**
>
> 당신은 패자가 될 수 없으며, 절대로 그래서는 안 된다. 당신은 항상 승자처럼
> 행동해야 한다. 당신은 절대 포기할 수 없다. 그것이 바로 〈파고*Fargo*〉의 배우
> 로서 터득한 교훈이다. 매 장면의 서브텍스트는 항상 "난 이걸 해결할 수 있어.
> 어딘가 해답이 있을 테고, 난 그걸 찾을 거야."가 되어야 한다.
>
> —윌리엄 H. 메이시

를 주었나? 더 높게 뛰었는가? 이 연습을 더 즐겼는가? 당신의 육체를 더 활용
했는가? 당신의 감정은? 자의식이 약해졌는가?

아마 당신은 이 모든 질문에 "예"라고 답할 것이다. 확신에 찬 기대와 열의
는 무대 지시문을 단순히 따라가는 것보다 훨씬 더 큰 능력을 발휘하도록 한다.
당신이 더 높이 뛰어오르고, 더 정열적으로 연기하고, 더 깊이 느끼고, 더 실감
나게 연기하도록 만드는 것은 바로 당신의 **상상력**이다. 그리고 미묘하고 복잡
한 극중 배역을 연기하는 데에도 동일한 과정이 적용된다.

시선 접촉

연기를 할 때 당신은 어디를 바라보는가? 이에 대한 분명한 답이 있는 것은 아
니지만, 일반적으로 가장 바람직한 곳은 바로 당신의 **연기 상대의 눈**이다. 이는
매우 극적인 장면에서 당신이 당신과 상호작용을 하는 '다른' 등장인물, 즉 당
신의 상대와 함께 또는 그 상대로부터 목표를 갈구하기 때문이다. 그러므로 상
대와의 직접적인 시선 접촉은 상대 특유의 반응을 읽어낼 수 있는 가장 확실한
방법이기 때문에 자신의 목표 성취 가능성을 알아보는 최선의 방법이다. 시선

시선 접촉에 관한 두 관점

오직 좋은 배우들과 작업하길 원하는 이유는 바로 반응 때문이다. 테니스를 칠 때, 당신은 되돌아오는 공에 반응해야 한다. 그리고 당신의 눈은 항상 되돌아오는 것을 주시해야 하고, 또 그것에 반응해야 한다.

—에일린 앳킨스Eileen Atkins*

당신이 촬영 현장에 가서 다른 배우의 눈을 쳐다보는 순간까지 〔당신의 등장인물이〕 어떻게 되리라는 것은 결코 알 수 없다.

—메릴 스트립Meryl Streep**

* 1934~ . 영국 태생의 연극배우. 영화 〈에쿠우스*Equus*〉(1977), 〈멋진 드레서 *The Dresser*〉(1983), 〈콜드 마운틴 *Cold Mountain*〉(2003) 등에도 출연. 영국의 런던비평가협회(1992), 로렌스 올리비에(1999/2004) 여우주연상 수상.
** 1949~ . 미국 태생. 영화 〈크레이머 대 크레이머 *Kramer vs. Kramer*〉(1979), 〈소피의 선택 *Sophie's Choice*〉(1982), 〈어둠 속의 외침 *A Cry in the Dark*〉(1988), 〈디 아워스 *The Hours*〉(2002) 등에 출연. 뉴욕영화평론가협회, 골든 글로브, 칸영화제 여우주연상, 베를린영화제 최우수여자연기자상 등 수상.

접촉은 또한 자신감, 즉 당신이 추구하는 바를 반드시 이루고야 말겠다는 확신에 찬 기대감을 표출한다. 그것은 더 나아가서 상대의 신뢰나 존경을 이끌어내는 효과적인 전술이다. 뛰어난 배우 마이클 케인Michael Caine은 직접적인 시선 접촉으로 인한 연기력을 강화하기 위해 눈을 깜박이지 말라고까지 ("깜박임은 등장인물을 연약해 보이게 한다.") 충고한다.

물론 상대를 항상 바라볼 필요는 없으며, 경우에 따라서는 상대에게 "네 문제로 날 괴롭히지 마."라는 의도로 또 다른 사람이나 사물을 바라보는 것도 매우 적절하다. 그러나 연기 중에는 시선이 불안정하거나 바닥을 향해서는 안 되며, 언제나 **누군가** 또는 **무엇인가**를 반드시 바라봐야 한다. 무의식적으로나마 바닥을 바라보는 행위는 아무런 목표를 추구하지도 않고, 전술을 꾀하지도 않으며, 분명한 기대감마저도 없다는 사실을 명백하게 한다. 그것은 사실상 배우가 이 장면을 연기하는 무대 위가 아닌 다른 어딘가에 더 있고 싶어 한다는 것을 내포하는 신경성 연기 장애이다.

◆ **연습 7-4**

전술과 기대

제6강의 연습들로 돌아가서 승리에 대한 기대감을 고조시키고, 상대의 눈을 직접 바라보며, 그 연습들을 반복하라. 아마 당신은 그 연습들이 덜 '시시하고' 덜 연습 같아 더 재미있게 느껴질 것이다.

만일 당신이 리허설에서부터 공연까지 경험해봤다면, 연극 공연이 시작되기 바로 전날 배우들에게 더 많은 '에너지'를 요구하는 연출가를 기억할 것이다. "더 크게! 더 빠르게! 더 웃기게!"는 고전적인 (그리고 시대에 뒤떨어진) 연출 방식이다. 하지만 타이어에 공기를 주입하듯 단순히 연극에 활력을 불어넣을 수 없다. 타이어가 샌다면, 무엇을 불어넣든 간에 바람 빠진 상태 그대로일 것이다. 연극도 마찬가지이다. 가장 진정한 연극적 에너지는 연출가의 간곡한 권고가 아닌 등장인물의 기대에 대한 배우의 열성적인 묘사와 이러한 기대가 달성되도록 하는 배우의 노력에서 생겨나는 것이다.

요약

배우의 역할에서 확신에 찬 기대는 연기에 필요한 흥분과 활력을 불러일으킨다. 물론 모든 등장인물이 성공하는 것은 아니지만, 만약 그의 연기가 관객의 흥미와 감동을 자극하고자 한다면, 성공에 대한 자신의 기대감을 보여주어야 하며, 그 가능성에 대해서도 열성적이어야 한다. 심지어 가장 절망적인 극중 인물조차도 확신에 찬 기대감을 가져야 하는데, 그들의 비애감이 공유될 수 있는 유일한 순간은 그들의 기대감이 꺾이는 바로 그 순간이기 때문이다.

제8강

GOTE

기본 요령

배우의 접근법에 대한 기본 사항들은 지금까지의 학습을 통해 이미 설명되었지만, 누구나 이것들을 단번에 기억할 수 있는 좋은 방법이 있다.

GOTE는 네 가지의 기본 원칙을 기억하기 쉽도록 각 단어의 알파벳 첫 글자를 조합해 만든 것으로, 연기의 문제에 접근하는 기본 요령을 제시한다. 각각의 알파벳이 의미하는 바는 다음과 같다.

Goal(목표)

Other(다른 사람)

Tactics(전술)

Expectation(기대)

이 단어들의 상호 의존성과 상호 관계에 대해 살펴보자.

목표는 등장인물의 주요한 추구 대상이며, 배우는 무엇보다 먼저 목표를 추구하는 등장인물로서 무대 위의 모든 사물을 바라봐야 한다. 경우에 따라서 이 단어는 **승리**, **목적**, **욕구**, **의향**, 또는 의도로 불리기도 하며, 이 단어들 또한 동일한 맥락으로 사용되기에 전혀 손색이 없다.

요컨대 배우는 우선 등장인물의 목표를 아주 강렬하게 추구함으로써 등장인물이 되는 것이다. 더 나아가서 그 목표는 "나만의 성취감을 느끼고 싶다."가 아닌 "나는 덴마크의 왕이 되고 싶다." 또는 "나는 로미오와 결혼하고 싶다."와 같이 매우 구체적이고 개방적이어야만 한다. 당신이 제2강의 충성 서약을 연습한다면, 당신의 목표는 자유를 확보하고, 친구들을 사귀고, 그들을 설득하고, 돌아가서 누이를 구하고, 공화국의 일원이 되고, 폭력단원을 퇴치하는 것 등이 될 것이다.

당신은 **다른 사람**(들)과 함께, **다른 사람**(들)을 위해, **다른 사람**(들)으로부터 목표를 추구한다. 연기를 할 때는 **언제나** 다른 사람(들)이 있기 마련이고, 어떠한 목표도 단순히 혼자 힘으로 성취할 수 없다. 따라서 햄릿이 "나는 덴마크의 왕이 되고 싶다."라고 단순히 말한다고 해서 그의 머리에 왕관이 나타나지 않으며, 줄리엣이 "나는 행복하게 결혼하고 싶다."라고 해서 행복하게 결혼할 수 없다. 여하튼 훌륭한 연극에서는 그렇지 않다. 극중에서의 모든 승리는 대인 관계의 갈등을 통해서 어렵게 쟁취되는 것이다. 단순히 구구단을 외우거나 대인 관계의 갈등 없이 개인의 철학을 전개하는 등장인물로는 좋은 연극이 될 수 없다.

그러므로 어떤 장면에서 다른 사람은 목표 성취를 어렵게 만드는 존재이자 주요한 **장애물**obstacle('O' 로 시작되는 또 다른 단어)이기도하다. 장애물을 극복하려는 노력은 특히 그 장애물이 다른 사람 또는 다른 사람이 추구하는 목표일 때, 연기 또는 연기 작업에 큰 활력을 불어넣는다. 무대 위에서 장애물을 극복하려는 노력은 당신을 진땀 나게 만들어야 한다.

그래서 연기를 할 때 추구할 만한 가치가 있는 목표는 다른 등장인물의 협력, 공모 또는 좌절을 통해서만 성취될 수 있다. 다른 등장인물이 동정적인 만큼, 당신의 등장인물은 고무적으로 보일 수 있다. 다른 등장인물이 장애물인 만큼, 당신의 등장인물은 영웅적으로 보일 수 있다. 다른 등장인물이 복합적인 만큼, 당신의 등장인물은 심오하게 보일 수 있다. 당신의 액션과 연기의 본질은 당신과 당신의 목표 사이를 가로막고 서 있는 다른 사람과의 대립을 통해 결정될 것이다.

목표와 다른 사람과의 대립을 함께 고려할 때, 당신은 주어진 장면이나 연습에서 다음과 같은 질문을 할 수 있을 것이다.

1. 무엇이 나의 목표인가?
2. 다른 사람(들)은 나의 목표 성취에 어떤 영향을 줄 것인가?
   a. 그들은 어떻게 나를 도울 수 있는가?
   b. 그들은 어떻게 나를 해칠 수 있는가?
   c. 그들은 어떻게 나의 장애물이 되는가?
3. 나는 어떻게 그들의 도움을 요청, 유도, 촉구할 수 있는가?
4. 나는 어떻게 그들로 인한 장애물을 극복할 수 있는가?
5. 나의 전술은 무엇인가?

전술은 목표를 성취하려는 등장인물의 수단이면서, 연기에 '기운'을 불어넣는 것이다. 전술과 이를 통한 목표 성취의 노력은 배우의 연기를 '사실적으로' 만들고, 최소한 관객의 시점에서 배우와 등장인물을 분간할 수 없게 만든다. 즉, 영희가 줄리엣 역을 맡고 철수가 로미오 역을 맡는다고 가정할 때, 철수의 사랑을 구하는 영희의 노력과 로미오의 사랑을 구하는 줄리엣의 노력을 결코 분간할 수 없다는 말이다. 그 대사들은 셰익스피어의 것이지만 전술은 당신 자신의 것이며, 전술은 대본이 아닌 당신의 인생 경험에서 나오는 것이다.

　우리가 제6강에서 살펴보았듯이 전술은 위협하는 전술과 유도하는 전술로 구분될 수 있고, 또 극단적인 전술과 폭 넓은 중간 범주의 미묘한 전술로 구분될 수 있다. 좋은 배우는 승리를 추구할 때 유연하게 의도적으로 전술을 바꿀 수 있어야 한다. 전술적 힘과 전술적 다양성은 번갈아 가며 연기를 강하고, 매력적이고, 본능적이고, 극적으로 만드는 것이다. 배우는 그의 전술적 범주를 확장하고 개발하는 데 평생의 노력을 기울인다.

　목록상의 마지막 단어인 **기대**는 목표와 승리를 위한 극적인 추구에 성격, 활력 그리고 자극을 제공한다. 아무튼 그것은 모든 극적 연기에 유쾌한 전염력을 지닌 열의를 제공하기도 한다. 배우는 곧잘 학구적인 방법으로 목표를 추구하려는 성향이 있는데, 이는 목적이란 단어가 주는 과도하게 분석적인 느낌 때문일 수도 있다. 당신의 등장인물은 단지 무엇인가를 '원하거나' '욕망하는' 것이 아니다. 사람들은 극화할 가치가 거의 없는 온갖 종류의 사소한 욕구와 욕망을 갖는다. 어떤 훌륭한 희곡을 살펴보더라도, 그 작가는 목표를 욕망할 뿐 아니라 **갈구**하는 등장인물, 즉 자신의 궁극적 성공에 대해 흥분하고 열광하는 등장인물, 마음속 깊숙이 자신이 결국에는 승리할 것이라는 확신(또는 잘못된 확신)을 가진 등장인물을 창조했다는 사실을 알게 될 것이다. **기대**expectation, **흥분**excitement, **열의**enthusiasm, **활력**energy은 모두 'E'로 시작되는 단어들로서 함께 기억해둘 필요가 있다. 그것들은 욕구뿐 아니라 열정을 가진 등장인물을 정의한다. 당신은 그런 등장인물 중의 하나를 연기하는 것이다. 당신이 추구하는 승리는 일상적 충동이 아닌 인생의 주요 목표이며, 당신이 필요한 만큼 열심히 노력한다면 그것을 손에 넣을 수 있다. 한번 시도해보라. **지금!**

등장인물의 GOTE 정하기

지금까지 배역에 접근하는 방법을 대략 살펴보았다. 배역에 접근하는 것은 모든 사람들의 만족감은 물론, 이 고귀한 예술의 요구에 부응하기 위해서 반드시 배역을 연기하는 것을 의미하지는 않는다. 하지만 그것은 전문가와 초심자 모두를 위한 출발점이다. 배역을 연기하기에 앞서 그 배역에 접근해야 하며, **행동**의 맥락에서 그 배역을 이해하고 창조해야 한다. 무엇이 등장인물을 극작가의 단순 발명품이 아닌 살아 있고, 숨쉬고, 느끼고, 사려 깊고, **행동하는** 사람으로 만드는가? 등장인물은 행동한다. 등장인물을 연기하기 위해서 당신은 등장인물의 행동을 연기해야 한다. 그리고 그 등장인물을 훌륭히 연기하기 위해서 당신은 그런 행동을 아주 세밀하게, 믿을 만한 강도로 창조해내야 한다.

목표, 장애, 전술, 기대의 맥락에서 그런 행동들을 창조하는 것을 의미하는 등장인물의 GOTE 정하기는 배우 자신을 배역에 몰입시키고, 배우 자신의 연기 도구(음성과 육체)와 경험, 지성, 정서적 자원을 최대한 활용하여 등장인물에게 접근하는 열쇠이다.

등장인물의 GOTE는 어떻게 만드는가? 대본을 연구하는 것이 물론 그 첫 단계이다. 하지만 배우의 상상력을 이용하는 것이, 대부분의 '해답'이 실제 해답이 아닌 창조된 것이라는 점에서 더 중요한 두 번째 단계이다. GOTE의 양상들은 대부분 대본에 의해서만 **암시되며**, 어떤 암시들이 옳은 것인지를 결정하는 것은 매우 주관적이고 창조적인 일이다. 대본 연구가 등장인물의 욕망들에 대한 큰 틀을 마련하는 것이라면, 상상력은 그것들에 살을 붙인다. 실제로 이것은 이야기체 소설과는 달리, 아주 드문 경우를 제외하고는 사상의 폭로나 간접적인 3인칭 서술을 통하지 않고, 오직 발성된 단어들과 신체 동작을 통해서만 행동을 창조하는 연극의 고유한 특성 중의 하나이다.

종종 연극은 등장인물에게 결정적인 문제들에 대해서 침묵한다. 햄릿은 정

> ## GOTE
>
> '연기는' 매우 명쾌하다. 당신은 다음 네 가지 질문에 답해야 한다. "나는 누구와 말하고 있는가?", "나는 그들에게서 무엇을 원하는가?", "나는 그것을 어떻게 얻을 것인가?", "내가 원하는 것을 가로막는 것은 무엇인가?" 하지만 당신은 이것들을 단순히 취급해서는 안 되며, 아주 구체적으로 답해야 한다.
>
> —제이슨 알렉산더Jason Alexander*

＊ 1959~ . 미국 태생. 영화 〈노스*North*〉(1994), 〈내 이름은 던스턴*Dunston Checks In*〉(1996), 〈록키와 불윙클*The Adventures of Rocky and Bullwinkle*〉(2000) 등에 출연.

말 오필리아에게서 무엇을 원하는가? 리어왕을 향한 코델리아의 감정과 욕망은 무엇인가? 배우의 대본 연구에 의해 제한된 것이 아닌, 제어된 배우의 **선택들**이 등장인물의 행동을 결정할 것이다.

◆ 연습 8-1

GOTE 목록

이 GOTE 목록은 배역 분석을 위한 출발점이다. 백지 한 장을 꺼내 당신이 알고 있는 연극의 등장인물에 대해 상상력을 발휘하여 다음 질문들에 답하라. 우선 이 질문들을 염두에 두고 그 희곡을 다시 읽은 뒤, **그 등장인물의 입장에서** 답하라.

1. 등장인물에 대한 기본적인 정보
   이름:

성별:

나이:

결혼 여부와 경력:

교육 수준:

경제적 · 사회적 상황:

2. **목표**: 내가 정말 원하는 것은 무엇인가? 언제 그것을 원하는가?

3. **다른 사람**: (극중) 누구에게서 그것을 원하는가? 누가 극중에서 나를 도울 수 있는가? 누가 극중에서 나를 해칠 수 있는가? 누가 장애물인가? 왜? 내가 가장 두려워하는 것들은 무엇인가?

4. **전술**: 어떻게 그것을 얻을 것인가? 어떻게 (그리고 누구를) 위협할 수 있는가? 어떻게 (그리고 누구를) 유혹할 수 있는가?

5. **기대**: 왜 나는 그것을 얻기를 기대하는가? 왜 그것은 나를 흥분시키는가? 내가 그것을 얻었을 때 나는 무엇을 할 것인가?

당신은 인상적으로 글을 쓰거나 목록을 작성하는 방식으로 답할 수 있다. 하지만 형식적으로 답하지 말고 명확하게 답하라.

이제는 이 GOTE 목록의 질문들에 대한 답들을 이행하려고 노력하면서, 한 장면을 기억하고, 리허설하고, 실연해보라.

요약

GOTE는 **목표**, **다른 사람**, **전술**, **기대**를 나타내며, 이 네 단어들의 조합과 조화를 통해 배우는 자신의 배역에 접근한다. 이 GOTE 목록은 배우의 기본적인 질문 목록이고, 해당 답은 특정 등장인물로의 접근을 위한 초석을 마련할 것이다.

배우의 임무

3부는 수업시간의 연습 장면이나 연극 공연에서 발표를 위한 배역을 준비하는 데 실제로 도움이 되는 방법을 제시한다. 물론 (수업의) 지도교사 또는 (연극의) 연출가는 당신의 작업에 대해 몇몇의 특정한 기법들, 충고, 지침 등을 제공할 것이다. 그래도 자신의 배역을 준비하는 기본적인 작업 방법을 개발하는 것은 궁극적으로 당신에게 달려 있다.

장면은 연극의 기본 매체이다. 아무 희곡에서나 발췌한(또는 기타 자료들을 각색한) 3~8분 길이의 두 사람이 등장하는 장면은 연기를 공부하는 학생에게 기본적인 연습이다. 그것은 소규모이지만 사실상 연극에서 필요한 모든 연기 기술들을 포함하고 있으며, 비교적 짧은 시간에 거의 비용을 들이지 않고도 준비될 수 있다.

방법이 다소 상이한 장면들은 약간의 토론이 필요하겠지만, 이 부분은 주로 수업시간에 발표되는 장면들을 다룬다.

제9강

배역의 준비

배역 찾기

수업시간이든 공연이든 모든 종류의 장면 작업을 시작하는 첫 단계는 배역을 찾는 것이다. 연극 공연에서 역을 배정받거나 수업시간에 배역(또는 상대역)으로 지정될 때 당신은 간혹 이러한 수고를 하지 않아도 된다. 그렇지 않은 경우 당신 스스로가 배역을 선택해야 하며, 아마도 장면을 발췌할 희곡이나 기타 자료들의 선택은 물론 함께 작업할 연기 상대의 선택도 당신 자신의 몫일 것이다. 지도교사가 있는 모든 수업에는 당신이 선택해야 하는 특정 장면들과 같이 구체적인 규칙과 제한이 있기 마련이다. 하지만 대개의 경우, 그리고 반대로 아무런 지시가 없을 경우, 당신은

1. 자신과 성별이 같고 연령이 비슷한 배역들을 선택해야 한다.
2. 자신이 연기하게 될 등장인물에게 정서적으로 급박한 것이 무엇인지를 분

명하게 알 수 있는 배역을 선택해야 한다.

3. 등장인물들이 이미 벌어진 어떤 일에 대해 이야기하고 있는 장면이 아닌, 장면 자체에서 어떤 일이 벌어지고 있는 배역을 선택해야 한다.

4. 자신이 등장인물의 노력이나 고충에 동일시될 수 있는 배역을 선택해야 한다.

5. 등장인물들과 상황이 자신에게 개인적으로 재미를 주는 배역을 선택해야 한다.

'등장인물' 찾기

이 과제를 수행하는 동안 자신과 다른 '등장인물'을 창조하려고 노력하지 말라. 단순히 당신 자신이 배역이 되도록 하라. 여배우 피오나 쇼Fiona Shaw*는 "등장인물은 사건들과 함께 당신 자신을 불사르는 것이다. 당신 자신을 그 상황에 밀어 넣으면, 당신의 등장인물을 발견할 것이다."라고 말한다. 그녀의 조언은 이 수업만이 아니라 이 책에 있는 모든 연습에 적용될 수 있다.

당신은 또한 당신이 익히 잘 알고 있는 시대와 생활양식을 바탕으로 하고, 당신이 동일시할 수 있는 배경의 인물이 등장하는 장면에서 배역을 선택하려고 노력해야 한다. 그리고 기회가 주어진다면, 당신은 여러 장면 과제를 수행하는 과정에서 당신의 상대로 남녀 모두를 선택하려고 노력해야 한다.

----

* 1958~ . 영국 태생의 연극배우. 1990년 연극 〈뜻대로 하세요As You Like It〉로 로렌스 올리비에 상 수상. 영화 〈나의 왼발My Left Foot〉(1989), 〈제인 에어Jane Eyre〉(1996), 〈해리포터와 마법사의 돌Harry Potter and the Sorcerer's Stone〉(2001) 등에도 출연.

장면 편집하기

간혹 장면을 편집해야 할 경우가 생기는데, 이 경우 장면의 길이를 줄인다든지, 두 개의 짧은 장면을 하나의 긴 장면으로 결합한다든지, 당면 문제들과 무관한 요소들을 장면에서 삭제할 수 있다. 간혹 장면의 중요치 않은 등장인물을 제거하기 위해 지도교사의 허락 아래 그것을 약간 고쳐 쓸 수도 있다.

간혹 당신은 대화를 고쳐 쓰거나 이야기를 생략하여 장편 소설이나 단편 소설의 한 장면을 각색할 수 있다. 젊은이들에게 적합한 동시대적이고 사실적인 훌륭한 장면은 이런 방식으로 얻어질 수 있는데, 매년 희곡보다 더 많은 양의 소설이 출간되고 있으며, 오늘날의 소설은 많은 대화를 포함하고 있기 때문이다. 수업에 활용할 목적으로 소설을 각색할 경우 당신은 스스로를 시나리오 각색 전문가로 자처해야 하는데, 많은 영화가 이런 방식으로 제작되기 때문이다.

대본이 완전히 편집되면, 당신과 당신의 상대는 그것을 똑같이 복사하여 한 부씩 나눠가져야 하고, 두 등장인물들 모두가 장면을 이해하는 것처럼 그 장면의 정황에 대해서 서로 동의해야 한다. 두 등장인물들의 기본 관계는 무엇인가? 그 장면에서는 무슨 일이 일어나는가? 이러한 기본적 이해는 그 장면의 외부 경계를 규정하는 기본적인 한두 개의 문장으로 다음과 같이 요약될 수 있어야 한다. "A와 B는 남편과 아내이다. A는 B에게서 간통 사실을 자백 받으려 하고, B는 A가 파티에 가도록 옷을 입혀주려 한다." 당신과 당신 상대는 그 장면을 한두 번 함께 읽어야 한다. 그런 다음 암기가 시작되어야 한다.

암기 방법

한때 마가복음을 암기하여 매우 성공적인 1인극을 선보인 알렉 매코웬Alec McCowen*에 따르면, 암기는 '지루하고 힘든 일'이다. 그러나 이를 근면하고 신속하게 추구한다면, 이 지루하고 힘든 일은 배역에 대한 배우의 이해로 점차 익숙해지면서 매우 실험적이고 감동적인 연기를 위한 가장 견고한 기초를 제공한다.

암기는 때때로 힘든 작업이며, 당신이 나이를 먹을수록 점점 더 힘들어지기 마련이다. 수업시간에 행해지는 단순한 장면조차 당신은 **대사들을 정확하게 익혀야 한다.** 여기에는 몇 가지 이유가 있다. 첫째, 그것은 당신의 상대가 적당한 대사 타이밍을 맞출 수 있도록 하는 유일한 방법이다. 둘째, 대사를 정확히 익히는 일은 당신이 무엇인가를 말하는 정확한 방법을 찾는 식으로는 결코 얻을 수 없는, 자신의 배역에 대한 자신감을 심어준다. 셋째, 당신이 대사를 바꿔 말하면서 하게 되는 고쳐 쓰기는 당신의 배역을 분명히 약화시키고, 작가의 타이밍 감각을 훼손하며, 연극의 구조, 절정, 운율적 효과의 힘을 감소시킬 것이다. 넷째, 그 연극을 아는 사람들의 눈에 당신이 시원찮게 보이는데, 당신이 특정 대사를 바꾼 사실을 모른다 하더라도 그들은 당신이 등장인물의 수준에 오르지 못했다고 느낄 것이기 때문이다. (셰익스피어의 대사를 아주 조금이라도 바꾸는 것은 그 변경 자체가 분명해 보이지 않을지라도 연기를 심각하게 '비정상적으로' 보이게 할 것이다.) 마지막으로, 당신은 단지 자신의 게으름 때문에 작가와 연극 자체를 모욕하는 것이다! 그러니 대사를 글자 그대로 익혀라.

....

* 1925~ . 영국 태생의 연극배우. 연극 〈하드리아누스 7세 *Hadrian VII*〉(1969), 〈자선가 *The Philanthro-pist*〉(1971), 〈마가복음 *St. Mark's Gospel*〉(1979)으로 세 차례 브로드웨이 토니상Tony Award 후보. 영화 〈자유의 절규 *Cry Freedom*〉(1987), 〈순수의 시대 *The Age of Innocence*〉(1993), 〈갱스 오브 뉴욕 *Gangs of New York*〉(2002) 등에도 출연.

> ## 대사를 뛰어넘어라
>
> 배우로서 나는 모든 대사들을 속속들이 알고 있어야 하는데, 그렇게 하면 공연할 때 대사를 기억하려고 굳이 애쓰지 않아도 된다. TV 쇼에 출연하는 대부분의 배우들은 다음에 뭐라고 말해야 하는지를 잘 모른다. 그래서 뭔가를 찾기는 하는데, 잠시 뜸을 들이거나, 눈썹을 긁적이거나, 헛소리를 함으로써 **자신이 무엇을 해야 하는지 잘 모르고 있다는** 사실을 숨기려 한다. 대사에 대해 생각하지 않을 때에야 비로소 **행동**할 수 있고, 대사를 **능가**할 수 있다.
>
> —에릭 보고지언Eric Bogosian*

* 1953~ . 미국 태생의 영화배우 겸 시나리오 작가. 〈애욕의 테라스 *Special Effects*〉(1984)의 주연으로 데뷔한 이래 〈케인호 반란의 군법회의 *The Caine Mutiny Court-Martial*〉(1988, TV영화), 〈토크 라디오 *Talk Radio*〉(1988, 각본), 〈언더 씨즈 2 *Under Siege 2: Dark Territory*〉(1995), 〈캐딜락 레코드 *Cadillac Records*〉(2008) 등 다수의 영화에 출연.

　　많은 배우들은 자신들의 대사를 기억할 때까지 '책으로' (손에 대본을 들고) 되풀이하며 외는 방식의 리허설을 통해 익히기를 선호한다. 이런 일반적인 연습 방법은 몇 가지 문제점을 수반한다. 자신의 대사를 책으로 외우게 되면, 당신은 연기를 하는 것이 아니라 상황이 아닌 책에 반응하는 것이며, 당신의 주된 접촉 대상은 배우들이 아닌 대본인 것이다. 당신과 당신의 상대 사이의 상호작용과는 전혀 관계없는 이런 '연습' 을 통해 대사의 양식과 읽기를 잘 터득할 수 있을지는 모르나, 당신의 대사에 대해 '연극적인' 것이 무엇인지를 즉각적으로 생각해내는 것이 오히려 더 나은 방법이다.

　　우선 가만히 앉아서 당신의 대사를 암기해보라. 그렇게 함으로써 당신은 그 장면을 연기하는 가장 연극적인 방법이 무엇인지에 대해 섣불리 결론짓지 않는 대신, 당신의 등장인물의 관점에서 당신의 대사를 연구할 것이다. 당신은 또한 이런 암기 과정에서 당신의 대사를 익힘과 동시에 그것을 연구하면서, 당신의 **GOTE** 목록을 발전시킬 수 있다.

당신의 대사 전부를 밑줄 치거나 형광펜으로 표시하라.

대본을 읽기 시작하되, 당신의 대사는 크게 소리 내어 읽고, 다른 등장인물의 대사는 소리 내지 않고 읽어라. 1/4쪽 정도를 읽은 다음 처음으로 돌아가 그 작은 부분을 계속 반복하라. 당신은 곧 처음에 오는 몇몇 대사를 암기하게 될 것이다. 우편엽서나 색인카드로 당신의 첫 대사를 가려라. 그 대사 이전의 대사 (당신의 큐 대사)를 (소리 내지 않고) 읽고, 당신의 대사를 기억해 낭독하라. 카드를 아래쪽으로 옮겨 다음 큐 대사 또는 대사들을 (소리 내지 않고) 읽어라. 당신의 다음 대사를 기억해 낭독하라. 당신이 더 많은 대사들을 암기하는 대로 카드를 아래쪽으로 옮기면서 한 번에 한 시간 정도 조금씩 대본을 연습하라. 그러면 결국 당신은 대본을 암기하게 될 것이다.

이 시점에서 당신의 기억은 여전히 피상적이며, 격렬한 리허설을 견딜 만한 상태가 아니다. 하지만 괜찮다. 당신의 등장인물이 목표를 성취하기 위해 분투하고 있을 때, 당신의 대사와 분투하는 것은 전혀 문제 되지 않는다. 그러나 당신의 기억은 당신이 장면을 리허설하면서 '고착' 될 것이고, 당신이 그것들을 발전시키면서 당신의 등장인물의 구체적인 목표와 전술과 더불어 고착될 것이다. 하지만 당신이 책 없이 처음으로 장면을 연습한 후에도 당신의 대사를 익히는 것을 멈추지 말라. 대본으로 되돌아가 대사를 다시 익혀라. 아직 정확히 익히지 못한 것들을 모두 익혀라. 녹음기에 당신의 큐 대사들을 녹음한 뒤, 이를 이용해 당신의 대사를 연습하라. 또는 당신과 함께 대사를 연습할 친구를 구하라. 운전을 하며, 자전거를 타며, 조깅을 하며, 샤워를 하며, 당신의 대사를 소리 내어 연습하라. 당신의 연기 상대와 실제 연기 리허설을 한다는 생각 없이 당신의 대사를 연습하라. 대본을 보지 않고 손으로든 컴퓨터에든 당신의 대사를 써 봐라.

큐: 액션 큐와 대사 큐

대사를 외울 때에는 항상 상대의 큐도 함께 익혀라. 매 대사에는 보통 **액션 큐** action cue와 **대사 큐**line cue, 두 가지 큐가 있다. 액션 큐는 당신이 말하도록 촉발하는 것이며, 대사 큐는 당신이 맞받아야 하는 실제 대사이다. 이러한 큐들은 동시에 주어질 수도 있고, 그렇지 않을 수도 있다. 다음 예문을 살펴보자.

에디: 그 남자와 결혼할 거니?

캐서린: 모르겠어. 우린 그냥……사귈 뿐이야, 그게 다야. 넌 뭐 땜에 그 사람을 싫어해, 에디? 말 좀 해봐. 그게 뭔데?

에디: 그잔 널 존중하지 않아.

(아서 밀러의 〈다리에서의 조망 A View from the Bridge〉)

에디의 마지막 대사에 대한 **액션 큐**는 '넌 뭐 땜에 그 사람을 싫어해?'이다. **대사 큐**는 "그게 뭔데?"이다. 에디의 대사는 액션 큐에 대한 반응으로서 준비되고, 대사 큐가 있기 전까지 억제된다.

어떤 대사들은 간혹 교착 상태에 빠진 것처럼 보일 때도 있다. 배우가 대사를 암기했지만, 한두 대사들은 큐를 받았음에도 불구하고 나올 기미를 보이지 않는다. 이 경우 배우는 큐(액션 큐와 대사 큐 모두)를 연구하고, 반응을 이끌어낼 만한 등장인물의 마음속에 있는 정확한 연결고리를 찾아야 한다.

어떤 연결고리들은 너무 분명해서 거의 문제를 야기하지 않는다.

크리스틴: 정부 급식은 양은 적지만 확실해. 그리고 과부와 아이들을 위한 연금도 있어.

진: 그건 그렇다 쳐. 하지만 지금 당장 마누라와 자식들을 위해 목숨을 바쳐

야 한다고 생각진 않아. 내겐 더 큰 계획이 있다고.

크리스틴: 당신과 당신의 계획이라고! 당신이 책임져야 할 것도 있어. 그것
에 대해 생각하는 편이 더 낫겠어.

진: 책임 운운하며 날 들볶지 말아줘.

(아우구스트 스트린드베리August Strindberg의 〈미스 줄리 Miss Julie〉)

이 대화는 액션 큐에 반응을 촉발하는 단어들이 포함되어 있어 암기하기 쉽다.
다음 대화는 암기하기가 더 어렵다.

닉: 동부에선 술을 많이 마시는 군요. 중서부에서도 굉장히 마셔요.

조지: 이 나라에선 술을 많이 마시지. 그리고 앞으론 더 마시게 될걸…… 살
아남는다면 말이지. 아랍이나 이탈리아 사람같이 돼야 해…… 아랍 사람
들은 술을 안 마시거든. 그리고 이탈리아 사람들은 취하도록 마시질 않아.
종교적인 축일을 제외하곤 말이지. 크레타 섬 같은 데서 살아야 하는 건데.

닉: 그렇게 되면 우린 크레틴병 환자가 되겠군요.

조지: 그렇게 되겠지. 자네 부인의 돈 얘기나 해보게.

(에드워드 올비의 〈누가 버지니아 울프를 두려워하랴〉)

이것은 심야 파티에서 술꾼 동료 교수들끼리의 어설픈 재담을 보여주는 신랄한
대화이다. 이 대화는 애매모호한 말투, 부자연스런 문구, 불합리한 추론, 느닷
없는 비논리적 비약 등을 포함하고 있어 암기하기 어렵다. 하지만 이처럼 어려
운 조지의 대사를 외우는 요령이 있다.

아랍, 이탈리아, 크레타 사람들의 음주 습관에 대한 조지의 분석은 당신의
머릿속에 지중해 지도를 그려봄으로써 더 단순해질 수 있다. 그것은 이 모든 문
화가 지중해와 관련 있고, 역사학 교수인 조지가 말할 때 특정 지역들을 염두에

대사를 익히는 것에 대한 세 가지 관점

나는 리허설이 시작되기 전에 대사를 익히는 것이 가장 좋다고 생각한다. 무無에서 시작하려는 배우들은 당신이 무엇을 하는지 전혀 알아차리지 못하는데, 그것은 자신들의 얼굴을 대본에 파묻고 있기 때문이다. 반면, 당신은 시작부터 그들을 바라보고, 그들에게 말하고, 그들의 말을 듣고, 그들로 인해 놀랄 수 있으며, 이런 놀람의 요소는 생길 수 있는 가장 가치 있는 것들 중의 하나이다.

—피터 바크워스Peter Barkworth*

나는 결코 대사를 연구하지 않는다. 특정 연극 또는 영화에서 나의 역할이 무엇인지, 그 사람이 누구인지, 그것들이 죄다 무슨 소용인지를 작업 과정에서 찾고, 대사를 읽으며 그것을 익힌다. 나는 대본을 읽고 또 읽는다. 나는 단 한 번도 대사 하나를 빼들고 앉아서는 "이게 내가 말해야 하는 대사야"라고 말하지 않는다.

—시슬리 타이슨Cicely Tyson**

그건 둔한 작업이다. 난 그걸 싫어한다. 나는 항상 내가 말하는 것을 내가 하는 것 또는 하지 않는 것과 일치시키고, 한 사람이 다른 사람을 자극하는 방식으로 동작과 말의 양식을 일치시키려 노력한다. 과거에 나는 다른 사람에게 큐를 받아서 대사를 했으며, 내가 주위를 배회하는 동안 다른 누군가가 상대방의 대사를 읽도록 했다. 하지만 나는 최근 몇 년간 다른 방법들을 발견했다. 단어들을 볼 수 있게 써 내려가거나, 스스로 어려운 대사들을 녹음해서 다시 듣는 방법이다. 나는 한 가지 말투를 암기하려 하지 않으며, 활용 가능한 모든 감각을 동원하여 단어들을 단순히 암기하려고 노력한다. 나는 시각, 청각, 단어들의 발화, 단어들의 반복 등을 통해 모든 것을 빨아들이려고 노력한다.

—흄 크로닌Hume Cronyn***

* 1929~2006. 영국 태생의 연극배우. 런던 왕립연극학교Royal Academy of Dramatic Art, RADA 교수. 영화 〈인터내셔널 벨벳 International Velvet〉(1978), 〈와일드 Wilde〉(1997) 등에도 출연.
** 1933~ . 미국 태생. 영화 〈프라이드 그린 토마토 Fried Green Tomatoes at the Whistle Stop Cafe〉(1992), 〈두 번째 인생 Always Outnumbered〉(1998), 〈다이어리 오브 매드 블랙 우먼 Diary of a Mad Black Woman〉(2005) 등에 출연.
*** 1911~2003. 캐나다 태생. 영화 〈코쿤 Cocoon〉(1985), 〈펠리칸 브리프 The Pelican Brief〉(1993), 〈카밀라 Camilla〉(1994) 등에 출연.

두었을 것이기 때문이다. 따라서 이 대화는 얼핏 보기와는 달리 나름대로의 연속성을 지니고 있다. 그리고 조지의 "자네 부인의 돈 얘기나 해보게."라는 느닷없는 대사는 "그렇게 되면 우린 크레틴병 환자가 되겠군요."라는 닉의 대사와 연계해서, "이런 농담을 지껄이는 자들은 분명 돈 많고 한가한 사람들일 것"이라는 덧없는 생각으로 암기할 수 있다. 혹은 더 단순하게, 바보나 백치를 뜻하기도 하는 크레틴병 환자cretin가 돈을 세고 있는 장면을 떠올리면서 이 전환 부분을 암기할 수도 있다. 이 이미지는 나중에 '크레틴병 환자'라는 닉의 대사를 듣는 순간 떠오르게 될 것이며, 그런 다음 '돈'이라는 조지의 대사를 떠오르게 할 것이다. 그런데 이것은 단순한 연기 속임수가 아니다. 조지라는 등장인물은 (그가 실재하는 인물이라면) 그런 논리의 비약을 위한 정신적 훈련을 거쳤을 것이다. 조지와 같은 등장인물을 연기할 때의 목표는 이런 '근거 없는' 비약이 사실상 그의 개인적이고 특이한 정신 상태, 즉 '어떤 근거에서' 비롯된다는 것을 보여주는 것이다. 당신은 단지 조지의 대사를 연기하는 것이 아니라 조지의 **사고** 과정, 즉 그가 대사를 **떠올리는** 과정을 연기하는 것이다.

대사 연구하기

당신은 배역의 대사를 익힘으로써 다소 불분명한 대사에 대해 많이 알게 될 것이다. 그것은 주로 등장인물의 입장에서의 **논리**와 작가의 일시적인 생각이 아닌 등장인물의 사고 과정에서 어떻게 대사들이 발전하는지를 분명하게 해줄 것이다. 조지 버너드 쇼George Bernard Shaw*의 연극에서와 같이 몇 쪽에 걸쳐 진

----

* 1856~1950. 아일랜드 태생의 극작가. 〈워렌 부인의 직업 *Mrs. Warren's Profession*〉(1893), 〈인간과 초인 *Man and Superman*〉(1903), 〈성녀 존 *Saint Joan*〉(1923) 등 50여 편의 희곡을 썼으며, 1925년 〈성녀 존〉으로 노벨상을 수상했다.

행되는 긴 대사를 익히는 것은 처음엔 엄청난 일로 여겨질 수 있지만, 당신이 그 작업에 임하는 순간 대사의 구조가 당신의 마음속에 저절로 드러나기 시작할 것이다. 대사를 익힘으로써 당신은 말하는 사람을 이해하고, 왜 그 단어들이 그런 순서로 되어 있는지, 또 생각, 논쟁, 반응의 대사들이 어떻게 등장인물의 마음속에서 발전하는지 이해하기 시작할 것이다. 당신이 길고 정교한 대사들을 익히는 속도와 당신이 짧은 시간 안에 그것을 해낼 수 있다는 확신으로 인해 당신은 몹시 놀라게 될 것이다.

대사를 암기하는 동안 당신은 그것을 연구하기 시작한다. 당신의 등장인물의 목표는 무엇인가? 다른 사람들, 특히 그 장면(들)에서 당신과 함께하는 다른 사람 또는 다른 사람들은 어떻게 당신이 그 목표를 성취하도록 돕는가? 그들은 당신에게 어떤 장애물인가? 당신의 등장인물은 어떤 종류의 전술을 사용할 수 있는가? 그는 어떤 종류의 사람으로 성장했는가? 그는 무엇을 두려워하는가? 무엇으로 흥분하는가? 그의 기대감은 얼마나 분명한가? 그의 공상은 얼마나 무모한가? 등장인물의 기대감을 어떻게 발견할 수 있는가? 열의는? 이것들이 전 과정을 통하여 당신이 배우로서 답해야 할 질문들이다. 이러한 연구는 배우의 준비 과정에서 사적인 부분이며, 연기 상대 없이 당신 스스로가 처음 대사를 연구하게 되는 '연출되지 않은 장면'에서 중요하다. 당신의 연기 상대는 그가 얼마나 현명하고 경험이 많든 간에, 당신의 연기에 대한 의논 상대가 아니다. 사실상 그는 자신의 등장인물로 변장한 당신의 **장애물**일 가능성이 높다. 어떻게 장면을 연기할지에 대해 당신의 상대와 의견을 일치시키려고 애쓰면서 당신 자신을 혼란시키거나 축소시키지 말라. 최상의 연기 장면은 두 사람 모두가 제각기 의욕적인 (그러나 상처받기 쉬운) 등장인물로 비쳐지는, 당신과 당신의 상대 사이의 극적 **대립**의 결과일 것이다. 당신의 개인주의는 내밀히 계발되어야 하며, 따라서 당신의 대사를 익히기 위해서는 사적인 연구가 중요하다.

그러므로 당신의 등장인물의 GOTE를 설정하고 당신의 GOTE 목록을 채

위 넣음으로써 당신의 대사 암기를 완전한 것으로 만들라. 당신의 등장인물을 위해 전략을 짜라! GOTE 목록의 대답들과 등장인물의 계략들은 리허설을 통해서가 아니라 당신과 당신 자신의 상상력으로부터 얻어지는 것이다. 다음 연습에서 로라 또는 짐의 대사를 준비해보라.

◆ 연습 9-1
신사의 방문 Ⅰ

다음은 테네시 윌리엄스의 현대극의 걸작 〈유리동물원 *The Glass Menagerie*〉에서 '신사의 방문' 장면이다. 1930년대 배경의 이 연극에서 로라 윙필드는 도시의 빈민 아파트에서 어머니와 남동생과 함께 살고 있다. 작가는 로라를 '극도로 연약한' 젊은 여인이라고 묘사하는데, 그렇게 된 이유는 그녀가 어렸을 때 병을 앓은 후 한쪽 다리가 다른 쪽보다 약간 짧은 불구가 된 탓이기도 하다. 그러나 작가는 로라의 신체적 결함이 "무대 위에서는 암시 이상으로 강조될 필요는 없다."고 주의시킨다. 극중에서 로라의 어머니는 아들(로라의 남동생)에게 직장 동료를 저녁식사에 초대하라고 간청하는데, 이는 그 손님의 방문이 자신의 딸을 위한 것이 될 수도 있다는 기대에서이다. 그래서 어느 날 저녁 젊고 유망한 사업가 짐 오코너Jim O'Conner가 집에 온다. 로라는 즉시 짐이 고교 시절 자신이 좋아했던 남자라는 것을 알아차리고, 식사하는 동안 거의 아무 말도 하지 못한다. 하지만 식사 후 짐은 촛대와 민들레 와인 한 잔을 들고 로라를 따라 거실로 들어오고, 그들은 대화를 시작한다. 이 유명한 장면에서는 (이 연습에서는 첫 부분만 발췌) 등장인물들의 깊이 감춰진 생각들이 주로 간접적으로 표현되며, 대화는 단지 그들의 간절한 마음, 두려움, 욕망을 암시한다.

1. 장면을 연구하고 당신의 성별에 따라 로라 또는 짐의 배역을 준비하라. 두 등장인물들이 당신의 실제 나이와 같다고 생각하라. (몇 살이든 상관없다. 그들의 나이는 희곡에서도 지정되지 않았다.)

2. 당신의 실제 **대사**를 한 가지 색으로 밑줄 쳐라. 당신의 **대사 큐**를 다른 색으로, **액션 큐**를 (대사 큐와 다를 경우) 또 다른 색으로 밑줄 쳐라.

3. 당신의 대사들의 **논리**를 분석하고, 그것들을 연결시키는 생각을 하라. 당신의 대사들을 서로 연결시키고, 다른 등장인물들의 대사들과 연결시키는 **생각의 연결고리**에 대해 메모하라. 당신의 대사를 위한 GOTE 목록을 염두에 두고 메모하라.

4. 각각의 대사들을 연결시켜주는 생각의 연결고리를 이용하여 당신의 대사를 **암기하라.**

5. 당신의 GOTE 목록을 완성하라.

6. 다음 수업에서는 두 사람이 짝이 되어 내용 없는 장면(연습 5-1)을 연기했듯이 리허설 없이 그 장면을 연기하라. 이 연습에는 쿠션, 유리잔 두 개, 그리고 촛대를 나타낼 만한 무엇인가가 필요할 것이다.

7. 상대를 바꿔 다시 연기하라. 반복하라.

장면

(주: 모든 무대 지시문은 작가 윌리엄스가 작성한 것임.)

짐: 안녕하세요, 로라.

로라: 〔힘없이〕 안녕하세요. 〔그녀는 헛기침을 한다.〕

짐: 기분이 좀 어때요? 나아졌어요?

로라: 네. 네, 고마워요.

짐: 이걸 드시죠. 민들레 와인이에요. 〔그는 무척 은근히 술잔을 그녀에게 내민다.〕

로라: 고마워요.

짐: 마셔요—하지만 취하진 말아요! [그는 배꼽을 잡고 웃는다. 로라는 주저하며 술잔을 받는다. 그리고 수줍게 웃는다.] 이 촛불을 어디다 놓을까요?

로라: 어—어, 아무 데나요……

짐: 여기 마룻바닥에 놓으면 어때요? 이의 없죠?

로라: 그럼요.

짐: 촛농이 떨어질 테니 신문지를 깔겠어요. 난 마룻바닥에 앉는 게 좋아요. 괜찮겠죠?

로라: 그럼요.

짐: 쿠션 좀 주실래요?

로라: 네?

짐: 쿠션!

로라: 아…… [쿠션 하나를 재빨리 그에게 건네준다.]

짐: 당신은 어때요? 마룻바닥에 앉는 걸 안 좋아하세요?

로라: 아뇨—좋아해요.

짐: 그럼, 왜 앉지 않고?

로라: 네—앉을게요.

짐: 쿠션을 가져가세요! [로라는 그렇게 한다. 그녀는 촛대의 반대편에 앉는다. 짐은 다리를 꼬고 앉으며 그녀에게 다정하게 미소 짓는다.] 그렇게 떨어져 앉아 있으니 당신을 볼 수가 없군요.

로라: 난—보여요.

짐: 알아요. 하지만 그건 공평하지 않아요. 촛불이 나만 비추잖아요. [로라는 쿠션을 좀 더 가까이 옮긴다.] 좋아요, 이제 볼 수 있어요! 편안해요?

로라: 네.

짐: 나도 그래요. 아주 편안하군요! 껌 좀 드릴까요?

로라: 아뇨.

짐: 괜찮으시다면 난 껌을 씹겠어요. [그는 생각에 잠겨 포장을 벗기고 껌을 치켜든 다.] 껌을 처음 발명한 친구가 얼마나 많은 재산을 모았을까 생각해보세요. 놀랄 만하지 않겠어요? 리글리 빌딩은 시카고의 명물 가운데 하나죠—난 재작년 여름 '진보의 세기' 박람회에 갔을 때 그 빌딩을 구경했어요. 그 박 람회에 가봤어요?

로라: 아뇨.

짐: 그래요, 대단한 박람회였어요. 가장 인상 깊었던 것은 과학관이었고요. 미국의 미래를 한눈에 보는 것 같더군요. 지금 세상보다 훨씬 더 멋졌어요! [사이. 짐이 그녀에게 미소 짓는다.] 톰은 당신이 수줍음을 많이 탄다고 하더군 요. 맞아요, 로라?

로라: 난—모르겠어요.

짐: 당신은 구식 여성인가 봐요. 난 그게 좋은 점이라고 생각하지만. 내가 너 무 개인적인 일에 참견하는 건가요—그렇죠?

로라: [당황해서, 황급히] 괜찮으시다면—저도 껌을 씹고 싶어요. [헛기침을 하 며] 오코너 씨, 아직도—노래를 부르세요?

짐: 노래? 내가요?

로라: 네. 정말이지 목소리가 좋았어요.

짐: 내가 노래하는 걸 언제 들었죠? [로라는 대답하지 않는다.] 내가 노래하는 걸 들었다고요?

로라: 네, 들었어요! 그것도 여러 번…… 나를—전혀—기억—못하세요?

짐: [확신 없이 미소 지으며] 사실 나도 낯이 익은 것 같았어요. 문을 열어주는 순간 그런 생각이 들었는데, 이름이 입 안에서만 뱅뱅 돌지 뭐예요. 그렇지 만 머릿속에 떠오르는 이름을 부르려다 생각하니 그건—이름이 아니었거 든! 그래서 입을 다물었죠.

로라: 그게 혹시…… 푸른 장미가 아니었나요?

짐: *[벌떡 일어나서, 싱긋이 웃으며]* 푸른 장미! 그래, 맞아요—푸른 장미! 문을 열었을 때 내 혀끝에서 맴돌던 게 바로 그거였어! 당신에 대한 기억이 엉뚱한 재간을 부린 게 재미있지 않아요? 어떻게 된 셈인지 난 당신을 고교 시절과는 연관시키지 않았거든. 그렇지만 그건 고교 시절이었어. 고교 시절이었지.

....

이 장면은 등장인물들의 액션보다는 자신들의 생각과 감정을 드러내지 않는 대사를 사용한 것으로 유명하다. 등장인물들이 미소와 신체 동작을 이용하여, 그리고 유머와 열정을 위해 조심스럽게 노력을 기울이며, 어떻게 편한 상대가 되기 위해 서로에게 다가가는지를 연구하라. 작가의 무대 지시문, 특히 대사를 잠시 멈출 것을 지시하는 대시(—)와 흥분을 나타내는 감탄부호('!')와 같은 구두점들을 연구하라. 당신이 다른 상대와 장면을 연기할 때는 또 다른 방법으로 움직이려고 노력하라. 로라 역으로서 당신은 자신의 신체 결함을 숨기고 싶은가? 아니면 당신은 더 큰 동정심을 유발할 목적으로 그러한 결함을 짐에게 내보이고 싶은가? 짐 역으로서 당신은 자신의 매력을 과시함으로써 그녀에게 깊은 인상을 주고 싶은가? 아니면 그녀의 감정에 대한 당신의 감수성으로 그녀를 감동시키고 싶은가? 당신의 화려한 말재간으로 그녀를 즐겁게 해주고 싶은가? 아니면 당신의 도발적인 언사로 그녀의 수줍음을 사그라뜨리고 싶은가?

리허설 없이 상대를 바꿔가며 이 대사들을 연기하면서, 당신은 자신의 등장인물의 생각, 감정, 행위가 상대역을 맡은 배우들의 행위에 의해서 영향받는다는 사실을 알게 될 것이다. 매번 같은 방법으로 당신의 대사를 단순히 반복하려 들지 말고, 당신과 당신의 상대 사이에서 벌어지는 상황에 따라 당신의 행위를 변화시켜라. 그리고 당신 둘 사이에서 장면이 정말 '벌어지도록' 하라. 당신의 연기 상대와 당신의 표현에 대한 그의 반응을 연구하라. 단순히 장면을 함께 리허설하면서 당신의 연기 상대를 잘 알려고 노력하라. 당신은 성공하지 못할 수도 있지만, 그러한 노력은 장면을 더욱 흥미 있는 것으로 만들 것이다.

당신은 아마 이 장면을 좀 더 연구해보고 싶을 것이다. 도서관에서 희곡을 찾아서 읽어라. 장면 전체를 익히고 한 명, 또 그 이상의 상대들과 그것을 리허설하라.

요약

장면을 상연하는 첫 번째 단계는 그 장면을 선택하고, 편집하고, 암기하는 것이다. 암기 과정에서 당신은 등장인물의 사고 논리를 탐구하고, 등장인물의 대사들 사이의 관계와 그 대사들을 자극하는 '액션 큐' 와의 관계를 탐구하면서, 자신의 대사를 연구하고 GOTE 목록 분석을 준비하기 시작할 것이다. 당신이 암기하고 연구한 장면을 리허설 없이 상대를 바꿔가며 상연할 수 있는데, 이렇게 함으로써 장면의 상황과 상호작용의 한 부분이기도 한 다수의 무의식적 행위가 드러난다.

제10강

리허설

리허설

리허설은 당신의 등장인물과 연기 상대의 등장인물 사이의 극적 대립을 연습하고 발전시키는 기회이다.

Rehearse는 원래 're-harrow', 즉 '밭을 다시 갈다'를 의미한다. 리허설 rehearsal에 해당하는 프랑스어 단어는 répétition(반복)이다. 그러므로 리허설은 당신의 대사를 익힐 때까지, 덩어리를 잘게 부술 때까지, 반복하는 과정이다.

연극 공연을 전제로 한 리허설은 연출가의 통제를 받는다. 초보 단계의 리허설은 대개 희곡의 의미, 제작 개념, 희곡의 무대화에 대한 강의나 토론을 포함한다. 수업시간의 연기 장면을 준비할 때는 대개 아무도 리허설을 통제하지 않는다. 따라서 당신과 당신의 상대는 함께 작업 방법을 개발해야 한다.

연출되지 않은 리허설

'연출되지 않은' 리허설에서 당신이 가장 먼저 할 일은 리허설 일정을 정하고 리허설 기간에 연락을 주고받을 수 있는 주소와 전화번호를 교환하는 일이다. 일단 일정이 정해지면, 긴급 상황(또는 상호 편의)의 이유를 제외하고는 리허설 시간이 절대 변경되어서는 안 된다. 가능하다면, 당신의 일정은 당신의 장면이 상연될 장소에서 적어도 한 번의 리허설을 포함해야 한다. 만일 그것이 불가능하다면, 유사한 장소에서 적어도 한 번은 리허설을 해야 한다. 또한 적어도 한 번의 리허설은 당신이 사용할 모든 소도구들과 당신이 입을 의상들을 포함해야 한다. 보통 이것이 마지막 리허설이 될 것이다.

　　대개 당신은 당신의 상대와 함께 '대사를 주고받는' 첫 리허설을 시작할 것이다. 이는 서로 떨어져 앉거나 서서, (암기되었거나 부분적으로 암기된) 대사를 가능한 한 직접적으로 서로에게 말하는 것이다.

　　연기하려고 '애쓰지' 말라. 또한 일정한 톤을 완벽하게 유지하려 애쓰지 말라. 대사를 하는 동안 불가피하게 당신은 장면 속으로 빠져들고 연기 속으로 빠져들 것이다. 이러한 '빠져들기'는 당신에게 당신 자신과 당신의 등장인물 사이의 연속성을 보여줄 것이며, 당신이 당신의 배역 안에서 아주 자연스럽게 자신을 발견하도록 도울 것이다.

　　당신이 대본을 보지 않고 편안히 대사를 읽을 수 있게 되면, 바로 그 대본을 놔두고 장면의 무대화를 전혀 고려하지 않은 채, 다양한 가상의 장소에서 대사를 말하기 시작하라. 점심식사를 하며, 조깅을 하며, 소파에서 빈둥거리며 장면을 상연하라. (진짜) 접시를 닦으며, (진짜) 샐러드를 먹으며, (진짜) 겉옷을 갈아입으며 장면을 상연하라. 이렇게 함으로써 액션이 장면의 내용과 무관할지언정 대사는 당신에게 좀 더 자연스러워질 것이며, 당신은 불가피하게 매번 아주 새롭게 당신의 상대를 연구하게 될 것이다. 이런 식으로 리허설을 하면서, 당신과 당신의 연기 상대 사이의 관계는 장면 속의 등장인물처럼 저절로 발전되고 심화될 것이다.

리허설과 리허설 사이에 당신은 자연스럽게 장면에 대해 얘기하고 싶을 것이다. 상황에 대해 당신은 어느 정도나 토론하고 분석해야 하는가? 놀랍게도 대답은 "그다지 많지 않다."일 것이다. 분석은 장면의 새로움을 감소시키고 연출가와 배우의 관계를 당신의 등장인물과 등장인물의 관계 위에 덧붙이기도 한다. 분석은 장면이 표현하고자 하는 극적 대립을 훼손시키는 '연기의 일치'를 날조하는 경향이 있다. 분석보다는 리허설을 통해 당신의 장면과 등장인물에 대해 더 많은 것을 알아내도록 노력하라. **리허설이 진행되는 동안** 최선을 다해 장면에 대해 생각하라.

특히 당신의 상대를 연출하려고 노력하거나 당신의 상대가 당신을 연출하도록 내버려두지 말라. 당신이 얼마나 경험이 많든, 당신의 상대역에 대해 얼마나 잘 이해하고 있든, '장면이 어떻게 상연되어야 하는지' 얼마나 잘 알고 있든 간에, 당신이 해야 할 일은 최선을 다해 당신의 배역을 연기하는 것이지, 두 배역을 동시에 연기하는 것이 아니다. 배우로서 당신은 장면 밖이 아니라 장면 **안에서** 장면을 표현해야 한다. 배우들이 서로를 연출하려고 노력할 때, 장면은 분명 자의적이 되고, 감정과 리듬은 자연스럽게 흐르지 않고 고착된다. 연기하는 장면은 연출된 공연이 아니며, 연출된 공연처럼 보이도록 노력하지 말아야 한다. 그것의 목적은 당신들 둘 사이에 가장 강렬하고, 솔직하고, 생생하고, 극적인 상호작용을 이끌어내는 것이다. 당신이 작업을 할 때, 이 단계에서는 그 외형이 왕립 셰익스피어 극단Royal Shakespeare Company의 공연을 닮지 않았다고 아무도 뭐라 할 사람이 없다.

리허설과 리허설 사이에 당신은 장면의 정황에 대해 얘기해야 한다. 우리(등장인물들)는 몇 살인가? 서로를 얼마나 알고 지냈나? 어디서 학교를 다녔나? 언제 처음 만났나? 부모님들은 얼마나 부유한가? 무엇을 입고 있는가? 어디서

> **리허설**
>
> 리허설은 시작하자마자 완벽하게 하는 것이 아니라 잘못한 다음 다른 방법을 찾아, 어떤 것이 연극을 더 좋게 만들고 등장인물을 더 좋게 만드는지를 알아내는 것이다.
>
> —재닛 수즈먼Janet Suzman*

* 1939~ . 남아프리카공화국 태생. 영화 〈영국식 정원 살인사건 *The Draughtsman's Contract*〉 (1982), 〈백색의 계절 *A Dry White Season*〉(1989), 〈세상에서 가장 운 나쁜 사나이 *Leon the Pig Farmer*〉(1992)에 출연.

일하는가? 기타 등등.

또한 당신은 연기 상대의 어떤 행동이 당신을 정서적으로 자극시키는지를 말해줄 수 있다. "네가 그렇게 날 쳐다볼 때면, 난 정말 무서워." 혹은 "네가 그렇게 할 때면, 난 정말 흥분돼." 이렇게 말함으로써 당신은 '당신에게 영향을 주는' 그런 행동을 하도록 당신의 상대의 용기를 북돋울 수 있는 한편, 당신 자신의 연기를 보다 흥미로운 것으로 만들 것이다.

당신은 연기 상대가 당신을 놀라게 하기를 바란다는 사실을 기억하라. 당신은 또한 상대가 당신을 화나게 하고, 괴롭히고, 흥미롭게 하고, 무기력하게 하고, 두렵게 하고, 유혹하고, 역겹게 하기를 바란다. 지적인 분석은 그것이 좋은 의도를 지닌 훌륭한 것이라 하더라도, 장면에서의 감정을 획일화하고 놀랄 만한 요소들을 제거하려는 경향이 있다. 리허설은 '갈아엎는' 것임을 기억하라. 그것은 밭을 갈아엎는 것이지 그것을 평탄하게 하는 것이 아니다.

이쯤에서 당신은 또한 최종 발표와 관련된 상연 요소들에 대해 말하기 시작할 수 있을 것이다. 그 장면은 어디를 배경으로 해야 할 것인가? 어떤 소도구들이 사용되어야 할 것인가? 당신은 무엇을 입을 것인가? 이러한 질문들은 가급적 리허설 기간 중 몇 차례의 실험을 거치며 총체적으로 내려져야 할 결정이다. 당신은 차츰 리허설 과정에 이러한 요소들을 추가할 것이다.

리허설과 리허설 사이에, 경우에 따라서 리허설의 휴식시간에, 당신은 리허설 결과를 토대로 등장인물의 목표를 추가하고 변경하거나 새롭게 정의하면서 스스로 GOTE 목록을 점검해야 한다. 리허설 기간은 실험의 기회이며, 이러한 연구 결과는 특히 그것이 리허설 과정에서 자극적이거나 효과적인 것으로 입증되지 않는다면, 아무것도 신성시될 수 없다. 리허설 도중에 당신은 분명 어떤 전술이 당신의 연기 상대에게 가장 효과적인지 알아보기 위해 다양한 전술을 구사해보고 싶을 것이다. 만일 그가 당신의 위협에 무감각하거나 당신의 매력에 마음이 움직이지 않더라도 단순히 불평하지 말라. 새로운 위협과 매력을 시도해보고, 정말 효과적인 전술을 찾을 때까지 계속 노력하라. 물론 당신은 장면 바깥에서 당신의 상대를 '연출할' 수 있고, 당신이 원하는 종류의 반응을 속임수로 보여주도록 그를 강요할 수도 있다. 하지만 진정한 반응을 일깨우는 연기를 찾는 것이 훨씬 나은 방법이다. 만일 당신의 상대가 힘들어하는 것을 보게 된다면, 그만큼 더 당신은 장면 안에서 열심히 연기할 것이며, 결과적으로 연기의 집중도를 높이게 될 것이다.

연기는 삶만큼이나 쉽지 않은 것이다. 그리고 삶을 재현하는 연기는 쉬어서도 안 된다. 초보 배우들이 가장 흔히 저지르는 잘못은 의도된 등장인물의 목표를 성취하려고 열심히 노력하는 대신, 합의하여("내가 주먹을 치켜들면 넌 문 쪽으로 달려가", "내가 미소 지으면 넌 날 껴안고 키스해.") 장면을 연출하려 애쓰는 것이다. 일상에서 당신과 다른 사람은 항상 동의하는 것은 아니며, 적어도 당신과 어느 정도 마찰이 있기 마련이다.

당신의 리허설은 점차 완성된 장면의 형태를 갖추게 될 것이다. 어떤 배우들은 매 동작, 매 억양, 매 '사이'pause*가 반복 가능한 완벽한 형태로 리허설되어야 편안해 한다. 또 어떤 배우들은 장면, 특히 동작, 타이밍, 감정의 상태를

---

* 이 단어는 대사 중에 잠시 멈춤을 의미하는데, 우리말로는 '사이' 또는 '휴지'로 번역될 수 있다. 이 책에서는 작은따옴표를 사용해 '사이'로 표기하기로 한다.

고려할 때 훨씬 유동적이고 즉흥적으로 유지하는 것을 좋아한다. 완성된 연극에서 반복 가능성은 조명 큐, 장치 전환, 특수 효과 등이 당신의 액션에 정확하게 맞춰져야 하기 때문에, 매우 중요한 요소이다. 한편 수업시간의 발표에서는 공연 기교의 정확성보다는 배우 대 배우의 상호작용에 따른 활력과 강도에 집중하면서 장면의 유동성을 유지하는 것이 최선이라 할 수 있다.

당신은 얼마나 많은 리허설을 필요로 하는가? 주먹구구식이긴 하지만 전문 배우들의 경우 1분당 1시간이라는 법칙이 있는데, 다시 말해 무대 위에서의 1분은 1시간의 리허설을 필요로 한다. 그러므로 전문 극단의 경우 보통 2시간 분량의 연극에 대개 3주간(120시간)의 리허설 기간이 주어진다. 따라서 5분 분량의 연기 장면에는 대략 5시간의 리허설 일정이 적당할 것이다. 그러나 실제 연극 공연은 수업시간 중의 장면에서는 드물게 접하게 되는 많은 기술적 항목들에 주의를 요한다. 그러므로 5분 분량의 장면에 1시간씩 3회에 걸쳐 리허설 일정을 계획하는 것도 적당하다 할 수 있다. 이는 배우들이 사전에 개별적으로 연습하는 것을 전제로 하고, 적어도 **첫** 리허설의 중간쯤에서는 대본 없이도 할 수 있어야 한다.

당신은 대부분의 영화와 텔레비전 연기가 (혹은 최고의 연기가) 실제로 아무런 공식적 리허설 **없이** 행해진다는 사실을 알아야 할 것이다. 실제로 많은 경우에 영화와 텔레비전 매체의 배우들은 단 하루만을 위해 고용되며, 이 경우 실질적인 리허설은 아예 불가능하다 할 수 있다. 실제 공연에서도 간혹 대역 배우 understudy는 어떠한 리허설 없이도 대중 앞에서 연기하는 경우가 있다. 리허설은 배우에게 가장 유익한 것이 될 수 있으나, 공연에 앞서 최소한 얼마만큼의 리허설을 해야 한다는 절대적 기준은 없다. 오히려 리허설은 강력하게 추구되는 무대에서의 상호작용을 위한 기초를 쌓고, 무대에 올려지는 연기 장면의 기초 구조를 만드는 데 사용되어야 한다.

리허설의 대안들

물론 반복적인 리허설이 공연을 준비하는 유일한 수단은 아니다.

즉흥연기improvisation(배우들이 암기된 대본에 의지하지 않고 대사와 동작을 만들어내면서 배역을 연기하는 것)는 대본의 정확한 구성이나 등장인물의 변화를 고려하지 않고, 스스로를 장면의 상황에 몰입시키며 관계의 강도를 발전시키는 전통적인 방법이다. 당신은 당신이 등장하는 장면의 전후 상황을 즉석에서 연기할 수도 있다. 즉흥연기는 나름대로의 방향성을 가지고 가능한 최대 범위 안에서 등장인물을 탐구할 수 있는 기회를 제공한다. 특히 동떨어진 시대를 배경으로 한 장면에서, 즉흥연기는 장면의 정서적 갈등의 가장 근본적인 의미를 밝히고 당신의 등장인물이 경험하는 감정의 깊이를 알게 해준다.

마사지는 당신의 상대와 육체적으로 친밀해지는 기회를 제공하고, 무대 위에서 관계를 돈독하게 하는 데 걸림돌이 되는 신체 접촉에 대한 거부감을 없애준다. 당신의 상대가 누운 상태에서 머리, 팔다리, 뭉친 근육, 손가락, 발가락을 부드럽게 '스트레칭' 해주는 것은 척추를 곧게 하고 감정이 충만한 연기로 이끌 수 있는 친밀감을 증대시켜준다(연습 1-2 참조). 상호간의 마사지는 또한 긴장을 없애고 신뢰를 확립시킬 수 있다. 신뢰는 어떤 장면에서나 가치 있는 구성요소이다.

믿기지 않겠지만 **파티**도 연기를 위한 좋은 준비이다. 연기는 물론 진지한 일이지만, 그렇다고 꼭 사무적일 것까지는 없다. 그리고 개인적인 우호관계와 호감을 확보하는 것은 장면의 성공에 종종 중대한 역할을 한다. 파티는 리허설을 대신할 수는 없지만, 함께 모여 즐기는 것은 보다 진지한 작업을 완벽하게 보완할 수 있다. 상대의 기쁨과 흥분을 느끼는 것은 당신이 그의 이상과 기대를 함께 나눌 수 있도록 돕는다. 또한 그것은 상대를 완전한 인격체로 이해하고, 더 효과적이고 더 솔직하게 그와 상호작용을 하도록 돕는다. 물론 배우가 다른 사람들보다 더 사교적일 필요는 없지만, 오랫동안 지속되는 직업상의 우정은 배우 사회의 특징인 것처럼 여겨진다.

신사의 방문 Ⅱ

이 연습을 시작하기 전에 당신은 〈유리동물원〉을 읽고 연습 9-1의 '신사의 방문' 장면을 암기해야 한다.

지금 당신의 상대를 정하고 수업시간의 발표를 위해 그 장면을 연구하고 리허설하라. 리허설과 리허설 사이에 당신의 GOTE 목록을 수정하고 그 장면이 개선되는 것에 대한 당신의 느낌을 메모하라. 장면 안에서 그 장면을 구체화하는 개념을 가지고 실험하라. 즉, 리허설을 하는 동안 다른 배역을 어떻게 연기할지에 대해 당신의 연기 상대에게 지시하지 말고 그를 최대한 활용할 수 있도록 노력하라. 3~5시간의 리허설과 한 번 이상의 '대안적인' 리허설 후에 그 장면을 발표하라. 리허설을 거치지 않은 첫 발표와는 어떻게 달랐는가? 수업시간에 발표할 때보다 리허설할 때가 더 나았는가? (보통 대답은 "그렇다."이다. 하지만 당신은 관객 앞에서 연기하는 데 익숙해지면서 자의식을 극복하는 법을 터득할 것이다.) 더 중요하게, 당신은 배역의 이해와 연기를 향상시키는 데 리허설을 활용할 수 있었는가?

요약

리허설은 장면을 준비하는 과정의 일부로서 반복과 갈아엎음을 의미하는 단어가 그 어원이며, 이것이 진행되는 동안 당신의 대사를 탐구하고 실험하면서 여러 번 반복하는 기회를 부여한다. 리허설은 당신이 완전한 형태의 연극 공연 속으로 뛰어들게 하는 것이 아니라 당신의 배역 속으로 빠져들 수 있게 해준다. 또한 당신이 등장인물 대 등장인물의 관계를 즉흥적으로 탐구하도록 용기를 북돋는다. 당신은 리허설 과정에서 상대를 연출하려고 해서는 안 되며, 자신의 연기를 통해 장면을 만들어가도록 노력해야 한다. 적절한 리허설 횟수를 산정하는 공식이 있는 것은 아니지만, 5분 분량의 장면에 3~5시간의 리허설이면 적당하다. 리허설의 대안적인 방법들로는 자유로운 즉흥연기와 상대 배우를 직접 접하는 또 다른 개인 대 개인의 상호작용이 있다.

제11강

장면의 무대화

무대 지시문

공연을 목적으로 한 연극에서 무대화는 일반적으로 연출가에 의해 시작되고 무대장치는 리허설이 시작되기 전에 결정된다. 반면에 수업을 위한 장면에서는 그 장면이 어디를 배경으로 할지, 어떤 종류의 가구와 소도구가 연극에 사용될지, 어디에 문들이 위치할지, 동작은 어떻게 될지 **당신**이 결정해야 할 것이다. 당신은 또한 대본에 특별히 명기되었든 되지 않았든 간에 웃고, 마시고, 담배 피고, 걷고, 서고, 앉고 하는 연기 행위를 창조할 것이다.

　당신은 출판된 대다수의 공연 대본에는 작가의 의도와는 상관없는 첫 공연〔初演〕의 무대 감독이 덧붙인 무대 지시문(혹은 지문地文)들이 포함되어 있다는 사실을 알아야 한다. 당신은 그것들을 따를 필요가 없으며, 실제로 당신은 플롯을 진행시키는 데 명백히 필요한 무대 지시문들을 제외하고는 그것들 **모두**를 무시해도 된다. 당신은 분명 당신의 장면을 브로드웨이 공연처럼 올리지 않을 것이며, 그 무대 지시문들은 첫 공연의 무대장치, 조명, 전체 스타일의 맥락에서의 유효성 때문에 선택된 것들이다. 수업시간에 발표할 때 무대화는 단순히 당신의 연기를 자유롭게 만들고 향상시켜야 한다. 따라서 당신은 기존의 무대 지시문(무대 묘사)을 줄을 그어 지우고, 새롭게 시작해야 한다.

배경 만들기

초심자들은 대개 두 등장인물이 어딘가 앉거나 서서 이야기를 나누는 설정을 선택하려는 경향이 있다. 이런 설정이 최상의 선택인 장면도 있겠지만, 그런 경우는 드물다. 우선 '어딘가' 라는 것은 배우가 명확한 감각을 느끼기에는 너무 추상적이다. 이런 어딘가는 어디에 있는가? 거기에는 무엇이 있는가?

하나의 실내 장면은 당신의 연기를 구체화할 기회와 장애물을 제공하는 다수의 배경들을 제공할 수 있다. 문들은 어디에 있는가? 그것들은 어디로 통하는가? 각각의 문을 통해 누가 들어올 것인가? 거기에는 어떤 물건들이 있는가? 예를 들어 부엌으로 설정된 장면은 싱크대에서, 식탁에서, 냉장고 문 옆에서, 식기 서랍장에서, 마루 위에서, 벽에 기대서서, 또는 이러한 장소들의 다양한 조합으로 연기될 수 있다. 이들 중 어떤 것(들)이 장면의 상호작용을 더 강렬하게 만드는가? 더 믿을 만한 것은? 더 대립적인 것은?

아서 밀러의 〈세일즈맨의 죽음〉에 나오는 부엌 장면을 살펴보자.

윌리: 공연히 저 따위 냉장고에 반하다니.

린다: 얼마나 굉장한 광고였어요!

윌리: 물건이야 좋겠지. 또 뭐가 있소?

린다: 자, 세탁기가 9달러 60센트. 15일이 만기인 진공청소기가 3달러 50센

트. 그리곤 지붕 수리비가 20달러 남아 있어요.

월리: 이젠 새지 않겠지?

린다: 감쪽같이 고쳤어요. 그리고 프랭크에게 카뷰레터 외상이 있어요.

월리: 그런 자식한텐 안 갚겠소. 빌어먹을 놈의 시보레. 그 따위 차는 만들지
　　　못하게 해야 해.

린다: 어쨌든 그게 3달러 50센트. 이것저것 합치면 15일까지 120달러는 있
　　　어야 돼요.

월리: 120달러라고! 아, 경기가 좋지 않으면 속수무책이오.

린다: 다음 주엔 좀 나아지겠죠.

월리: 오, 다음 주까진 문제없소. 하트포드로 가야지. 거기서야 인기가 대단
　　　하거든. 그런데 여보, 웬일인지 모두들 나를 좋아하지 않는 것 같구려.

충격적인 폭로와 반전이 최고조에 달하는 자칫 지루해 보이는 대화들로 이루어진 이 훌륭한 장면은 배우들이 부엌의 어디에서 연기하느냐에 따라 다양한 변화를 꾀할 수 있다. 월리가 커피를 준비하고 있거나, 린다가 칼을 닦고 있거나, 월리가 우유를 마시고 있거나, 린다가 식탁에 앉아 청구서들을 살펴보고 있다고 가정해보라. 쾅 닫을 서랍이 있거나, 세게 내려놓을 컵이 있거나, 애타는 심정으로 만지작거릴 칼이 있다고 가정해보라. 월리가 앉아 있고 린다가 서 있다면 어떻게 될까? 또는 그 반대는? 월리가 냉장고를 걷어차다 발가락을 다쳐 자리에 주저앉는다고 가정한다면, 린다는 어떤 반응을 보일 것인가? 만일 린다가 "다음 주엔 좀 나아지겠죠."라고 말하며 방을 나간다면, 월리는 어떤 반응을 보일 것인가? 이런 질문에는 옳거나 그른 답이 없으며, 장면을 무대화하는 데에도 옳거나 그른 방법이 없다. 하지만 두 상대 모두에게 더 강렬한 연기를 하도록 부추기는 자기 무대화self-staging 방법이 있다.

　　당신은 물론 이 장면에 관련된 구조물과 가구가 외관상으로 반드시 사실적

일 필요가 없다는 것을 이해해야 한다. 장면을 생동감 있게 만들고 연기를 보다 구체화하는 장애물을 제공한다는 측면에서, 냉장고는 나무토막이나 의자 등받이로 대체될 수 있으나, 윌리는 여전히 그것을 걷어차고 발가락을 다칠 수 있어야 한다. '이 의자의 등받이가 냉장고'라는 사실을 수업 중인 학생들에게 미리 알리고, 그것이 마치 냉장고인 양 연기하라. 이것 역시 연기의 일부이다.

동작과 무대 일상동작

동작movement은 어떤 장면에서나 꼭 필요한 것은 아니며, 단순히 어떤 것을 살아 있는 것처럼 보이게 하려고 삽입된 동작은 득보다 실이 많아지기 마련이다. 하지만 장면의 상황과 등장인물들의 상호작용에서 비롯된 자연스런 동작은 두 상대들이 더 강하고, 충만하고, 깊이 있는 연기를 하도록 만든다. 동작은 근육, 뼈, 내장 등 몸 전체와 관련이 있기 때문에, 배우를 유기적으로 활발하게 만들고 온몸으로 배역을 연기하고 등장인물을 구현하도록 만든다.

　더 나아가서 동작은 연극의 변환, 발견, 절정, 갈등의 일반적인 정황을 창조한다. 예를 들어, 위 장면에서 윌리의 마지막 대사를 익히고, 조깅을 하면서 그 대사를 말하라. "그런데 여보, 웬일인지……"라고 말하기 시작하면서, 당신은 불가피하게 조깅을 멈추거나 최소한 조깅 속도를 바꾸게 될 것이다. 물론 조깅은 (아마) 이 장면에서 윌리의 행동으로 적합하지 않을 수 있으며, 접시를 닦거나, 혼자 카드놀이를 하거나, 동전을 튀겨 올리거나 하는 것이 적합할 것이다.

　동작은 또한 배우들이 단순히 자리에 앉아서 '적당히' 장면을 연기하고자 한다면 결코 생길 수 없는 신체 접촉과 상호 반응의 기회를 창조할 수 있다. 린다와 함께 조깅하는 윌리가 조깅을 멈추고자 한다면 그녀를 붙잡아 뛰는 것을 멈추게 해야 할 것이다. 만약 윌리가 혼자 카드놀이를 하고 있다면, 린다는 그가 동작을 취하도록 거들 수 있고("다음 주엔 좀 나아지겠죠."), 그리고 윌리는 그녀의 팔을 붙잡을 수 있으며("오, 다음 주까진 문제없소."), 그런 다음 팔을 놓아줄 수 있다("그런데 여보, 웬일인지……"). 신체적 상호작용은 정서적 상호작용을 자극하고 등장인물들 사이에서 서서히 발전하는 관계의 윤곽을 드러낼 것이다.

적절한 무대 일상동작stage business을 찾는 작업의 중요성은 이미 오래전부터 연출가들에 의해 인식되어왔으며, 이것은 배우에게도 지대한 도움을 준다는 사실이 입증되었다. 무대 일상동작, 즉 등장인물의 사소하고 무의식적인 신체 행위들은 장면의 기준이 되는 하나의 행동 양식을 제공하고, 대개 이러한 기준은 두 배우가 서로를 마주보고 대화를 나누는 것보다 더 흥미롭기 마련이다. 잘 선택된 무대 일상동작은 몇몇의 유익한 기능을 지니는데, 그것은 당신에게 '무엇인가를 하게' 함으로써 당신을 이완시키고, 당신을 분주하게 함으로써 당신에게 활력을 불어넣고, 당신의 집중력을 배가함으로써 정신적 긴장 상태를 유지시키고, 당신의 무대 일상동작 활동에 무의식적으로 반영되는 당신의 반응을 강화한다. 만약 린다가 〈세일즈맨의 죽음〉 장면에서 회계 장부에 적힌 수를 합산하고 있다면, 그녀가 손가락으로 연필을 만지작거리는 모습은 그녀의 커지는 근심을 반영할 것이다. 만약 윌리가 커피를 홀짝거리고 있다면, 커피를 마시는 것(좋은 일)과 청구서들을 지불하는 것(안 좋은 일)으로 나뉜 그의 관심사는 그의 감정을 혼란스럽게 유지시키고, 그의 반응은 그가 단순히 린다의 이야기를 망연자실하게 듣는 것보다 훨씬 더 (흥미롭고) 가변적이 될 것이다.

무대 일상동작의 가장 좋은 점 하나는 그것이 발생하는 순간 적막감이 효과를 거두도록 하는 것이다. 윌리가 조깅을 멈추거나 접시 닦기를 멈추는 순간, 혹은 린다가 연필을 내려놓고 그를 쳐다보는 순간, 배우와 관객 모두 두 배우가 무대 일상동작이 없는 상태에서 시작할 때보다 훨씬 더 그 순간의 깊이를 느낄 것이다. 그러므로 당신의 장면에 활용할 수 있는 극적 자극을 유발하는 적절한 무대 일상동작을 찾으려 노력하라. 당신이 피아노 앞에서 연기한다면 당신의 연기는 어떻게 전개되겠는가? 술집에서는? 이발소에서는? 화장실에서는? 농구장에서는? 걸으면서는? 운동하면서는? 혼자 카드놀이를 하면서는? 옷을 입으면서는?

흥미로운 자세

미술사학자들이 고대 시대 또는 고전기 이전 시대라고 부르는 초기 그리스 조각에서 인간의 조각상들은 수직으로 서서 정면을 바라보고 한 발을 다른 발보다 약 15센티미터 정도 앞으로 내밀고 있다. 조각이 발전함에 따라 인간의 형태는 더욱더 역동적인 자세로 제시되었으며, 후기 르네상스 시대에 이르러서는 비틀고 꾸부리는 등 모든 가능한 형태들로 묘사되었다. 연기도 이와 같은 발전과정을 겪는다. 초보 배우들은 대개 경직되어 있거나, 흔히 상대의 정면을 바라보며 앉거나 서서, 어깨가 딱 벌어진 딱딱하고 균형 잡힌 자세를 취한다. 당신은 이런 경직된 상태를 깨부수는 법을 배워야 한다. 심지어 상황에 의해 고정된 자세(증인석에 앉은 증인, 저녁식사 테이블에 앉은 가족, 바위에 결박당한 프로메테우스)

조차도 실로 다양한 자세의 역학 관계를 목적으로 탐구될 수 있다.

연기 수업에서 당신의 행동은 대개 장면의 무대화를 목적으로 배치된 가구에 의해 제한된다. 소파는 이러한 목적에 이용될 수 있는 아주 멋진 사치품인데, 눕거나 앉고, 팔걸이나 등받이 위에 앉을 수 있고, 셀 수 없이 많은 이런 행동들의 조합이 수천 가지 자세를 가능하게 하기 때문이다. 안락의자 역시 매우 다양한 가능성을 제공한다. 하지만 이런 것들이 없더라도 가구, 소품, 배경의 장치 등을 이용해 신체적으로 흥미롭고 매력적인 자세를 위한 기회를 창조해낼 수 있어야 한다. 당신의 무릎 위에 당신의 상대가 머리를 올려놓고 있다면 어떤 일이 일어나겠는가? 혹은 당신은 의자에 앉아 있고 당신의 상대가 (당신의 바로 밑인) 바닥에 누워 있다가 (당신 위쪽으로) 일어선다면?

두 사람이 등장하는 장면에서, 적어도 중요한 순간에는 당신의 맞은편에 당신의 주된 관심의 표적을 두는 것이 거의 언제나 효과적이며, 이렇게 함으로써 당신은 어떤 대상에서 다른 대상으로 몸을 돌릴 수 있다. 누군가 또는 무엇인가**로부터** 돌아서고, 다른 누군가 또는 무엇인가**를 향해** 돌아서는 그러한 방향 전환은 그 자체만으로 액션이다. 또한 몸을 돌리는 행위는 관객에게 당신의 얼굴이 더 잘 보이게 함으로써 당신의 감정을 드러나게 하는데, 즉 당신이 슬프거나, 행복하거나, 화나거나, 걱정스럽거나, 또는 충격을 받은 표정으로 돌아서는지도 보여준다. 둘 또는 그 이상의 관심의 표적들을 가지거나 그것들을 당신의 주위 여기저기에 두는 것은, 당신이 과감한 신체 동작으로 연기하도록 이끌고 당신의 연기의 윤곽을 나타내는 적극적인 동작을 취하도록 자극한다.

수업 중의 휴식시간에, 또는 연습 후 당신의 급우들이 제자리로 돌아갈 때, 사람들이 그냥 얘기하거나 하릴없이 빈둥거릴 때, 어떤 자세를 취하는지 살펴보라. 그것들이 흥미롭지 않은가? 대개 그들의 자세는 매우 흥미롭고 그들의 첫 번째 연기 장면에서 그들이 취했던 자세보다 (심지어 휴식 상태에서도) 훨씬 더 역동적이다. 우리 몸은 **본래** 역동적이고 흥미롭지만, 남들 앞에 서면 '똑바로

선 자세로' 경직되는 경향이 있다. 당신은 연습을 통해 이런 경향을 극복하는
법을 배워야 한다.

관객에게 다가가기

무대 감독의 주요 책임 중 하나는 대사와 플롯이 관객에게 명확히 전달되도록
연극(무대)의 동선을 정하는 것이다. 이것은 객석의 크기, 극장과 무대의 상관관
계, 배우의 음성 전달, 조명, 그리고 수많은 다른 요소들을 고려하는 것을 의미
한다. 연기 수업에서 이런 책임은 당신 몫이다. 수업의 동료나 지도교사가 당신
에게 가치 있는 비평을 해주려면 일단 그들은 당신의 장면을 제대로 보고 들을
수 있어야 한다. 장면을 무대화하는 데 당신이 해야 할 일은 그것이 관객에게
다가가도록 만드는 것이다.

　　무엇보다 먼저 지도교사가 장면의 물리적 상황을 어떻게 의도하고 있는지
확인하라. 어떤 지도교사들은 장면이 원형무대에서 공연되는 것을 선호하고,
또 어떤 지도교사들은 프로시니엄 무대 또는 프로시니엄 형식으로 공연되는 것
을 선호한다. 하지만 또 다른 지도교사들은 당신이 원하는 대로 관객의 위치를
정하도록 허락할 것이다. 어떠한 경우에도 이러한 요소는 당신의 주요 고려사
항이 된다. 관객은 어느 정도 거리에 위치할 것인가? 장면 연습에서, 완전한 음
성 전달은 얼마나 중요한가? 만일 현재 작업 단계에서 정직성과 사실성을 희생
시켜야만 완전한 전달을 이룰 수 있다면, 당신은 어떤 선택을 할 것인가? 당신
의 지도교사에게 조언을 구하라.

　　당신의 한쪽 편에 관객이 위치하는 프로시니엄 형식에서의 무대화 양식은
당신의 얼굴이 후면무대upstage보다는 (관객을 마주하는) 전면무대downstage 쪽
을 더 향하도록 유지해야 한다. 이것을 노골적으로 보이지 않도록 하는 다양한

방법이 있다. 당신은 뒤쪽에서 대각선으로 장면에 등장할 수 있다. 당신은 관객과 대각선으로 놓인 사각 탁자의 후면무대 쪽에 앉을 수 있다. 당신은 관객과 대각선으로 놓인 소파 위에 당신의 머리를 후면무대 쪽으로 한 채 축 늘어져 기대앉고, 당신의 상대는 소파 등받이의 후면무대 쪽에 앉아 당신을 향할 수 있다. (그런 다음 당신의 무릎 위에 얼굴을 파묻는다.) 당신은 관객 쪽으로 난 가상의 창문을 내다볼 수 있다. 당신의 상대가 다가와 당신을 껴안는데, 처음엔 두 사람 모두 정면을 바라보고, 그런 다음 돌아서서 서로를 바라볼 수 있다. 이것들은 모두, 당신들이 서로에게 매우 강렬하고 정직하게 연기하면서, 장면을 관객에게 전달하는 데 채택할 수 있는 기본 연출 기법이다. 연기의 관점에서 대개 그것들은 장면 내내 당신의 상대와 단순히 얼굴을 마주하고 서 있는 것보다 바람직하다.

◆ 연습 11-1

무대장치 설정하기

〈유리동물원〉의 '신사의 방문' 장면 또는 〈세일즈맨의 죽음〉의 윌리와 린다 장면을 암기하고 리허설하라. 이번 강의의 토론 내용을 바탕으로 무대장치를 설정하고, 그것에 따라 장면을 준비하라.

이번에는 완전히 다른 무대장치에서 동일한 장면을 다시 무대화하라. 다음의 예들을 참조하라.

1. 피아노 앞에서
2. 바닷가 비치타월 위에서
3. 야외 카페에서
4. 발레 (연습용) 가로대에서

5. 거실 소파에서

우선 '무대장치' 환경과 관련 있는 무엇인가(피아노 연주, 선탠오일 바르기, 발레 가로대 연습, 일기 쓰기)를 적극적으로 하고 있는 윌리 또는 로라 역으로, 그리고 전혀 다르고 관련 없는 무엇인가를 하고 있는 린다 또는 짐 역으로 무대화하라. 그런 다음 동작, 일상동작, 신체 자세와 역학, 그리고 음성 전달을 위한 모든 가능성을 탐구하여 무대화하라. 당신의 동료가 그것을 보고 비평하게 하라.

그런 다음 작가의 무대장치로 되돌아가서 장면을 '적당한' 환경으로 다시 무대화하라. 당신은 이렇게 기본적인 무대장치에서 벗어남으로써 당신에게 도움이 되는 무엇인가를 배웠는가? 아마 그랬을 것이다.

스스로에게 물어라. 최상의 몰입은 어떤 자세에서 나오는가? 자유는? 힘은? 당신의 상대와의 관계는? 이것들은 당신의 연기 장면에서 당신이 찾고자 하는 자세들이다. 억압의 느낌은 어떤 자세에서 생기는가? 자의식은? 불안은? 고립은? 경직은? 이것들은 피해야 할 자세들이다.

요약

자기 무대화는 장면의 최종적인 무대화 양식을 결정하려는 시도가 되어서는 안 된다. 오히려 그것은 당신으로부터 최상의 연기, 즉 승리 추구를 위한 가장 격렬한 투쟁, 가장 도발적인 전술, 등장인물의 목표에 대한 가장 열성적인 추구 등을 이끌어낼 수 있는 동작의 유형을 창조해야 한다. 장면의 무대화는 주로 **당신**을 자극할 목적으로 선택되어야 한다. 그것은 당신에게 더 힘 있고, 더 매력 있고, 더 웃기고, 더 고무될 것을 요구함으로써, 당신의 등장인물이 원하는 것을 얻기 위해 더 노력하게 한다.

제12강

선택

선택의 필요성

흥미로운 배우와 흥미롭지 않은 배우는 주로 배우의 연기 선택의 질, 즉 추구할 목표와 적용할 전술의 선택의 질에 따라 구분된다. 이것들은 주어진 것이 아니라 선택된 것이기 때문에, 대본 분석과 연구만큼이나 배우 자신의 상상력을 요구한다.

배우의 선택은 연극의 대사에 항상 명백히 드러나는 것은 아니다. 실제로 이러한 선택은 때때로 대사에 언급조차 되지 않는다. 다음 예를 살펴보자.

베르시닌: 차가 나오지 않는다면, 철학적 사색이라도 좀 해볼까요.

투젠바흐: 그럽시다. 뭐에 대해서요?

베르시닌: 뭐로 할까요? 공상의 나래를 펴볼까요…… 예를 들어 우리가 죽은 지 이삼백 년 뒤의 삶에 대해선 어떨까요?

투젠바흐: 글쎄요? 우리가 죽은 뒤에는 사람들이 기구를 타고 하늘을 날 것이고, 외투 모양도 달라질 거고, 어쩌다 육감六感이라는 것을 발견해서 발전시킬지도 모르죠. 하지만 생활은 여전히 지금과 다름없을 겁니다. 생활은 여전히 어렵고, 신비롭고, 행복할 겁니다. 천 년이 지나봤자 인간은 역시 "아, 산다는 건 괴롭다!"고 탄식하겠고, 그리고 한편으론 지금과 마찬가지로 죽음을 두려워하고 죽는 걸 원치 않겠지요.

베르시닌: 뭐라고 하면 좋을까요? 이건 내 생각인데, 이 땅 위의 모든 것은 조금씩 변화해야 하고, 그리고 지금 이미 우리 눈앞에서 변화하고 있지요. 이삼백 년이 지나고, 마침내 천 년이 지나면―시간 따윈 문제가 아니지만― 행복한 생활이 시작될 겁니다. 물론 우리는 그런 생활에 동참할 순 없겠지만, 그걸 위해 지금 우린 살고, 일하고, 또―괴로워하고 있는 거예요. 말하자면 우리는 그걸 창조하고 있는 셈이죠. 바로 거기에 우리의 존재의 목적이 있고, 또 우리의 행복이 있는 거예요.

(안톤 체호프의 〈세 자매〉)

두 젊은 장교 사이의 이 대화는 매우 직설적인 것처럼 보이지만, 만약 배우들이 단순히 피상적인 철학적 사색을 연기한다면, 이 장면의 요지를 완전히 놓칠 것이다. 왜냐하면 이 장면에서 두 장교는 뒤쪽에서 자신들의 이야기를 듣고 있는 사랑하는 여인들을 위해 연기하고 있기 때문이다. 투젠바흐는 (방 안 어디에선가 카드놀이를 하고 있는) 이리나에게 그녀 없이는 자신의 삶이 몹시 힘들다는 사실을 납득시키려 애쓰고 있으며, 베르시닌은 마샤에게 말로 표현하지는 않아도 그녀가 자신과 함께라야 행복할 수 있다는 사실을 넌지시 말하고 있다. 그렇다면 이것은 철학적 사색에 관한 장면이 아니라, 비록 상대들이 서로에게 말을 하지 않더라도 로맨스에 관한 장면인 것이다.

이러한 이해를 바탕으로 베르시닌과 투젠바흐의 음색, 태도, 몸짓, 미소, 열정, 재치, 대담성, 감수성, 무대 일상동작 등이 결정되어야 한다. 하지만 이들 중 어떤 것도 체호프의 무대 지시문에는 나타나 있지 않다! 따라서 배우는 자신이 앉을지, 설지, 춤출지, 움직일지, 웃을지, 노래할지, 농담할지, 설교할지, 패러디할지, 거만하게 행동할지, 한 발로 서서 중심을 잡을지, 담배를 피울지, 방안을 둘러볼지, 아니면 이러한 것들을 복합적으로 연기할지 선택해야 한다. 그리고 각기 다른 선택들은 장면의 기본적인 **내면 및 외면** 액션을 제공할 것이며, 이때 배우가 말하는 대사는 단지 편리한 전달 수단일 뿐이다.

좋은 선택

좋은 선택은 대담하고, 소름끼치고, 흥분시키는 것이다. 그것은 당신이 격렬하고 열정적으로 추구할 수 있는 선택이다. 그것은 당신 자신만이 아니라 다른 등장인물들도 포함한다. 그것은 심리적이면서 육체적이다. 그것은 당신의 마음과 몸, 그리고 당신 상대의 마음과 몸을 포함한다. 좋은 선택은 당신이 당신의 상대와 연기할 때 당신 자신의 감정을 자극한다.

　　나쁜 선택은 무난하고, 온당하고, 평범한 것이다. 당신의 감정을 혹사시키지도 않고, 당신에게 어떠한 기쁨도 불러일으키지 않으며, 당신을 놀라게 하거나 빠져들게 하지도 않는다. 단순히 지적이기만 한 선택은 당신의 감정이나 당신의 육체를 포함하지 않는다. 그것은 편안하고 단조롭다. 그것은 당신 외에 어느 누구도 포함하지 않는 자기 만족적인 것이다.

좋은 선택은 다음과 같다.

나는 그녀가 나를 사랑해주길 원한다.
나는 그가 울길 원한다.
나는 그가 오줌을 지리길 원한다.
그녀는 나를 죽일지도 모른다.
그녀는 자살할지도 모른다.
나는 그녀가 자살하길 원한다.

이것들은 과장된 표현이 아니다. 연극은 위기의 순간에 관한 것이지, 평범한 일상사에 관한 가벼운 대화가 아니다. 연극에서는 투젠바흐와 베르시닌의 대화처럼 가볍게 보이는 대화들조차도 삶을 변화시키는 결정에 이르게 할 것이다. (왜냐하면 이 장면에서 일어나는 상황 때문에 베르시닌은 마샤와 부정한 관계를 갖게 되고, 투젠바흐는 이 연극이 끝나기 전에 죽게 된다.)

나쁜 선택은 다음과 같다.

나는 내 생각을 표현하고 싶다.
나는 그녀가 내 입장을 이해해주길 원한다.
나는 그가 내게 동의하도록 설득하고 싶다.
나는 그가 내게 동의하지 않을까 봐 걱정된다.
나는 질까 봐 두렵다.
나는 이기고 싶다.
나는 그가 나를 존경해주길 원한다.

이것들은 나쁜 선택인데, 무엇이 잘못되어서가 아니라 당신에게, 배우에게, 또는 관객에게 충분히 도발적이지 않기 때문이다. 이러한 선택은 구체적이기보다는 일반적이고, 심리적이거나 육체적이기보다는 지적이며, 상호작용적이기보다는 자기 만족적이다.

당신이 보다시피 좋은 선택에서는 성과 폭력이 두드러지고, 나쁜 선택에서는 이성적인 의사 결정이 두드러져 보인다. 영화나 텔레비전에서는 성과 폭력에 대해 항상 열광적이기 때문에, 배우에게는 좋은 선택으로서 그것들에 초점을 맞추는 것이 아이러니하게 보일 수도 있다. 하지만 열광은 명백한 사실을 모호하게 한다. **모든** 위대한 연극은 성 또는 폭력을 포함하거나, 성과 폭력을 모두 포함하는 경우가 더 많다. 이것은 〈포박된 프로메테우스Prometheus Bound〉, 〈메데아Medea〉, 〈리어왕King Lear〉 등과 같은 위대한 비극뿐 아니라 위대한 희극, 소극, 멜로드라마도 해당되며, 드물게는 수준 미달의 희극, 소극, 멜로드라마도 해당된다. 실제로 연극은 인류가 인생의 거대한 수수께끼들, 즉 성의 환희와 폭력의 공포, 그리고 때로는 성의 공포와 폭력의 환희와 타협하는 것을 돕기 위해 창조되었다. 그리고 배우가 이러한 수수께끼들을 회피한다면, 연기의 기회만이 아니라 연극의 근본 취지 자체를 상실하게 될 것이다.

그러므로 당신이 연기 선택을 할 때에는 **항상 성적 관심을 찾고, 항상 잠재된 두려움을 찾아라**. 성적 관심은 로맨스, 성공, 지배, 심지어 부귀까지도 포함하는데, 이들은 모두 성적 요소를 지닐 수 있다. 공포는 당황, 혼란, 모욕, 고통을 포함하며, 이들은 모두 공포의 요소를 지닌다. 당신의 감정에 영감을 주고, 당신(그리고 당신의 연기 상대)의 마음을 사로잡는 선택을 하라. 단순하게 이성적인 선택은 그것이 얼마나 이성적이든 간에 흥미로운 연기로 이끌지 않을 것이다.

당신의 상대에게서 흥미로운 점을 발견하도록 하라. 당신의 상대는 흥미로운 사람이다. 당신은 그러한 사실을 알고 있는가? 종종 우리는 그러한 사실을 알아차리지조차 못한다. 우리는 '그 사람은 단지 나의 연기 상대일 뿐'이라고 여긴다. 하지만 당신의 연기 상대는 상냥하고, 다정다감하며, 근심 많고, 애정 넘치는 사람이며, 때로는 좌절하고, 때로는 아름다우며, 때로는 감정이 격해지기도 한다. 당신의 상대는 폭력적이고, 명석하고, 허둥대고, 정신분열 증세를 보일 수도 있다. 당신의 상대는 일생의 연인이나 철천지원수, 아니면 그 둘 모두가 될 수도 있다.

이 말은 모두 사실이다. 이것을 사실로 받아들여 당신의 연기 관계로 만드는 것은 당신에게 달려 있다. 당신의 상대에게서 매혹적이거나, 두렵거나, 사랑스럽거나, 유쾌한 점을 발견하는 것은 하나의 **선택**이며, 그 요령은 당신이 터득해야 한다.

그러므로 당신은 상대에게서 흥미로운 점을 발견해야 한다. 만약 장면이 대립에 관한 것이라면 상대를 훌륭한 적으로 만들고, 성적 매력에 관한 것이라면 매혹적인 성적 대상으로 만들며, 또 공포에 관한 것이라면 섬뜩한 위험인물로 만들어야 한다. 당신이 연기 상대에게 사랑, 폭력, 번득이는 재기, 또는 폭발적인 놀라움에 대한 잠재적 능력을 부여할 때 비로소 당신은 그 상대와 개인적

원하는 대로 하라

제게 상처를 줄까 봐 염려하지 말아요. 당신이 하고 싶은 대로 하고, 가고 싶은 데로 가세요. 그러면 저는 당신과 함께 갈 거예요. 저는 놀라는 걸 좋아해요.

—메릴 스트립Meryl Streep,
영화 〈소피의 선택Sophie's Choice〉 촬영 첫날 케빈 클라인Kevin Kline*에게

---

* 1947~ . 미국 태생의 영화배우. 〈소피의 선택〉(1982)으로 데뷔한 이래 〈실버라도Silverado〉(1985), 〈자유의 절규Cry Freedom〉(1987), 〈바람둥이 길들이기I Love You to Death〉(1990), 〈데이브Dave〉(1993), 〈프렌치 키스French Kiss〉(1995), 〈아이스 스톰The Ice Storm〉(1997) 등 40여 편의 영화에 출연. 〈완다라는 이름의 물고기A Fish Called Wanda〉(1988)로 아카데미 남우조연상 수상.

수준으로 진정한 관계를 맺게 될 것이다.

당신의 상대가 얼마나 흥미롭고, 매혹적이고, 두려운지를 발견하는 여러 방법들이 있다. 대화, 특히 성장 과정이나 장래의 계획과 같은 내용에 대한 개인적 대화는 가장 분명한 방법이다. 당신의 연기 상대를 판에 박힌 정형화된 인물이 아닌 당신 자신과 다를 바 없는 변화하는 인물로 보는 것이 중요하다. 당신의 연기 상대도 과거와 미래가 있고, 변화하고 있으며, 여전히 **완성되지 않은** 인간이다. 당신이 이것을 더 많이 깨달으면 깨달을수록 당신의 상대와 생동감 있게 연기하고, 당신의 마술이 상대에게 통하며, 또 상대의 마술이 당신에게 통하도록 노력하는 일이 더 쉬워질 것이다.

장면을 리허설하는 동안 당신의 상대를 연구하라. 그 장면에서 그는 당신의 위협에 대해 어떻게 반응하는가? 당신의 미소에 대해서는? 당신이 그의 목을 만질 때는? 이러한 질문에 대한 답을 굳이 찾을 필요는 없다. 실제로 이 질문들은 애당초 사실적인 관계에서는 답할 수 없다. 당신은 단지 그것들을 조사해 보고, 당신의 연기 상대가 지닌 의문점, 복잡성, 매혹적인 오묘함 등을 인식할 필요만 있을 뿐이다. 아무리 일상적으로 보이는 장면에서도, 분명 이러한 자각은 도움이 될 것이다.

당신을 개인적으로나 육체적으로 자극하는 목표들을 선택하라. 만일 당신이 스스로에게 흥미를 못 느낀다면, 관객은 당신에게 결코 흥미를 느낄 수 없을 것이다. 당신은 얘기를 하거나 묘사하는 것이 아니라 그것을 **구현하고**, 당신의 육체는 당신의 추구 의욕에 한몫을 해야 한다는 것을 기억하라. 그 장면에서 당신의 목표를 이룬다고 상상하라. 그것은 당신을 펄쩍펄쩍 뛰고 싶도록 만드는가? 아닌가? 그렇다면 당신은 잘못된 선택을 한 것이다.

당신을 개인적으로나 육체적으로 놀라게 하는 두려움을 선택하라. 당신의 상대가 당신에게 등을 돌릴 것이라는 생각이 당신을 당황하게 하는가? 얼마나? 당신의 상대가 당신의 손톱 바로 밑을 핀으로 찌를 것이라는 생각이 당신

히틀러와 예수

배우가 설교하지 않고 할 수 있는 것은 우리들 안에 히틀러와 예수가 있음을 보여주는 것이다. 만일 당신이 정말 천부적인 배우라면, 당신 안에서 그것을 찾을 수 있고 내보일 수 있으며, "봐, 우린 이것을 함께 나누고 있어."라고 말할 수 있다.

—리처드 드레이퍼스Richard Dreyfuss*

* 1947~ . 미국 태생. 영화 〈청춘 낙서 *American Graffiti*〉(1973), 〈밥에게 무슨 일이 생겼나 *What About Bob?*〉(1991), 〈홀랜드 오퍼스*Mr. Holland's Opus*〉(1995), 〈다이아몬드를 쏴라 *Who is Cletis Tout?*〉(2001) 등에 출연.

을 당황하게 하는가? 얼마나?

상상한 상황 중에서 어떤 것이 극도의 불쾌감을 자극하는가? 극도의 육체적 거부감은? 그것이 바로 선택해야 할 가장 강력한 이미지이다. 이런 이미지들을 이용해 당신의 상대와 다음 대사를 연기하라. "다시는 널 안 봤으면 좋겠어." 어떤 이미지가 당신의 목소리를 떨리게 하는가? 어떤 선택이 두려움의 기미를 대사 안에 가장 성공적으로 구현하는가?

당신이 지닌 모든 것을 이용하도록 하라. 당신의 목표를 추구하고 당신의 두려움에 대항할 때, 당신 자신 안에 있는 사용 가능한 모든 것, 즉 완전한 사랑과 극단적 잔인성을 위한 능력, 정신적 갈망, 무모한 광기 등을 내보이라. 얄팍한 공손함이나 시험적인 노력 뒤로 숨기지 말라. 당신 안에 악마가 있고, 어린아이가 있음을 보여주라.

당신의 상대를 만지도록 하라. 당신의 상대를 만지거나 만지지 않는 것은 모두 똑같이 논리적이며, 어느 쪽을 선택하든 이론적인 분석으로 타당성을 지닐 수 있다. 그러나 최상의 연기 선택은 대개 분노나 애정으로, 또는 더 바람직하게는 그 두 감정 모두로 상대를 만지는 것이다.

당신의 상대를 만지는 것은 신체적인 일상동작인 동시에 개인적인 접촉이다. 그것은 대개 배우들 간의 관계를 강화시키고 서로에 대한 집중을 심화시킨다. 더 중요하게, 그것은 **당신**이 장면에 더 몰입되어 있다고 느끼게 해준다. 따라서 장면을 리허설할 때에는 다음과 같은 행위의 이유를 찾으려고 노력하라.

상대의 어깨나 등을 문지르기
상대의 머리카락을 쓰다듬거나 헝클어뜨리기
상대를 발가락으로 장난스럽게 콕콕 찌르기
상대의 손을 잡기
상대의 손목을 부여잡기
상대를 포옹하기
상대를 뒤에서 껴안기
상대의 어깨를 손바닥으로 찰싹 때리기
상대의 목을 잡으려고 손을 뻗기

이와 같은 모든 만지는 행위는 상대를 침해해서는 안 되며, 당신은 주어진 연기 과제를 수행할 때 아무하고나 성적으로 스스럼없이 대하거나 미리 연습되지 않은 거친 행동을 해도 되는 것으로 오인해서는 안 된다. 하지만 배우는 예술적 작업의 일부로서 만져지고, 껴안고, 키스하고, 그리고 무대에서의 (적절히 훈련된) 신체적 격투에 가담할 준비가 되어 있어야 한다. 당신의 지도교사는 필요할 경우 이러한 접촉에 대한 적절한 경계를 정해줄 것이다.

당신의 상대를 만지는 것은 지나치게 성적일 필요가 없으며, 대부분의 장면에서 성적인 제안들과 직접적으로 연관되어 있지 않기 때문에(예를 들어, 형제들이 등장하는 장면처럼), 로맨스를 요구하기보다는 우정을 나누는 것에 관한 문제임이 분명하다. 하지만 이것은 인간관계를 돈독히 하는 매우 기본적인 요소이기 때문에 연기를 하는 데 항상 유용하다. 그리고 배우들에게 몇몇 방법으로

서로를 만지라고 단순히 연출하는 것으로 개선될 수 없는 연기 장면들이 있다. 예를 들어 연인들 사이의 다툼을 재현하는 장면에서, 성적으로 민감한 부분이면서 극단적인 신체의 취약 부분이기도 한 목을 만지는 것은 그 자체로서 두 배우들 모두의 정서적 몰입을 세 배로 증대시킬 수 있다. 시도해보라.

교감을 나누도록 하라. 초보 배우들은 중요한 순간에 흔히 한눈을 팔거나, 물러서거나, 바닥이나 천장을 응시하거나, 상대에게 등을 돌리곤 한다. 이러한 행동들의 일부분은 '연극적으로 보이는' 것에 대한 잘못된 인식으로, 또 일부분은 부끄러움과 불편함으로 인해 나타나기도 한다. 그것은 또한 방으로 달려가 문을 쾅 닫아버리는 것으로 주요 대립을 회피했던 사춘기에서 비롯된 잔류물이기도 하다. 연기를 하면서 당신은 절대 '문을 쾅 닫아서는' 안 된다.

누군가가 당신의 면전에 고함을 지를 때, 이것이 단지 연기 수업 중의 한 장면일 뿐이라는 사실을 안다 하더라도, 당신의 피는 더 빠르게 돌게 된다. 당신의 피가 솟구치는 순간이 바로 훌륭한 연기 순간이며, 당신의 등을 돌리고 반응을 억누르면서 의미 없이 머뭇거리는 데 이러한 순간을 낭비해서는 안 된다. 초보 배우들은 긴 '사이', 단조로운 반응, 깊이 주름진 이마의 효과를 끊임없이 과대평가한다.

이와 비슷하게 누군가가 매력적으로 당신에게 미소 지을 때, 무대 지시문이 단순히 창조할 수 없는 일종의 인간적 온기로 채워지는 것을 느끼게 된다면, 당신은 연기를 위한 매우 훌륭한 감정 상태에 있는 것이다.

당신이 다소 당황하고, 다소 동요하고, 스스로를 완전히 확신할 수 없는 바로 그 순간에, 당신은 상대와 시선 접촉을 유지하며 대사를 말해야 한다. 이 순간은 금방 사라져버리고 아주 잠깐 동안만 지속되지만, 이러한 깊은 개인적 교감의 순간은 연기를 살아 있는 예술로 만드는 인간적 취약성을 제공한다.

그 순간 눈을 감거나, 바닥을 응시하거나, (대개 사춘기적 불쾌감으로 여겨지는) 영웅적 반항심으로 등을 돌리거나 하여 상대에게서 물러선다면, 당신은 연기의 가장 독특하고 흥미로운 부분, 즉 당신의 다듬어지지 않은 감정과 자신만의 특별한 감성을 저버리는 것이다. 제발 이런 식으로 스스로에게 매몰차게 문을 닫지 말라. 누군가가 당신의 면전에서 고함을 친다면 맞받아 고함을 치거나, 웃으려 애쓰거나, 울거나, 그 사람을 껴안거나, 또는 이 모두를 행하라! 당신의 등을 돌리지 말라. 그렇게 함으로써 당신은 연기 자체에 등을 돌리게 된다.

미소 짓도록 노력하라. 개인 대 개인의 상황에서 대다수의 사람들은 그 자리에 있기를 바라고, 자신이 이야기를 나누고 있는 사람이 좋아해주기를 바라며, 그 사람이 자신에게 친근하게 대하길 바란다. 따라서 대다수의 사람들은 많은 경우에 미소를 짓는다. 헤어지는 연인들은 서로 다투는 형제들, 노사 교섭자들, 음모를 꾸미는 중역들처럼 미소를 짓거나 미소 지으려 애쓴다. 다투는 중에 미소를 짓는 것은 그 다툼에 숨겨진 이면이 있고 두 상대 모두 마음속 깊숙이 화해를 모색한다는 가능성을 암시한다. 이러한 암시는 사실적으로나 극적으로 모두 효과가 있는데, 그것은 등장인물을 위한 동정심을 유발하기 때문이다. 그러면 더 이상 미소를 지을 수 없을 때, 즉 더 이상 눈물을 참을 수 없을 때, 그 장면은 매우 고통스러운 것으로 발전한다. '미소 짓고 싶다.'는 것은 삶의 가장 보편적 의도 중의 하나인데, 그것은 '나를 기쁘게 하는 상황에 있고 싶다.'는 것을 의미하기 때문이다. 모든 사람이 그것을 바라며, 따라서 그것은 당신의 목표 선택 중의 하나가 되어야 한다.

당신의 상대를 서두르게 하라. 좋은 속도감이란 대개 빠른 속도를 의미하는데, 어떤 연극을 싫어할 때 평론가들은 대개 그것이 '느리다' 또는 '늘어진다'라고 말한다. 하지만 좋은 속도감은 당신이 빠르게 말해야 한다는 것을 의미하지는 않는다. 그것이 정말 의미하는 바는 당신이 목표를 향해 열심히 노력해야 한다는 것이며, 그런 노력은 당신이 그 목표를 원할 뿐만 아니라 **지금 당장** 원한다는 것을 의미한다.

'장면의 속도감을 높인다.'는 것은 당신이 목표를 달성해야 하고, 그것을 빠르게 달성해야 한다는 전제에서 상대를 어느 정도 서두르게 하도록 노력한다는 것을 의미한다. 말하기 전에 '사이'를 두는 것, 즉 말하기에 앞서 감정을 자아내려고 노력하는 것은 시간 낭비일 뿐만 아니라 '단지 연기할 뿐'이라는 것을 보여준다. 사람들은 일상적으로 말하기 전에 감정을 자아내려고 노력하지 않는다. 사람들은 일단 말을 하고, 그런 다음 그들이 감정을 자아냈다는 것을 알게 된다!

그러므로 준비 과정에서 날개를 단 시간의 전차가 당신의 뒤를 쫓도록 하라. 당신의 장면은 긴박감을 가져야 한다. 당신의 상대를 열광하게 하고, 당신의 화려한 언변으로 상대의 말문이 막히게 하라. 하지만 그런 사실로 지척대거나, 당신의 감정에 도취되거나, 자신의 훌륭함에 만족하여 고귀하거나 생각에 잠긴 자세를 취하지 말라.

목소리를 크게 내도록 하라. 들리지 않는 것처럼 관객을 화나게 하는 것도 없다. 그리고 당신은 어떠한 이유에서든 관객을 화나게 하는 것이 현명하지 않다는 사실을 확실히 알고 있다.

목소리를 크게 내야 하는 이유와 부드럽게 내야 하는 이유가 있다. 만일 당신이 아주 영리하다면, 두 가지 모두를 항상 찾을 수 있다. 목소리를 크게 내야 할 이유, 적어도 방 안 어디서든 명확하게 들릴 수 있을 만큼 크게 내야 할 이유를 선택하라.

위층에 있는 사람들이 엿듣지 못하도록 조용해야 할 장면에서는 천장을 120센티미터 두께로 만들도록 하라.

사랑하는 누군가에게 말하는 장면에서는 온 세상이 다 들어도 상관없다는 식으로 말하고, 실제로 온 세상이 **정말** 다 듣도록 말하라.

노여움이 침착하게 또는 격정적으로 표현될 수 있는 장면에서는 그것을 격정적으로 표현하도록 하라.

당신이 정반대의 선택을 하더라도 전혀 문제없이 정당화할 수 있다는 사실을 기억하라. 하지만 대부분의 경우에 그것은 좋지 않은 연기를 정당화하려 들 것이며, 당신은 전투에서 이기고도 전쟁에는 지게 될지도 모른다. 관객에게 잘 들리게 하는 것 외에, '목소리를 크게 내는' 선택은 당신의 연기 상대에게 더 많은 감정을 불러일으키게 하며, 그 역시 당신을 더 자극할 것이다. 냉정하고, 조용하고, 논리적인 선택은 탁월하게 정당화될 수 있지만, 대부분의 경우 연극을 재미없게 만든다. 그러나 그것은 특히 초보 배우들이 장면을 연기할 때 매력적으로 안전한 방법이기도 하다. 우선 더 대담하고, 더 크게 소리 내고, 격정적인 선택을 하도록 노력하라. 그것들은 꺼내기는 조금 어려워도 보다 더 자유롭게 만드는 것이다. 나중에는 아마 당신을 인도하는 연출가로서 연기하는 동료와 함께라면, 그것들이 필요 없게 될지도 모른다. 리허설에서의 대담한 선택은 연기를 하는 순간에 톤이 낮아진다 하더라도 매우 유익한 것이 될 수 있다.

어리석은 짓을 하도록 하라. 이것은 허튼 충고가 아니다. (지도하는 입장에서) 내가 종종 장면이 절뚝거리며 더디게 진행된다고 느낄 때면, 나는 배우에게 펄쩍펄쩍 뛰거나, 댄스 스텝을 밟거나, 노래를 부르라고 갑자기 주문한다. 혹은 "어리석은 짓을 하라!"고 외친다. 이런 명령은 대사와 아무런 직접적 연관이 없는 것처럼 보이고 항상 배우를 매우 불편하게 만들지만, 대개 더 깊은 수준의 몰입과 독창성을 자극한다. 아마도 그것은 그 명령이 배우에게 (그 장면이 주지하는 바인) 강한 인간적 상호작용은, 비록 연기는 그렇지 않을지라도 언제나 불편하고 어색하다는 사실을 상기시키고, 이러한 지시가 그런 어색함을 표면화하며, 의도되지 않은 사실성을 부각시키기 때문이다. 그것은 또한 '어리석은 짓을 하는 것'이 당신의 연기 상대를 놀라게 하고, 연달아 일어나는 상호작용을 보다 대담하고, 제한 없고, 예기치 않은 것으로 만들기 때문이다. 그리고 마지막으로, 그것은 모든 위대한 연극이 삶 자체의 부조리함, 어색함, 최후의 혼돈의 요소를 포함하기 때문이다. 이 세 가지 요인들은 대개 함께 작용하며, 만일 당신이 때때로 '어리석은 짓을 하는' 흥미로운 선택을 한다면, 당신은 그것들이 장면 안에서 함께 작용하도록 만들 수 있다.

대담한 선택

로라와 짐 장면, 윌리와 린다 장면, 또는 당신이 준비한 어떤 다른 장면을 위한
당신의 GOTE 목록을 살펴보라. 목록에 있는 목표들이 정말 심리적으로나 육
체적으로 당신을 자극하는가? 당신의 두려움은 당신을 움씰하게 만드는가? 당
신의 전술은 대담하게 선택되는가? 당신의 기대는 분명하고 흥미로운가? 그
장면들을 연기할 때 상대가 매력적이라는 사실을 알게 되었는가? 상대를 만졌
는가? 승리를 위한 추구가 절박한 것이었는가? 미소 지을 수 있었는가? 고함칠
수 있었는가?

　그 장면들 중의 하나로 되돌아가 더 대담한 선택들로 GOTE 목록을 다시
써라. 그런 다음, 그 선택들을 실행하며 상대와 그 장면을 연기하라. 당신이 격
정적이거나 필사적일 수 있는, 또는 당신이 누군가에게 다가가거나 만질 수 있
는, 단지 순간에 불과한 장면에서의 요점들을 찾아라. 대담한 선택을 함으로써

대담한 선택

나는 상당히 차분하고 조용한 사람이다. 하지만 무대 위에선 어느 순간 달까지
도 날아간다!

—존 리스고 John Lithgow*

---

* 1945~ . 미국 태생. 영화 〈가프 *The World According to Garp*〉(1982), 〈애정의 조건 *Terms of
Endearment*〉(1983), 〈멤피스 벨 *Memphis Belle*〉(1990), 〈오렌지 카운티 *Orange County*〉
(2002) 등에 출연. 1982년 뉴욕 및 LA비평가협회 남우조연상 수상.

당신은 한 번에 한 단계씩 해나가는 요령을 터득할 것이며, 이런 단계들은 배우로서 당신의 발전에 매우 중요할 수 있다.

장면을 연기한 후에 상대가 전보다 더 자극을 받았는지, 더 놀랐는지, 더 끌렸는지, 감정적으로 당신에게 더 **몰입되었는지** 물어보라. 아마 대답은 "**그렇다.**"일 것이다. 만약 상대가 더 몰입되었다면, 아마 당신 또한 그랬을 것이다.

요약

당신 연기의 좋고 나쁨은 당신이 하는 선택에 의해, 즉 당신이 무엇을 선택하여 연기하는가에 따라 결정된다. 대담하면서 상호작용적인 좋은 선택은 당신과 당신의 상대 모두의 감정을 자극한다. 나쁜 선택은 논리적일 수는 있지만, 정서적으로나 심리적으로 자극하지 않는다. 좋은 선택은 대개 인간의 가장 절박한 갈망과 공포를 불러일으키는 내재된 성과 폭력을 포함한다. 상대가 매력적이란 사실을 발견하도록 하라. 당신에게 개인적으로 영향을 주는 목표와 공포를 선택하라. 상대를 만지고, 장면의 속도감을 빠르게 하고, 상대를 직접적으로 대면하고, 조용하거나 '냉정하기' 보다는 목소리를 크게 내야 할 이유를 찾고, 경우에 따라서는 아주 어리석은 짓을 하도록 하라.

제13강

상연

무대 공포

연구를 끝마치고, 리허설이 끝나고, 선택이 이루어지면, 이제 당신은 공개적으로 당신의 장면을 상연하게 된다.

대부분의 배우들에게 긴장, 초조, 무대 공포가 사려 깊은 준비를 헛되게 할 우려가 있다. 아무리 노련한 배우들이라 할지라도 공연 중에는 스트레스를 받게 되며, 때로는 극단적인 스트레스를 경험하기도 한다. 관객에 대한 두려움, 비평에 대한 두려움, 거절에 대한 두려움, 대사를 잊는 것에 대한 두려움, 어리석게 보이는 것에 대한 두려움은 공연하기 직전까지는 드러나지 않는 저해 요소들이며, 공연이 시작되는 순간 배우들을 쇠약해 보이게끔 만들 수 있다.

어떻게 이런 공포를 피할 수 있을까? 무엇보다 먼저 당신은 어느 정도의 긴장은 피할 수 없는 것이며, 심지어 바람직한 것이라는 사실을 인식해야 한다. 많은 배우들은 관객이라는 부가된 '위험'에 처해질 때만 공연의 완전한 수준에 도달한다. 리허설에서 의식적으로 자제하지 않았더라도, 많은 배우들은 살아 있는 관객의 존재가 자신들을 자극하여 자유롭게 만든다는 사실을 알게 된다. 환호하는 군중이 운동선수나 연설자에게 힘을 실어줄 수 있듯, 관객은 배우의 능력과 믿음에 박차를 가할 수 있다. 관객의 격렬한 흥분 상태를 이용한다고 해서 잘못된 것은 아니다.

　　그러나 다른 사람들에게 평가받는다는 두려움으로 정신이 멍해지는 상태의 무대 공포는 당신의 의욕을 누그러뜨리고, 동작을 둔화시키고, 목소리를 짓누르고, 반사 신경을 쉽게 마비시킬 수 있다. 아주 열정적으로 리허설했던 장면들조차 공연 중에 대사를 잊어버리거나 예전 모습을 찾아볼 수 없게 된다. "리허설할 때가 더 잘했어."라고 불평해봐야 아무런 소용이 없다. 당신이 할 일은 공연 중에 더 잘할 수 있는 요령을 터득하는 것이다.

교실 상연

좋은 교실 상연은 준비를 필요로 한다. 먼저, 가구들을 적절한 위치에 배치하고, (가상의) 문은 어디에 있는지, 난로는 어디에 있는지, 어떤 실제 소도구들이 대용품들로 표현되는지를 결정하는 등 시간을 가지고 장면의 무대장치를 설정하라. 장면의 이러한 요건들에 대해 필요한 만큼은 관객들에게도 알려야 한다. 당신은 장면을 아주 간략하게 소개해야 하는데, 이때 장면 자체로는 분명하지 않은 필수적인 세부사항들을 설명해야 한다.

　　그런 다음 당신과 당신의 상대는 시작하는 위치로 가서 **준비**해야 한다. 이러한 준비에 걸리는 시간은 지도교사의 지침에 따라 차이가 있다. 어떤 배우들은 1분 또는 그 이상의 아주 긴 시간을 갖기를 원한다. 하지만 5～10초 정도의 가능한 한 짧은 시간 내에 준비할 수 있는 요령을 터득하는 것이 도움이 된다.

비록 짧지만 당신의 준비는 포괄적이어야 한다. 그 준비에 포함되어야 할 내용은 다음과 같다.

- 팔을 흔든다거나, 발길질을 한다거나, 전신을 구부린다거나, 주먹으로 손바닥을 세게 치는 등의 동작으로 간단히 몸을 푼다.
- 당신의 상대에게서 가장 매력적이거나 두려운 점이 무엇인지에 대해 재빨리 알아본다.
- 장면의 상황에서 무엇이 당신을 **흥분시키는지** 잠깐 생각한다. 당신의 등장인물에게 생길 수 있는 가장 좋은 일은 무엇인가?
- 장면의 상황에서 무엇이 당신을 **겁나게** 하는지 잠깐 생각한다. 당신의 등장인물에게 생길 수 있는 **가장 나쁜** 일은 무엇인가?
- 다음과 같이 마지막으로 GOTE를 점검한다. "나는 그(**다른 사람**)에게 이런저런 것(**전술**)을 함으로써 이것(**목표!**)을 획득할 거야(**기대!**). 그리고 난 그걸 지금 당장 획득할 거야!"

다소 장황하긴 하지만 이러한 준비 과정을 통해 당신은 자기 자신(연기를 배우는 학생)으로부터 빠져나와 장면의 등장인물 속으로 빠져들게 된다. 이런 신속한 준비 과정 중에 당신은 연극 속으로 들어가서 상황이 당신을 위해 마련해놓은 흥분을 분명히 파악하고, 당신의 등장인물이 직면한 기쁨과 고통의 가능성을 살펴보며, 당신의 연기 상대를 동료 학생이 아니라 당신이 심각하게 필요로 하거나 함께 추구하는 등장인물로 보게 될 것이다.

무대 공포를 없애는 가장 좋은 방법은 다른 등장인물에게 집중하고, 당신(당신의 등장인물)이 그 다른 등장인물이 하거나 믿기를 바라는 것에 집중하는 것이다. 그러한 집중은 당신의 에너지를 한데 모으고, 재능을 발산시키고, 선택을 체계화한다. 그것은 당신이 관객을 잊게 해주고, 외부로부터가 아니라 내면으로부터 장면을 표현할 수 있도록 해준다. 그것은 당신을 단지 혼란스럽게 만들고 당신의 등장인물의 에너지를 분산시킬 수 있는 눈, 즉 당신의 배역 바깥쪽에 지속적으로 존재하는 '연출가의 눈'을 제거하는 데 도움을 준다.

상연 중에 "내가 어떻게 하고 있을까?" 혹은 "내 다음 대사가 뭐지?"라고 묻기보다는, 다음과 같은 질문을 스스로에게 던져야 한다.

◆ 내 상대의 얼굴이 붉어졌나?

◆ 내 상대(내 상대의 등장인물)가 진실을 말하고 있을까?

◆ 그는 나를 사랑할까?

◆ 그녀가 굴복할까?

◆ 내가 좀 더 세게 압박해야 하나? 좀 더 부드럽게? 그가 서두르도록 만들까?

◆ 그녀가 더 잘 듣게 할 수 있을까? 더 잘 이해하게? 날 더 잘 이해하게? 더 관심을 갖게? 날 더 좋아하게?

당신이 상대의 등장인물에게 더 집중하면 할수록 관객을 덜 의식하게 될 것이다. 당신이 상대의 등장인물에 대해 더 많은 사실적인 질문을 던질수록 장면에 더 몰입하게 될 것이며, 더 많은 실제 상황을 창조할 것이다.

결과를 위한 연기—다른 등장인물 속으로!

배우들은 수업시간에 이루어지는 상연에서 자신들이 결과에 집중해야 하는지, 아니면 연기의 과정에 집중해야 하는지를 종종 묻는다. 이러한 문맥에서 **결과**라는 단어가 두 가지로 해석될 수 있음을 모를 경우, 그 대답은 혼란을 야기할 수도 있다.

그중 하나는 관객이 보게 되는 결과, 다시 말해 극적 효율성이다. 이러한 맥락에서 초보 배우가 매우 정교한 연극적 결과, 즉 성숙하고 세련된 보다 전문적인 공연을 보여주려고 한다면 그것은 잘못될 확률이 매우 높다. 다른 이유들 중에서 특히 무대장치, 조명, 연출가, 조연 배우, 몇 주간의 리허설, 그리고 무엇보다도 '실재하는'(그리고 까다로운) 극장 관객 없이 그런 전문적인 공연은 결코 이루어질 수 없다. 수업 시간에는 좋은 선택을 통해서, 그리고 등장인물의 목표, 전술, 기대에로의 당신의 적극적 관여를 통해서 배역을 발전시키는 과정에 집중하는 편이 더 낫다.

하지만 과정의 몇몇 요소들은 어떤 결과를 얻고자 노력하는 것을 포함한다. 여기서 결과는 관객이 아닌 다른 배우 혹은 배우들이 보게 되는 결과를 말한다. 장면에서의 당신의 목표가 다른 등장인물이 당신을 사랑하도록 만드는 것이라면, 장면이 진행되는 동안 다른 배우가 당신을 사랑하도록 만들려고 노력하라. 만일 당신이 다른 등장인물을 위협하려 한다면, 그 배우를 위협하라. 사실적이고 육체적인 결과를 만들려고 노력하라. 다른 배우가 땀 흘리거나, 긴

＊ 1950~ . 미국 태생. 영화 〈위험한 유혹 *Swing Shift*〉(1984), 〈허공에의 질주 *Running on Empty*〉(1988), 〈닥터 *The Doctor*〉(1991), 〈하이드어웨이 *Hideaway*〉(1995) 등에 출연. 뉴욕비평가협회 여우조연상(1984), LA비평가협회 여우주연상(1988) 수상. 단편영화 〈마이 퍼스트 미스터 *My First Mister*〉를 감독하여 아카데미 단편영화상(2001)을 수상하기도 했음.

장을 풀거나, 미소 짓거나, 웃거나, 울거나, 토하도록 만들려고 노력하라. 다른 배우가 공포감이나 동경심으로 심장이 뛰거나 일어서지 못하도록 만들려고 노력하라. **관객이 아닌 다른 배우에게서 결과를 구하라.** 만일 당신의 연기 상대로부터 반응을 이끌어낸다면, 당신은 또한 당신을 주시하는 관객에게도 강한 영향을 줄 것이다.

배우들은 어느 정도의 현장 순발력이 실제 공연에 관여하는지에 따라 상당한 차이를 보인다. 따귀를 때리거나 밀거나 하는 것처럼 잠재적으로 폭력적인 신체 행위는 충분히 리허설해야 하고, 리허설한 대로 정확히 연기되어야 한다. 성적인 접근 또한 이와 비슷하게 준비되어야 하는데, 무엇을 하게 될지 그리고 무엇을 하지 말아야 할지에 대해 두 상대 모두가 합의하고, 그러한 합의는 공연 중에 반드시 존중되어야 한다. 그리고 연출된 연극에서의 액션은 (무대 위에서의 즉흥연기를 허락할 수도 안 할 수도 있는) 연출가의 지시에 따라 리허설한 대로 틀림없이 연기되어야 한다. 하지만 연기 수업은 상연 중의 즉흥연기를 위해 상당한 여지를 남겨둔다. 종종 충동적으로 취해진 액션이 신중하게 리허설한 액션보다 오히려 더 나은 경우도 있다. 연기 수업은 실험을 위한 장이어야 하며, 당신은 연기 방식 자체를 실험하기 위한 충분한 여지를 스스로에게 마련해야 한다.

당신은 마지막 대사나 무대 액션이 끝나면 약간의 '사이'를 둔 후 '장면' 혹은 '커튼'이라는 말을 하면서 당신의 장면을 끝내야 하며, 그런 다음 별다른 지시사항이 없을 경우 당신의 자리로 돌아가야 한다. 이때 얼굴을 찌푸린다거나, 상대를 노려본다거나, "내 생각엔 별로였던 거 같아, 안 그래?"라고 말하듯이 어깨를 으쓱해서도 안 된다. 당신의 연기와 상대의 연기를 존중하는 법을 배워라. 궁색한 변명을 하거나, 상대를 비난하거나, 책임을 회피하려 들지 말라. 만약 상연 중에 무엇인가가 잘못되었다면, 당신은 그 장면을 다시 하자고 분명히 요청할 수 있어야 한다. 뭔가 잘못되지 않았느냐고 누군가가 당신에게 묻는다면, 다른 누군가에게 책임을 전가하기보다는 사실대로 말해야 한다. "조가 자기 대사를 까먹었어."라고 말하기보다는 "우리가 대사 일부를 빠뜨렸어."라고 말하는 것이 더 적절하다. 장면을 망쳤다고 상대를 공개적으로 비난한다면 그 장면을 효과적이고 감각적으로 다시 연기하기가 더욱 힘들어질 것이다.

장면을 상연한 다음 당신은 마음속으로 재빨리 재검토해야 한다. 당신은 집중했는가? 목표를 추구했는가? 상대를 감동시켰는가? 그를 놀라게 했는가? 당신이 리허설에서 가장 잘했을 때만큼 집중하고, 강렬하고, 자유롭고, 편안했는가? 그렇지 않다면, 왜 그랬는가?

무엇보다 중요한 것은 당신의 상연을 통해 무엇인가를 배울 태세를 갖추는 것이다. 연기 수업은 배우는 것이지 재능을 뽐내는 것이 아니다. 당신은 맡은 배역을 열심히 연습했고, 대사를 암기했으며, GOTE 목록을 발전시키고 연구했으며, 장면을 리허설했으며, 유창하고 활기 있게 상연했으며, 그리고 이제는 비평을 기다리는 중이다. 당신의 급우들은 칭찬에 인색할 수도 있다. 당신의 지도교사는 당신의 '문제들'에 대해 비관적으로 언급할지도 모른다. 당신의 연기 상대는 멀찌감치 떨어져서 의도적으로 당신을 피할지도 모른다. 당신이 무엇을 잘못한 것일까?

당신은 잘못한 게 없다. 연기 수업에서 당신은 배우는 중이고, 아직도 갈 길이 멀다.

요약

무대 공포는 모든 배우들에게 영향을 미칠 수 있으며, 당신이 장면을 연구하고, 무대화하고, 리허설하는 과정에서 성취했다고 생각했던 결과를 훼손할 수도 있다. 적절한 준비성과 강한 집중력은 무대 공포의 효과를 줄이는 역할을 하고, 무대 상호작용에서 신체적 결과들을 추구하도록 하며, 블로킹과 억양에 관한 비본질적인 문제들에서 장면을 즉흥적으로 유지시키기도 한다. 장면이 끝난 후 당신은 사과하는 일 없이 무대를 떠야 하고, 준비와 선택의 관점에서 당신의 연기를 재검토해야 한다.

제14강

평가와 개선

유익한 비평

많은 수정을 거친 글이 가장 좋은 글이라는 말을 종종 듣게 되는데, 이는 연기에서도 마찬가지이다. 장면은 당신이 다른 사람들 앞에서 처음 연기할 때 '완성되는' 것이 아니다. 전문적으로 제작된 연극이라 할지라도 가장 훌륭한 형태는 공연이 시작되고 몇 주 또는 몇 달이 지난 뒤에야 갖춰지며, 연기가 무르익고 원숙해지려면 긴 시간이 필요하다. 배우로서 당신은 연기의 군살을 걷어내고, 장점을 알아내고, 거친 부분을 세련되게 다듬어야 할 필요가 있다.

　당신이 분별 있는 비평에 대해 긍정적으로 반응하고 연기하는 과정에 전보다 더 깊이 관여한다면, 그러한 비평과 재정비를 통해 대부분의 장면들은 현저하게 개선될 것이다.

　당신의 연기 장면에 대한 비평, 특히 가혹한 비평을 듣고 가장 먼저 깨달아야 할 것은 당신이 그렇게까지 **형편없지** 않았다는 사실이다. 우리들 대부분이

연기는 통달할 수 없다

연기는 나를 매료시킨다. 아무리 해도 잘할 수 없는 것이 바로 연기다. 연기를
통달할 수는 없다. 규칙들은 항상 바뀐다. 연기는 정말 멋진 훈련이다.

—윌렘 대포Willem Dafoe*

* 1955~ . 미국 태생. 뉴욕의 실험연극 극단 우스터 그룹The Wooster Group에서 연극배우로 활동
하다가 〈사랑 없는 사람들 The Loveless〉(1982)로 영화 데뷔. 〈플래툰 Platoon〉(1986), 〈미시시피
버닝 Mississippi Burning〉(1988), 〈그리스도 최후의 유혹 The Last Temptation of Christ〉
(1988), 〈클리어링 The Clearing〉(2004) 등 70여 편의 영화에 출연.

부정적인 평가에 대해 지나치게 반응하지만, 배우란 자고로 악의적이고 냉소적
인 비평을 듣고도 백 번이나(최소한 순간적으로는) 배우이기를 포기하지 않는 정
말 보기 드문 사람이다.

그러나 당신이 깨달아야 할 두 번째 것은 당신은 아마 **훌륭하지도** 않았을
것이라는 사실이다. 물론 당신의 연기는 조명과 의상이 받쳐줬다면, 혹은 적당
한 소도구들이 있었다면, 혹은 누구누구가 대사를 까먹지 않고 **당신의** 첫 번째
큐를 날려버리지만 않았다면, 더 괜찮았을는지도 모른다. 하지만 당신이 해야
할 일은 여전히 남아 있으며, 그것을 함으로써 당신은 크게 발전할 수 있다.

그 첫 단계는 누구의 비평이든 간에 단순히 그것을 경청하는 것이다. 물론
당신이 특별히 의견을 신뢰하는 동료들이나 선생들이 있겠지만, 관객은 동료들
보다는 낯선 사람들, 배우들이나 연기 선생들보다는 배우가 아닌 사람들로 구
성되어 있다는 사실을 알아야 한다. 만일 **누군가**가 당신의 장면이 개선될 수 있
다고 생각한다면, 비록 그 누군가가 그것을 개선할 방법을 모른다 할지라도, 그
것은 아마 개선될 수 있을 것이다. 당신이 비록 제시된 진단과 치료법을 수용하
지 않을지라도, 비평의 타당성은 수용하라.

당신이 비평을 들을 때면 다음 질문들에 대해 답해보라. 그들은 무엇을 싫
어했는가? 그들은 이야기를 이해했는가? 관계는? 그들은 들을 수 있었는가?

그리고 무엇보다, 그들은 관심을 가졌는가? 그것은 물론 연극의 필수 조건이다. 어느 누구도 관객이 등장인물에게 관심을 갖도록 하지 않는다는 것을 기억하라. 그들이 관심을 갖도록 하는 것은 당신의 일이다. 만일 그들이 관심을 갖지 않았다면, 당신이 얼마나 '옳았던' 간에 당신은 성공한 것이 아니다.

비평을 통해 많은 것들이 말해지는데, 그중에는 현명한 것들도 있고 엉뚱한 것들도 있기 마련이지만, 그들 모두에게서 배울 것들이 있다. 다음은 앞으로 당신의 연기를 개선할 수 있도록 제안하는 가장 일반적인 비평들이다.

표시indicating와 도취indulging는 초보 배우들에게 가장 흔한 문제들이다. 그것들이 동일한 문제는 아니지만, 두 가지 모두 액션보다는 감정의 연기와 더 관련이 있다.

표시란 표면 연기라고도 하며, 당신이 등장인물의 의도나 장면의 GOTE를 연기하기보다는 등장인물의 감정을 보여주려고 노력하는 것을 의미한다. 예를 들어, 장면을 읽는 과정에서 등장인물이 분명 슬플 것이라 단정하고 '슬픔'을 연기한다면, 당신은 그것을 스스로 경험하지 않으면서 관객에게 단순히 그런 감정을 나타낼 뿐이다. 한편 당신이 "나와 결혼해줘."라고 말하는데 상대가 "날 내버려둬."라고 말한다면, 당신은 슬퍼하게 될 것이며 그것을 나타낼 필요가 없다. 더 나아가서 당신은 '슬퍼 보이는' 대신 그 순간 미소 짓는(말하자면, 그의 마음을 돌려놓으려고 미소 짓는) 자기 자신을 발견할 수도 있다. 그러므로 등장인물의 추정된 감정의 표시는 두 가지 다른 이유, 즉 관객에게 보이기 위한 가짜 감정을 만들어낸다는 점과 당신이 비현실적이면서 흔히 연극적이지도 않은 선택들을 하도록 이끈다는 점에서 잘못된 것이다.[1]

도취란 주로 감정을 겉으로 나타내는 능력을 보여주기 위해 최대한으로 감

---

[1] 감정을 나타내는indicating 것은 대개 연기 결함으로 여겨지는 한편, 사물(또는 사람이나 장소)을 손짓, 고 갯짓, 몸짓으로 적당히 가리키는indicating 것은 전혀 문제가 없으며, 많은 경우에 바람직하다. 제19강 '지 시Pointing' 참조.

정을 연기하는 것을 의미한다. 앞의 예에서 표시하는 배우는 슬퍼 보이기 위해 노력하겠지만, 도취하는 배우는 고뇌와 절망 속에서 나오는 듯한 울음을 터뜨릴 것이다. 도취는 당신을 기분 좋게 만들 수도 있고, 혹은 적어도 당신이 극도로 연기하고 있다고 느끼게 할 수도 있지만, 그것은 등장인물의 상태나 감정보다는 당신의 연기에 주목하게 만들므로 거의 효과적이지 않다.

연극에서 감정은 항상 어떤 상황과 관계 속에서의 등장인물의 행위에서 비롯되어야 한다. 감정을 불러일으키는 가장 좋은 방법은 당신의 GOTE 목록을 대담하고 섬세하게 연기하는 것이다. 다시 말해, 그것은 실재 인물들(당신의 장면 상대)과 함께, 그리고 그들을 통해, 실재 전술들을 사용하여 실재 목표들을 직접적으로 추구함으로써 당신의 감정을 자극하는 것이다. 감정을 불러일으키는 가장 나쁜 방법은 어떤 감정을 표현할지 결정하고 당신 스스로 그런 감정을 만들어내려고 애쓰는 것이다.

표시되었거나 도취되었다고 비평된 장면을 재정비하기 위해 당신의 목표와 다른 배우와의 당신의 상호작용에 특별히 주목하여 GOTE 목록을 다시 연구하라. 도취되었다고 분류된 장면을 위해 당신은 기대에 대해 다시 생각해보고, 어떻게 그 장면을 보다 명확하게 연기할 수 있는지를 알아봐야 한다. 또한 도취라고 비평된 장면에서 시간 요소들을 고려하라. 당신은 상대를 충분히 재촉하고 있는가? 당신이 지금 원하는 것을, 그것에 대해 실컷 울고 나서가 아니라 **지금 당장** 원하는 것을, 당신은 원하고 있는가? 장면의 관심사는 당신의 등장인물이 원하는 것을 얻는 것이지, 그 과정에서 불필요한 눈물을 흘리는 것이 아님을 명심하라.

그 장면은 지루했어! 어느 누구도 당신의 장면이 지루했다고 대놓고 말하진 않겠지만, 만약 관객의 주의가 산만해지고 거의 아무런 반응이 없었다면, 당신은 상상력을 자극하는 데 실패했다고 확실히 말할 수 있다.

장면이 지루해지는 데는 여러 가지 이유가 있지만, 대개 선택들이 소극적이고 일반적이며 그 근원적인 관계가 지나치게 지적이고, 합리적이고, 품위 있기 때문이다. 어느 누구도 선정적이거나 폭력적인 장면을 볼 때, 그것이 아무리 서투르게 연기된다 하더라도 지루해하지 않는다. 당신의 선택들을 다시 생각해 보고, 성적 또는 위협적 가능성이 잠재하는지 장면을 다시 검토하라. 당신의 상대에게 개인적으로 접근하라. 당신의 전술들을 강화하라. 그 장면이 당신에게 매우 활기 있는 어떤 것, 즉 당신의 몸과 마음에 영향을 줄 수 있는 어떤 것을 의미하도록 만들라. 승리와 패배에 대해 더 강렬하게 상상하라.

잘 안 들렸어! 이런 흔한 비평은 두 가지 방법으로 해결될 수 있다. 첫째, 당신이 관객에게 더 터놓고 얘기할 수 있도록 장면을 다시 배치하라. 만일 그것이 남녀 간의 은밀한 장면이라면, 당신이 속삭일 수 없도록 당신과 상대 사이에 거리를 더 두어라. 그런 다음, 장면에서 목소리를 높일 수 있는 **이유**를 찾아라. 만약 당신의 대사가 "사랑해"이고 당신이 그 대사를 속삭이고자 한다면, 그런 의향 자체를 바꿔 온 세상이 들을 수 있도록 대사를 말하라!

모든 배우는 어떤 경우에라도 자신의 목소리가 들리도록 해야 하는 의무가 있다. 테크닉을 다루게 될 이 책의 5부에서는 당신에게 도움을 주는 몇몇 구체적인 방법들이 제안될 것이다. 하지만 당신은 배워가는 과정의 어느 시점에선가 대사가 들리도록 하는 것이 배우로서 **당신**의 책임이며, 경우에 따라서는 가장 중요한 책무라는 사실을 깨달아야 한다.

배우의 대사가 관객에게 들리지 않는다면, 무대 위의 다른 배우들에게도 종종 들리지 않을 수 있다. 다시 말해, 그 배우는 자신이 동일한 상황에서 일상적으로 말하는 것보다 더 조용히 말하고 있는 것이다. (일상에서 우리가 하는 말이 대화 상대에게 들리지 않는 경우는 거의 없다.) 여기서의 문제는 바로 무대 공포이다. 당신이 단순히 '사실적이었기' 때문에 들리지 않았다고 절대 변명하지 말라. 아마 당신은 비연극적이었을 뿐 아니라 비사실적이었을 것이다.

훌륭했어! 당신의 장면에 대한 가장 파괴적인 비평은 때때로 지독한 칭찬이다. 극구 칭찬받은 장면을 어떻게 당신이 다시 작업할 수 있겠는가? 당신은 그러한 칭찬을 더 잘하라고 하는, 그리고 스스로에게 당신이 더 잘할 수 있음을 보여주라는 자극으로서 받아들여야 한다.

연기를 할 때 "정말로 훌륭해."라는 칭찬만으로는 충분하지 않으며, 어떠한 칭찬도 당신이 배우의 예술 속으로 더 깊숙이 빠져들려고 노력하는 것을 막아서는 안 된다. 실제로 '정말로 훌륭한' 배우는 백만 명 중에 하나, 아마 한 세대에 하나뿐일 것이다. 연기는 그 예술적 지위를 정당하게 인정받은 그런 드문 전문 직종들 중의 하나이며, 최고의 경지에 이른 배우들은 시대를 초월하여 몇 세기에 걸쳐 기억될 불후의 명성을 지닌 사람들이다. 당신은 이미 그 경지에 이르렀는가? 물론 그렇지 않을 것이다. 그것이 좋은 의도이든 진심이든 간에 당신의 잠재력을 최고로 발휘하는 데 방해가 되는 칭찬은 절대 용납하지 말라.

재작업

당신의 작업을 구체화하도록 도울 수 있는 비평들을 종합하여 당신의 상대와 함께 예비 발표에 대한 평가를 마쳤을 때, 당신의 장면은 당신이 분리시킬 수 있는 특정한 문제들에 집중하려는 목적에서 리허설될 수 있다. 이 시점에서 당신은 자유롭다는 느낌을 경험해야 한다. 당신은 이미 한 차례 이 장면을 연기해 봤고, 당신의 '첫날밤' 공포감은 사라졌으며, 당신은 이제 **당신 자신**을 움직이는 작업을 할 수 있다. 이 단계에서 진지한 학생들과 그렇지 않은 학생들이 구분되는데, 여기서부터는 힘든 작업, 즉 반드시 바로 만족을 주지는 않는 작업, 첫 공연에서처럼 즉각적 전율을 느낄 수 없는 작업이 시작되기 때문이다.

당신과 당신의 상대가 신뢰하는 동료 학생 하나를 선택하여 다시 작업하는 리허설을 지켜보고 문제들이 개선되는 것처럼 보이는지 판단해달라고 요청하

라. 때로는 녹음기나 비디오캠코더가 (그런 장비를 마련할 수만 있다면) 비평가들이 봤던 것을 찾아내고 고치는 데 가장 유용한 것일 수 있다.

당신의 작업은 반드시 개선되는 것은 아니며, 실제로 경우에 따라서는 악화될 수도 있다. 때로는 장면이 당신에게 그냥 적합하지 않거나, 당신이 그것을 할 준비가 되어 있지 않거나, 당신과 당신의 상대 사이의 공감대가 사라지기도 한다. 그러나 변명 따위로 물러서거나 조급하게 비난하지 말라. 모든 장면을 가장 멋지게 만드는 것도, 모든 상대를 최고로 만드는 것도, 모든 배역을 가장 마음에 들게 만드는 것도, 당신이 해볼 만한 일이다. 지금이든 나중에든 어느 누구도 당신을 위해 이 일을 해주지 않을 것이다. 재작업은 열성적이고 헌신적으로 접근되어야 하며, 신속한 성공으로 보상되지 않을 것임에도 불구하고 집요하게 이루어져야 한다.

당신은 대개 재작업한 장면을 다시 발표하는 기회를 가질 것이다. 만일 이때 당신에게 선택의 여지가 있다면, 당신의 접근법을 다시 생각해보는 데 진지한 노력을 기울여 당신의 연기를 획기적으로 바꿨을 때에만 그런 발표에 임해야 한다. 더 나은 감정과 갑작스런 영감을 단순히 기대하지 말라. 재작업도 **작업**이며, 그것을 이해하지 못하고는 당신은 개선된 점을 거의 보여주지 못할 것이다.

◆ 연습 14-1

장면 발표

당신의 연기 상대와 장면을 선택하라. 3부에 있는 모든 강의들을 따라 장면을 암기하고, 연구하고, 리허설하고, 무대화하고, 발표하라. 그런 다음, 수업 중에 나온 비평을 참고하여 동일한 장면을 다시 연구하고, 다시 무대화하고, 다시 리허설하고, 다음 수업시간에 다시 발표하라.

....

요약

배우의 교육은 첫 공연으로 끝나지 않으며, 공연은 배워가는 과정의 단계일 뿐
이다. 심지어 좋은 연기도 비평의 대상이 되고, 다시 연구되고, 다시 리허설되
고, 보다 효과적으로 다시 발표될 수 있다. 비평을 어떻게 받아들이고 (조금 더
확실히 말하자면, 비평을 어떻게 간청하고), 그것으로부터 어떻게 배우고, 그것에 의
해 어떻게 발전하는지를 터득하는 것은 당신에게 달려 있다. 발전은 반드시 지
속되는 것이 아니며, 반드시 쉬운 것도 아니다. 최고의 결과는 노력과 약간의
마법을 필요로 하지만, 최상의 연기는 언제나 끊임없는 근면을 통해 성취된다.

PART

IV

배우의 도구

2부와 3부는 극중 배역에 대한 접근과 준비 작업, 즉 연기의 과정과 관련된 것이다. 그에 해당하는 열두 개의 강의를 숙달한 사람이라면 누구나 '연기하는 방법'을 배웠다고 말할 수 있을 것이다. 그러나 배우가 된다는 것은 연기하는 방법을 배우는 것보다 훨씬 더 많은 것을 의미한다. 그것은 또한 훈련되고 활용 가능한 연기 **도구**가 된다는 것을 의미한다.

연기 도구는 외모, 언어와 동작 능력, 정서적 심도, 지성, 정신과 육체의 조화, 타이밍 감각, 드라마 감각, 공연 기술 등 배우의 개인적 특성과 능력으로 이루어진다. 배우는 연주자와 연주되는 악기 두 가지 모두를 의미하며, 다시 말해 배우는 바이올린 연주자가 바이올린을 연주하는 것과 거의 동일한 방법으로 자기 자신을 연주하는 것이다. 조금 더 비유를 하자면, 배우는 바이올린 연주자와 마찬가지로 임무를 완수하기 위한 자신의 접근이나 헌신이 얼마나 훌륭한지와 상관없이 그 도구 이상이 될 수 없다고 말할 수 있다. 따라서 배우는 다재다능하고 뛰어난 도구를 지님으로써 보상받거나 자신의 열정, 감수성, 흥분 또는 활력으로 명령을 수행할 수 없게 만드는 둔감하고 훈련되지 않은 도구를 지님으로써 주저하게 된다.

배우가 되려는 모든 이들의 기본적인 목표는 광범위한 전술에 활용될 수 있고, 다양한 배역에 생명을 불어넣을 수 있는 도구를 계발하는 것이다. 물론 타고난 연기 재능이 배우로서의 경력을 지속하는 데 거의 확실한 요인이지만, 이제는 그 어느 때보다 훈련된 연기 도구가 전적으로 필요하며, 어쩌면 그 이상으로 필요할지도 모른다. 오늘날의 연극은 배우 훈련 프로그램을 통해 실질적인 훈련을 마친 배우들을 찾기 마련이다. 대부분의 젊은 연극 배우들이 전문 배우의 길로 들어서기 위해 거친 훈련의 양을 과소평가하지 말라. 일반적으로 미국의 지역 전문 극단에서 연기를 시작하는 배우는 학부 연극 학위, 대학원 학위M.F.A. 또는 전문 배우 훈련 프로그램 학위, 그리고 2~3년간의 비전문적인 수습 배우나 반전문적인 극단 경험 등을 갖고 있다고 보면 된다. 그리고 이것은 이따금씩 행해지는 상투적인 수업이 아닌 **집중** 훈련이다. 대부분의 전문 배우 훈련 프로그램들은 학생들이 약 3년간에 걸쳐 매주 30~70시간의 수업과 리허설을 소화하도록 되어 있다.

당신은 몇 주 또는 몇 개월 내에 전문 배우의 도구를 갖게 되지 않을 것이며, 이 4부가 당신이 초급 수준을 넘어서는 연기를 할 수 있길 원한다 하더라도 당신이 앞으로 작업할 것에 대한 개요 그 이상을 제공하지도 않을 것이다. 하지만 당신의 도구를 계발하기 시작할 때가 지금이다. 왜냐하면 당신의 도구를 어떻게 '연주'하는지를 배우면서, 당신은 좀 더 훌륭한 도구를 갖길 원할 것이기 때문이다.

제15강

배우의 음성

호흡

대부분의 사람들은 음성을 배우의 도구 중 가장 중요한 요소로 생각한다. 연기에 관한 가장 중요한 세 가지 관점이 무엇이냐는 질문을 받았을 때, 19세기의 위대한 스타 (그리고 스타니슬라프스키가 총애했던) 토마소 살비니Tommaso Salvini는 "목소리, 목소리, 그리고 또 목소리"라고 말했다. 이제는 확실히 살비니 시대의 웅변조 스타일에서 벗어났지만, 유연하고 당당하고 매력적인 음성은 여전히 중요하다.

음성은 하루 만에 가르칠 수 있는 것이 아니며, 가장 성공적인 음성 훈련 프로그램들은 적어도 2년, 대개는 3년 과정이다. 그 3년 동안 매주 또는 격주로 수업이 진행되고 **매일** 한 시간가량의 훈련이 계속된다. 우리는 모두 오랜 기간에 걸쳐 자신의 음성을 사용해왔기 때문에, 뿌리 깊은 습관을 버리는 방법을 반드시 배워야 한다. 게다가 우리는 내심 자신이 말하는 방식을 좋아하기 때문에 그러한 버리기 자체를 거부하려는 경향이 있고, 배우의 가장 힘든 임무 중의 하나는 호흡법을 배우면서부터 시작되는 음성 개선에 필요한 조치들을 신뢰하는 법을 터득하는 것이다.

호흡은 생명의 기초인 것처럼 음성의 기초이기도 하다. 영어로 'inspire'라는 단어는 '**정신**spirit(호흡을 뜻하는 라틴어 spiritus에서 유래)을 키우다.' 라는 뜻만이 아니라 '숨을 들이쉬다.' 라는 뜻도 가지고 있다. 호흡한다는 것은 잠자는 것만큼 자연스러운 일이지만, 예외가 있다면 두 가지 모두 관객의 시선을 받고 있을 때는 자신을 의식하지 않으면서 할 수 없다는 것이다. 배우의 목표는 공연에 대한 압박감 아래서도 자연스럽게 호흡하는 것이며, 다른 어떤 활동에서보다도 연기에서 더 요구되는 음성을 뒷받침하기 위해 충분한 폐의 힘(발성력)을 기르는 것이다.

하품은 이완된 신체에서 비롯되며 자연스러운 방식으로 풍부한 양의 공기를 흡입하기 때문에 이상적인 호흡 방법이다. 하지만 배우는 아마도 체호프의 작품을 제외하고는, 연극을 하면서 계속 하품을 할 수는 없다. 하품을 할 때 당신은 아마 가슴으로부터가 아니라 배로부터 숨을 쉴 것이다. 그리고 바로 그곳이 배우의 기본 호흡이 생성되는 지점이다. 많은 초보 배우들의 특징이라 할 수 있는 얕은 흉식 호흡은 긴장과 자의식의 결과이며, 여기서 긴장이란 어두운 뒷골목에서 노상강도와 맞닥뜨렸을 때 얕은 호흡을 야기하는 것과 같은 긴장이다. 최대한 깊은 신체 호흡은 음성을 충분히 뒷받침해주고 신체를 충분히 이완시켜준다.

복식호흡하기

복근을 이용하여 심호흡하라. 하품을 하며 두 팔을 뻗고는 다시 숨을 쉬어라. 무릎을 올리고 등과 발을 바닥에 댄 채 누워라. 숨을 쉬면서 배의 움직임을 주시하고 가슴의 움직임은 최소화하라. 이제 일어나서 팔을 자유롭게 흔들고 들이쉬는 공기의 맛을 음미하면서 방안을 걸어 다녀라.

발성: 소리 만들기

기묘하게도 어떻게 소리가 사람의 음성에 의해 만들어지는지 확실히 아는 사람은 아무도 없다. 소리는 (성대라고 불리는) 진동하는 목 안의 주름을 통해 통과하는 공기에 의해 발생한다고 알려져 있지만, 클라리넷 리드reed*처럼 공기가 주름을 진동시키는 것인지, 아니면 바이올린 줄처럼 주름이 공기를 진동시키는 것인지가 후두 과학자들(음성 전문가들) 사이에서 중대한 논쟁거리이다. 당신의 음성(발성)으로 소리를 만드는 것은 자연적으로 습득된 현상이지만, 배우는 음성을 일상적 기능 이상으로 연마해야 한다.

　가장 쉽게 만들 수 있는 소리는 모음 '아' 인데, 가능한 한 목구멍을 최대한 개방하고 이완시킴으로써 이 소리를 만들 수 있다. '아' 는 가수들과 배우들이 일상적으로 목소리를 가다듬고, 음계를 연습하고, 공명과 목소리의 힘을 키우기 위해 익히는 모음이다.

＊ 관악기에 붙이는 탄력성 있는 얇은 조각. 입으로 불어 공기를 보내면 진동하면서 소리를 냄.

소리 내기

복식호흡을 하면서 다음 중 한 가지 방법으로 숨을 내쉬며 '아' 소리를 내라.

1. 아 하 하 하 하 하 하
2. 파 파 파 파 파 파 파
3. 아~~~~~~~~~~ (음계를 내려가면서)

이번에는 몸을 좌우로 돌리며 방안을 걸어 다니면서 위와 같은 소리를 내되, 매 호흡의 끝으로 가면서 소리를 점점 더 크게 내라.

4. 아 하 하 하 하 하 하 하 하! **하!!**
5. 파 파 파 파 파 파 파 파 파! **파!!**
6. 아~~~~~~~~~~**〜**! (음계를 내려가면서)

소리를 크게 낼 때 어떤 일이 발생하는가? 성대가 더 빨리 떨리는가? 아니다. 더 빠른 진동은 단지 음성의 **높낮이**를 높일 (음계상으로 더 높은 음을 내게 만들) 것이다. 소리의 크기(음량)는 원래 발성이 아닌 **공명**의 기능이다.

공명

공명은 성대에서 나는 소리의 울림이다. 울림은 단순한 현상이다. 소리굽쇠에서처럼 진동은 소리를 만들지만, 그것은 또한 스스로 소리를 만드는 또 다른 (공명하는) 진동을 만든다. 공명에 의해 생긴 이 파생적인 소리는 종종 원래 소리굽쇠가 만들어낸 소리보다 더 크고 풍부하다. 예를 들어, 빈 시가 상자cigar box를 마주보고 부딪친 소리굽쇠는 그 상자 안에 있는 공기의 공명 현상 때문에 원래 소리보다 훨씬 더 크게 증폭된 소리를 만들어낸다.

인간의 음성에서 나오는 대부분의 실제 소리는 음성 기관 내부에 있는 세 개의 '시가 상자', 즉 성대 위에 위치한 인후강咽喉腔, 구강口腔, 비강鼻腔 등의 공명으로 만들어진다. 성대에 의해 처음 진동된 공기는 이 세 개의 빈 강腔들을 통과하여 그 조직들은 물론 그것들 내부에 있는 공기에 공명을 만들어내고, 그렇게 해서 각 개인의 공명 능력의 독특한 형태와 크기의 특징을 나타내는 풍부하고 충분히 발성된 소리가 나오게 된다. 공명은 상당 부분 생물학적으로 결정되는데, 실제로 '성문' 聲紋은 지문指紋만큼이나 확실하게 개인을 식별해낸다. 하지만 우리는 또한 우리가 만들어낼 수 있는 공명의 양을 어느 정도 조절하는 능력을 갖고 있다. 제대로 훈련만 된다면, 이러한 조절 능력은 음성의 힘, 음질, 음색, 특징 등을 알맞게 바꿀 수 있다.

배우에게 요구되는 공명은 대부분의 다른 직업인들에게 요구되는 공명보다 훨씬 더 크기 때문에 사실상 연기를 공부하는 **모든** 학생들은 이를 향상시켜야 할 필요가 있다. 배우는 매일 몇 시간씩 계속해서 충분한 소리를 낼 수 있도록 준비되어 있어야 하고, 설득력 있게 전달해야 하며, 또 공명의 미묘한 단계적 변화들을 지닌 도구, 다시 말해 즉각적으로 끄집어낼 수 있도록 '공명이 비축된 도구'를 자유자재로 '이용할' 수 있어야 한다. 공명은 배우가 목에 무리를 주지 않으면서 음성의 크기와 힘을 향상시킬 수 있는 한 방법이다. 또한 공명은 각각의 강腔들이 당신에게 유리하게 사용될 수 있도록 만드는 한 방법이며, 따라서 조심스럽게 연마되어야 하는 음성의 자산이다.

그렇지만 어떻게 공명을 향상시킬 것인가? **이완**이 그 첫 번째 원리이다. 이완된 목구멍이란 열린 목구멍을 말하고, 열린 목구멍은 깊고 부드러운 공명을 만들어낸다. 그러므로 머리를 등뼈 꼭대기에서 '부유하듯이' 돌리는 것은 목을 이완시키고 목구멍을 여는 기본적인 배우 연습의 하나이다.

두 번째 원리는 **자세**이다. 최상의 결과를 얻기 위해서는 당신과 함께 작업할 동작 또는 발성 코치가 필요하겠지만, 무게 중심을 가운데 둔 채 척추를 자연스럽게 위쪽으로 늘리고, 머리가 등뼈 꼭대기에서 자유스럽게 '부유하도록' 하면서, 편안한 직립 자세를 갖추는 것만으로도 좋은 출발을 할 수 있다. 그런 다음 근육, 특히 목, 턱, 안면 근육을 이완시킴으로써 대개 전보다 더 큰 공명음을 얻게 될 것이다.

세 번째 원리는 **말하기 그 자체**이다. 열린 턱과 열린 입으로 하는 또렷한 발음은 닫힌 입술과 꽉 죄인 턱으로 하는 억제된 말하기보다 더 큰 공명을 만들어낸다. 모음 '아'는 배우들과 기수들에게 기본적인 사전 연습용 모음인데, 그것은 최대한의 구강 공명을 만들어내며, 따라서 성대 자체에 최소한으로 의존하게 해주는 충분히 열린 턱을 형성하기 때문이다. 반대로 '이'와 프랑스어의 'u'*는 최소 공명의 모음들인데, 그것들은 우선 턱을 쥔 다음 입술을 닫아야 소리가 나며, 따라서 공명의 진폭을 필연적으로 감소시키기 때문이다.

모음들의 위치, 즉 그 모음들이 실제로 형성되는 입 안에서의 위치는 어떻게 그것들이 공명되는지를 어느 정도 결정짓는다. 예를 들어, '아'는 인두咽頭에서 충분히 공명될 수 있으며, 혹은 입술을 벌리고 머리를 뒤로 제치면서 후두喉頭를 들어 올림으로써 비강 안으로 좀 더 보내질 수 있는데, 그곳에서 보다 날카롭고 귀에 거슬리는 소리로 바뀌게 될 것이다. 비강의 공명은 인후강의 공명보다 더 거친 소리를 만들며, 성격묘사나 명확한 전달을 위해 거친 소리가 요구되는 경우도 많다. 배우는 모음들의 위치 변화를 통해 공명을 바꾸는 방법을 익혀야 한다.

---

* '우'와 '위'의 중간쯤 되는 뾰족한 소리.

공명 탐구하기

1. 다리를 살짝 벌리고 두 팔을 몸 옆으로 늘어뜨린 채로 서라. 두 팔과 몸통을 좌우로 가볍게 돌리면서 "파 파 파 파 파"라고 말하라. 머리를 앞뒤로 천천히 기울이면서 그것을 다시 말하라. 하품을 하며 목구멍의 힘을 완전히 빼고, 목젖이 가슴 안쪽으로 '떨어지는' 것처럼 보이도록 '풀어주면서' 그것을 다시 말하라. 가능한 한 목 가장 깊은 곳에서 소리를 만들어내라. 코로 숨을 내쉬며 그것을 다시 말하라. 어디서 가장 큰 공명을 느끼는가? 가장 부드러운 공명은? 가장 날카로운 공명은?

2. 한 손을 머리 위에 올려놓고 "피 파 피 파 피"라고 말하라. 어느 음절에서 더 큰 진동을 느끼는가? 그건 분명 '피'일 텐데, 입의 앞부분 위쪽에서 만들어져 머리와 뼈(두개골)를 더 공명시키기 때문이다.

3. 한 손을 콧대 위에 올려놓고 "파 핀 파 핀 파 핀"이라고 말하라. 어느 음절에서 더 큰 진동을 느끼는가? 그건 물론 '핀'일 텐데, 비음鼻音의 모음을 가지고 있어서 '파'보다는 더 큰 비음의 공명을 만들어내기 때문이다.

4. 두 손을 볼에 대고 "우— 이— 우— 이— 우—" 또는 "우— 아— 우— 아— 우— 아—"라고 말하라. 어느 모음이 볼을 가장 많이 진동시키는가? 그건 물론 '우—'일 텐데, 입의 뒷부분 위쪽에서 만들어져 두 볼을 더 세게 공명시키기 때문이다.

5. 두 사람씩 짝이 되어 손을 상대의 머리, 콧대, 볼 위에 차례로 얹고 서로의 공명을 점검하라.

연습 15-3은 단지 몸의 어떤 부분들이 특정 모음들에 가장 강하게 공명하느지를 보여준다. 각기 다른 모음들을 사용함으로써 당신은 또한 빗장뼈(쇄골), 어깨뼈(견갑골), 앞이마, 그리고 상체의 다른 부분들에서 공명을 느낄 수 있다.

피치

피치pitch는 음의 높낮이를 나타내는 말이다. 우리가 살펴본 것처럼 그것은 기술적으로 성대 진동 빈도의 한 기능인데, 진동이 더 빨라지면 피치는 더 높아진다. 대부분의 일상에서 성인들이 하는 말은 매우 제한된 피치의 범위 내에 위치하는데, 우리는 그것을 종종 '단조' 單調, monotone(혹은 좀 더 비유적으로 '단조롭다' monotonous라고 하는데, 이는 말 그대로 '한 음으로' on one note를 뜻한다.)라고 부른다. 하지만 우리가 흥분할 때 (그리고 덜 억제될 때), 피치의 범위는 확장된다. 예를 들어, 운동장에서 뛰어 노는 아이들의 소리를 들어보라. 연기하는 데 있어 당신의 목표 중 하나는 더 넓은 음역, 즉 더 큰 피치 범위를 자연스럽게 활성화시킬 억제되지 않은 흥분 상태에 이르는 것이다.

당신의 음성은 각기 다른 높낮이에서 더 공명하는데, 이는 공명 기관들이 음계상의 특정한 음과 공명하여 진동하도록 스스로 '조율되기' 때문이다. 일반적으로 높은 음들은 비강 내에서 더 공명하는 반면, 낮은 음들은 인후강(목구멍) 공명을 더 일으킨다. 이러한 점에서 모든 사람의 음성은 다르며, 그것이 바로 음성만으로 사람들을 구별할 수 있는 이유이다.

피치 범위 탐구하기

◆ 처음엔 높은 음으로, 다음엔 낮은 음으로, 또 그 다음엔 높은 음에서 낮은 음으로 음계를 내려가면서, 연습 15-2를 반복하라.

◆ 낮은 음에서 높은 음으로 음계를 올려가면서 반복하라.

◆ 동일한 문구에서 피치가 올라가고 내려가도록 하고, 다음엔 내려가고 올라가도록 하면서 반복하라.

전율을 느끼게 하는 목소리

버턴 씨는 극장 관객이 듣기를 기대하지만 좀처럼 들을 수 없는 목소리를 지니고 있다. 별로 힘들이지 않고 내는 듯한 그의 목소리는 극장 벽을 타고 울려 퍼지면서 '타고난 능력'을 돋보이게 하고, 관객을 강풍에 휘말리게 하여 넋 나가고 숨 막히게 한다. 관객은 그런 목소리를 들을 때 전율하며, 그러한 전율을 느끼기 위해 극장을 찾는다.

—월터 커Walter Kerr*,
웨일스 출신의 배우 리처드 버턴Richard Burton**에 대해

* 1913~1996. 미국 태생의 작가 겸 연극평론가.《뉴욕 헤럴드 트리뷴》과《뉴욕 타임스》의 연극평론가로 활동.《희곡을 쓰지 않는 법 How Not to Write a Play》(1955) 등 다수의 저술 활동. 그의 아내 진 커Jean Kerr와 공동으로 집필한 뮤지컬 〈골디락스Goldilocks〉(1958)로 토니상 수상.
** 1925~1984. 영국 태생의 영화배우.〈나의 사촌 레이첼My Cousin Rachel〉(1952)로 주연 데뷔.〈성난 얼굴로 돌아보라Look Back in Anger〉(1958),〈지상 최대의 작전 The Longest Day〉(1962),〈클레오파트라Cleopatra〉(1963) 등 70여 편의 영화와 TV시리즈에 출연.〈추운 곳에서 온 스파이 The Spy Who Came in from the Cold〉(1965)로 영국 아카데미 남우주연상 수상.

무대에 알맞은 음성

말하기는 타고난 능력이지만, 배우의 음성은 일상생활에서는 매우 드문 특정한 요구들을 충족시켜야 하기 때문에 연마되어야 한다. 무대에서 말하는 것과 일상 대화의 차이는 올림픽 허들 경기와 조깅의 차이와 같다. 그것은 평균 이상의 타고난 재능뿐 아니라 훈련과 컨디션 조절을 요한다. 훈련은 보통 능숙한 발성 코치의 지도 아래 이뤄지지만, 컨디션 조절은 전적으로 배우에게 달려 있다. 배우가 매일 한 시간씩 발성 연습을 하는 것은 콘서트를 준비하는 피아노 연주자가 매일 음계 연습을 하고, 프로 운동선수가 매일 유연체조를 하는 것과 같다. 하지만 그러한 컨디션 조절 연습 중에 배우는 자신의 발성 능력에 대해 확실하게 알아볼 수 있다. 종종 녹음기가 무대에 알맞은 소리를 발달시키는 데 도움이 된다. 연습 15-5는 매일 하는 사전 연습과 탐구에 좋은 출발점이 될 것이다.

◆ 연습 15-5
....
공명으로 말하기

연습 15-2, 15-3, 15-4를 반복하면서 목을 풀라. 그런 다음 아래 문구들을 한 번에 하나씩 암기하라. 여러 자세를 취해보고, 호흡을 깊게 해보고, 몇 번의 '오르내리는' 음높이 변화를 시도해보고, 어떻게 공명의 새로운 영역을 발전시킬 수 있는지를 알아봄으로써, 자신의 발성 메커니즘을 탐구하면서 각각의 문구를 스무 번씩 낭송하라. 이 문구들을 가지고 의미를 전달하려고 노력하되, 이 시점에서 '해석'에 대해 너무 걱정하지는 말라. 이 단어들은 발성 연습의 역할만 하면 될 뿐이다. 이 연습을 녹음하거나 결과를 점검해달라고 동료에게 부탁하라.

원한다면 샤워를 하면서 이 문구들을 낭송하라. 욕실은 마치 바이올린 몸통 안에서 말하는 것처럼 공명을 증폭시킬 것이고, 샤워할 때 나오는 증기는 당신의 성대를 촉촉하고 싱싱하게 유지시킬 것이다.

1. "굽이쳐라, 깊고 검푸른 바다여—굽이쳐라!"

2. "내 앞에 보이는 것이 단검인가?
   내 손을 향해 칼자루를 돌리고 있는 이것이? 자, 널 한번 쥐어보자꾸나."

3. "이것이 바로 수천 척의 배를 진수시키고,
   일리엄의 끝없이 치솟은 탑을 불태운 얼굴이었더냐?"

4. "지금으로부터 팔십칠 년 전 우리의 선조들은 이 대륙에서 자유 속에 잉
   태되었고, 모든 사람이 평등하게 창조되었다는 명제에 봉헌된 한 새로운
   나라를 탄생시켰습니다."

5. "오, 로미오, 로미오! 왜 당신은 로미오인가요?
   당신의 아버지와 이름을 부인하세요.
   당신이 그럴 수 없다면, 내 사랑임을 맹세하세요.
   그러면 제가 캐퓰릿 이름을 버릴 테니까요."

6. "집에 누구 없어요?"

7. "그자를 피클 소스에 담가라!"

8. "너희들은 내가 눈물을 흘릴 거라 생각하겠지만,
   나는 절대 울지 않을 것이다.
   울 만한 이유는 충분히 있지만, 이 심장이
   천 갈래 만 갈래로 찢겨지기 전에는
   울지 않으련다. 아, 바보광대야, 나는 미칠 것만 같구나!"

9. "태초에 하나님이 천지를 창조하시니라."

10. "폭풍과 안개 속으로 사라져버려라!"

요약

배우의 음성은 가장 주된 연기 도구이며, 연극적 요구를 충족시키도록 훈련되고 관리되어야 한다. 호흡, 발성, 공명, 그리고 피치의 유연성과 조절 등 음성의 주요 도구들은 지도와 연습을 통해 연마될 수 있다.

제16강

무대 화술

좋은 발음

발성은 소리를 만들고, 화술은 언어를 만든다.

다듬지 않은 음성이 말로 바뀌는 과정은 **개개의 조음**調音, articulation, 즉 음성이 독립적이고 인식 가능한 말의 단위들 혹은 **음소**音素, phoneme들로 만들어지는 것으로 시작된다. 구어체 영어에는 약 마흔 개의 음소들과 다양한 음소 조합들이 있으며, 훌륭한 배우는 그 모든 것을 분명하고 뚜렷하게 발음할 수 있다.

좋은 **발음**은 우선 배우의 말이 극장 내 어디에서든 분명하게 들리고 이해되기 위해, 그리고 배우가 작가의 언어들과 등장인물의 화술, 위트, 설득력 있는 권위 등을 소화하기 위해, 연기에서 본질적인 것으로 간주되어왔다. 또한 좋은 발음은 단어들을 발음하는 표준 방식에 충실하다는 것을 의미하는데, 이를 통해 배우들은 '모두 동일한 연극 내에' 있는 것처럼 보이고, 공유된 앙상블이라는 느낌이 연극의 언어들을 통해서 만들어질 것이다.

몇몇 나라에서는 표준 무대 발음에 대해 보통 일상에서 들리는 것보다 높은 음을 요구한다. 예를 들어, 영국 연극은 일상 회화에서가 아니라 학습된 발성에서 '받아들여진'(BBC 방송에서 들을 수 있는) '표준 발음' Received Pronunciation*을 선호한다. 이와 비슷하게 독일 연극은 대부분의 고전 및 현대 연극에서 **고지독일어****라 불리는 것을 사용한다. 반면에 미국 연극의 표준 발음은 높은 발성보다는 자연스러움을 강조하는 중부 지역 발음을 단순히 정제한 것이다. 이른바 표준 미국 영어를 익히기 위해서는 혀 짧은 소리와 같은 언어 장애를 극복하고 불필요한 지역 사투리를 제거해야 한다. 그런 다음 미국 영어의 표준 단음單音, speech sound들을 소리 내고 사용하는 방법을 익혀야 한다.[1]

단음

정식적인 발음 훈련은 완벽하게 숙달될 때까지 마흔 개의 기본 단음들을 식별하고, 다양한 조합으로 만들어 연습하는 것으로 시작된다. 이 과정은 몇 년이 걸린다. 이는 단순히 초급 연기 수업의 한 부분만으로 달성되지 않지만, 기본 단음들에 대한 본질적 이해는 손쉽게 이룰 수 있으며, 발음의 명료함, 힘, 정확

---

* 영국의 음성학자 대니얼 존스Daniel Jones의 용어로 주로 공립학교 및 옥스퍼드와 케임브리지 대학, 또는 교양인 사이에서 널리 쓰이는 '공인 표준 영어' Received Standard English의 발음.
** 독일 남부와 중부에서 사용되는 독일어. 독일의 방언은 북부독일의 아헨 · 뒤셀도르프 · 카셀, 오데르강변의 프랑크푸르트 등 도시를 연결하는 선을 경계로 하여 남쪽의 고지독일어高地獨逸語, Hochdeutsch와 북쪽의 저지독일어低地獨逸語, Niederdeutsch로 양분된다.
1 물론 **비표준** 영어, 독일어, 미국식 영어 혹은 다른 언어로 말해지도록 쓰인 많은 희곡들이 있다. 그리고 세계 각국에서 더 많은 연출가들은 동일한 사회 계급의 인물들이 등장하는 연극들에서조차 어떠한 표준 방식도 강요하지 않는다. 그들 중 '포스트-브레히트파' post-Brechtian 혹은 '포스트모던'이라 지칭될 수 있는 일부 연출가들은 무대 장치와 연기 과정 자체에 중점을 둠으로써 연극적 환영을 해체하면서 배우의 원래 사투리를 그대로 듣는 것을 선호한다.

성은 짧은 연습 기간으로도 향상될 수 있다.

영어의 **모음**들은 입 안에서 소리가 만들어지는 위치에 따라 전설모음前舌母音, 후설모음後舌母音, 중설모음中舌母音으로 구분된다.*

전설모음

ee[íː]	beet, heat, feel, see, seize
ih[í]	hit, tin, rift, pill, skit
ay[éi]	bake, cane, staple, cradle, straight
eh[é]	bet, sled, when, threat, kept
aa[ǽ]	cad, bat, stab, pal, add

후설모음

ah[áː]	father, Charles, hard, party
a[á]	wants, pot, God, pollen, bottom
aw[ɔ́]	all, bought, cough, walk, trawler
o[óu]	old, coat, stoke, protest, folk
ooh[ú]	foot, look, tootsie, put, good
oo[úː]	boot, cool, rude, too, food, true

중설모음

uh[ʌ́]	cup, rubble, ton, up, none
uh[ə]	above, sofa, pencil, amount, unwrap
ur[ɚ́ːr]	further, cur, stir, purple, murder

* 아래 발음 연습과 관련된 단어들을 비롯하여 이 강의의 연습에 쓰인 단어들은 우리말 표기에 어려움이 있어 번역하지 않고 그대로 두었다. 이 연습의 취지에 알맞은 우리말 단어들을 찾아 연습하는 것도 바람직하겠다.

이중모음二重母音은 처음엔 하나인 것처럼 들리지만, 차례로 소리 나는 두 모음이 연결된 것이다.

이중모음

ay-ee[éi]	hay, say, feign, weigh, play
eye(ah-ee)[ái]	I, fly, high, sky, mai tai
oy(aw-ee)[ɔ́i]	boy, coy, royal, poi, alloy
you(ee-oo)[jú:]	ewe, few, putrid, puerile, cue
ow(ah-oo)[áu]	how, now, brown, cow
oh(o-oo)[óu]	slow, throw, go, crow, toe

모음들을 분명하고 명료하게 발음하고, 비슷하게 소리 나는 단어들(예를 들어 offal과 awful)에서 모음들 사이의 차이를 구별해 듣는 법을 익히는 것은 배우에게 특히 중요한데, 이는 무대에서 말할 때 모음이 대사의 어조와 등장인물의 전술 추구에 있어서 미묘한 차이를 전달하기 때문이다. 또한 어떤 사람이 말할 때 내는 모음은 흔히 그 사람의 지역적 배경을 특징짓는데, 훈련된 귀는 그 사람의 ah와 ow 발음만으로도 그 사람이 버지니아 출신인지, 위스콘신 출신인지, 텍사스 출신인지, 뉴잉글랜드 출신인지를 전혀 어렵지 않게 구분해낸다. 배우는 자신이 내는 모음들의 명료함과 세기를 향상시키기 위해, 또 자신이 태어난 지역의 사투리보다는 표준 미국 영어의 전형에 가까워지기 위해 모음 연습을 반복한다.

◆ **연습 16-1**

모음

한 사람씩 또는 그룹을 지어, 205쪽에 있는 각각의 모음에 딸린 단어들을 낭송하면서 모음을 연습하라. 모음이 입 안에서 어떻게 만들어지는지 주목하라. 그런 다음 이중모음(또는 복모음)을 천천히 말하면서 당신이 각각의 이중모음을 구성하는 두 모음을 구분할 수 있는지 알아보라.

◆ **연습 16-2**

음절 반복하기

두 사람이 짝이 되어 등을 맞대고 서라. 한 사람이 다음 음절들 중 세 개를 **순서에 관계없이** 가능한 한 명확하게 낭송하면, 상대방은 그 음절들을 정확하게 반복하려고 노력한다. 그런 다음 역할을 바꿔 연습을 반복하라.

poh[póu]	pooh[pú]
pih[pí]	poo[pú:]
pay[péi]	puh[pʌ́]
peh[pé]	pur[pə́:r]
paa[pǽ]	pie[pái]
pah[pá:]	poi[pɔ́i]
paw[pɔ́]	pyu[pjú]
po[póu]	pow[páu]

두세 번 연습을 반복한 다음, 낭송되는 음절의 수를 5개까지 늘려라. 연습을 계속 진행하면서 속도를 높여라. 다른 조음기관들과 관계된 k나 d와 같은 다른 자음들로 시작하는 음절들도 연습해보라.

....

영어의 스물다섯 개 **자음**들은 (공기가 밖으로 터져 나오기 전에 순간적으로 멈추게 함으로써 만들어지는) **파열음**, (혀, 이, 입술, 연구개軟口蓋와 경구개硬口蓋로 나뉘는 입천장 등의 조음기관들 사이에 공기를 불어넣음으로써 만들어지는) **마찰음**, (공기가 코를 통과하면서 만들어지는) **비음**, (혀를 움직여 만들어지는) **유음**, 그리고 (다른 자음들의 조합으로 만들어지는 혼성자음인) **파찰음**으로 구분된다.

파열음

t	tickle, touch, ten
d	dance, delve, dead
p	potato, pill, purpose
b	bombshell, baseball, bed
k	kick, kindred, collection
g	giggle, get, go

마찰음

f	football, fill, from
v	voter, veil, vigor
th(무성음)	think, theatre, thrill
th(유성음)	there, then, they
s	settle, send, century

z	zeal, zoo, zebra
sh	shipshape, shell, sure
zh	leisure, seizure, azure
h	hail, high, hiccup

비음

m	mystery, men, meal
n	needle, nil, nothing
ng	sing, song, kingship

유음

l	leader, listen, look
r	real, rotate, roughhouse
y	yellow, yesterday, yolk
w	willow, won't, warrant
wh	which, whippoorwill, where

파찰음

ch	chipmunk, choke, child
j	jump, jail, gentry

또렷하고 분명한 자음들을 향상시키는 것은 배우가 정확한 의미를 전달하고 배우의 대사에 위엄 있는 권위를 부여한다. 자음들은 말하는 소리를 강조하고, 지적 논쟁, 위트 있는 반박, 혹은 설득력 있는 요구의 예리함을 향상시키는 데에 결정적인 역할을 한다. 자음들은 모음들만큼 지역적 변화에 민감하지는

않지만 (예외가 있다면 *thing*을 *fing*으로 발음하는 런던 사투리), 한편으로는 장애가 되기 더 쉽다. 자음들의 형성은 입 안에 있는 수백 개의 근육들의 빠르고 정확한 움직임과 혀, 이, 입술, 턱, 성문,* 잇몸, 입천장(이것들 모두를 **조음기관**이라 부른다)의 완벽한 배치(10분의 1초 안에)를 필요로 한다. 어떤 배우도 축 늘어지고, 둔감하고, 느려빠진 조음기관을 갖고 싶어 하지 않는다. 그러므로 자음 연습들은 배우의 면도날처럼 날카로운 자음들을 만드는 데 목적이 있다.

◆ 연습 16-3
자음

다음 자음 훈련을 편안하고 빠르게, 그리고 가능하다면 재치 있게 할 수 있을 때까지 반복하라.

1. Tip it, pippet; tip it, pippet; tip it, pippet.
2. Dab a gak, dab a gak, dab a gak, dab a gak.
3. Azure zoo, azure zoo, azure zoo, azure zoo.
4. Think this fink, think this fink, think this fink.
5. The vase is shaded, the vase is shaded, the vase is shaded.
6. No ming no mong, no ming no mong, no ming no mong.
7. Yell when wending, yell when wending, yell when wending.
8. Jump Chuck, jump Chuck, jump Chuck, jump Chuck.
9. Tapocketa pocketa pocketa pocketa pocketa.

＊ 후두부喉頭部에 있는 발성기관. 호흡할 때는 벌어져 삼각형이 되고, 발성할 때는 사이가 좁아짐.

10. Libid ibid libid ibid libid ibid.

11. Rilly billy dilly killy, rilly billy dilly killy.

12. Potato pit, potato pit, potato pit, potato pit.

13. This is it, this is it, this is it, this is it.

14. Calumny, mercantile, exaggerate, elevate, anglophile.

15. Big a pig gig, big a pig gig, big a pig gig.

◆ **연습 16-4**

대사

연습 16-3의 간단한 훈련이 편안하게 느껴지면, 셰익스피어의 〈맥베스〉에서 발췌한 다음 대사들을 읽어보라.

소리 내어 읽으면서, 분명하고 정확하게 읽을 수 있을 때까지 대사들을 반복하라. 이러한 말하기에서 명확한 발음의 중요성을 인식하라.

맥베스: 일단 해치워버리고 나면 그걸로 만사가 일단락될 일이지만 빨리 해치워버리는 게 좋겠군. 암살이라는 그물로 그에 따르는 일체의 여파를 몽땅 옭아매고, 게다가 왕의 죽음surcease으로 성공success을 거둘 수 있다면, 그리하여 이 일격으로 만사가 끝나준다면, 이 세상에서는 영원한 시간 속의 이쪽 여울인 현세에서 모든 일이 끝이 난다면, 내세는 무시해버리겠다.

맥베스 부인: 당신은 글래미스, 게다가 코더의 영주까지 되었으니까, 앞날에 당신에게 약속된 지위도 차지하게 될 거예요. 하지만 당신의 그 성품이 걱정되는군요. 당신은 인정의 샘이 너무 넘쳐서 지름길을 택하는 요령이 부족해요. 당신은 위대해지길 원하며 야심만만하기도 하지만, 그것을 성취하

는 데 필요한 잔혹성이 없어요. 높이highly 있는 것을 바라면서도 그것을 신성하게holily 달성하려 하고, 부정한 수단을 꺼리면서도 부당한 것을 얻으려고 하고 있어요.

....

노련한 고전학자나 배우라 할지라도 연습 16-4의 대사들을 손쉽게 소화할 수 있는 사람은 아무도 없다. 하지만 당신은 명료한 조음이 그 뜻을 해석하는 데 절대적으로 중요하다는 사실을 확실히 알 수 있다. 주의 깊게 말해야만 'surcease(죽음)/success(성공)'와 'highly(높이)/holily(신성하게)'를 구분할 수 있으며, 게다가 이것들은 배우가 유기적으로 구성된 연극에서 매순간 다뤄야 하는 일종의 언어 문제이다.

화술과 발음을 보다 향상시키기 위해 당신은 특별 수업이나 개인 지도를 받길 원할 것이다. 하지만 앞서 행한 모음 및 자음 연습들을 활용하면 당신 스스로가 만들어내는 음소를 이해하고, 그것들을 명료하게 구분해서 말하는 방법을 배울 수 있을 것이다. 발음 연습은 또한 조음기관들과 그것들을 움직이는 근육들을 훈련하여 보다 예리하고 정교한 언어 구사력을 갖도록 해주며, 따라서 무대 위에서의 목표 추구를 위한 당신의 전술 구사를 더욱 강력하게 만들어준다. 음소 연습 또한 당신이 무대 위에서 말할 때 자신감을 부여하고, 당신의 언어장애나 사투리 등을 고치는 데 도움을 주기도 하는데, 특히 자격을 갖춘 관심 있는 지도교사의 지도 아래 연습한다면 더욱 도움이 될 것이다.

요약

배우는 마흔 개의 영어 음소들(단음들)을 조음하는 능력을 길러야 하는데, 이러한 능력은 강력하면서 유연하고, 미묘하면서 자신감 있는 무대 화술과 그에 따른 전술적 상호작용의 기초가 되기 때문이다. 또한 음소를 완벽히 익히는 것은 언어 장애, 지역 발음, 말하기 공포 등을 제거하는 열쇠이다. 무대 화술의 획기적 향상은 자격 있는 지도교사나 코치 아래서 집중 학습을 통해서만 가능하다. 그렇지만 앞에서의 발음 연습들은 당신의 조음기관들을 훈련하고 언어기능을 조절하는 능력을 갖게 해준다.

제17강

음성의 사용

해방

등장인물의 GOTE를 정하고 등장인물의 목표들을 추구하는 데 있어, 음성과 화술은 당신이 자유자재로 활용할 수 있는 기초 도구들이다. 음성은 자유롭게 구슬리고, 들볶고, 달래고, 북돋고, 터뜨릴 수 있어야 한다. 화술은 분명하게 표현하고, 설득하고, 열변을 토하고, 현혹하고, 매혹하고, 즐겁게 할 수 있어야 한다. 하지만 음성과 화술이 억제된다면 이러한 경지에 이를 수 없다.

해방된 음성은 사회적으로 억제된 것들, 즉 과도한 공손함, 소심함, 복종, 예의 등으로부터 자유롭다. 배우의 해방은 심리적이고 기술적인 것이다. 배우는 대사를 우렁차고 정확하게 말할 수 있을 정도로 호흡과 발성 메커니즘이 긴장이 풀리고 유연해지도록, 무대 위에서 무엇이든 말할 수 있다는 절대적인 확신이 필요하다.

자의식은 말하기를 억제한다. 어린 시절의 음성인 앵앵대는 소리, 깩깩대

제17강 음성의 사용 **221**

는 소리, 악쓰는 소리, 바보처럼 내는 소리 등은 오랜 기간 동안의 사회적 조절을 통해 받아들일 수 있는 의사소통의 메커니즘으로 반드시 바뀌기 마련이지만, 그 비용이 얼마나 많이 드는가! 평균적인 성인 음성은 아마 결혼이나 출산을 앞두고 모여 선물을 주는 샤워 파티shower party나 사교 클럽 파티 같은 사적인 모임에서는 다채롭고 날카로운 반면, 폐쇄적이고 공적인 학술 모임 등과 같은 경우에는 소심하고 신중한 도구가 된다. **공손함**politeness(politics〔정치〕와 어원이 같다)은 사회적인 상호작용을 위해 필수적인 윤활유이지만, 발성과 화술 향상에 장애가 되며, 과도한 공손함은 연기의 적이 된다.

우리 모두가 경험한 (그리고 계속 경험하는) 사회적 조절은 매력적으로 다양한 일그러진 음성들을 만들어낸다. (정신과 의사들은 종종 환자를 처음 면담할 때 환자 목소리의 특별한 긴장 정도를 주목함으로써 환자의 문제를 초기에 진단한다.) 어떤 젊은 여성들은 '아빠의 어린 딸'로 남아 있으려는, 혹은 아마도 난폭한 오빠와의 과도하게 직접적인 경쟁을 피하려는 무의식적인 의도에서 어린 시절부터 유지해온 반 옥타브 이상 높은 전형적인 '어린 소녀 목소리'를 사용한다. 어떤 젊은 남성들은 부모님이나 선생님과의 직접적인 대면이 불가능해져서 감언이설로 속이는 것만이 문제 해결의 유일한 방법이었던 시절의 잔재인 비음의 우는소리를 갖고 있다.

종종 이런 목소리들은 모든 공적인 자리에서 공포가 될 수 있음을 예상할 수 있다. 가령 출석을 부를 때 "여기요"라고 대답하자마자 영문도 모르고 손바닥을 두들겨 맞는 결과를 초래할 수 있다. 지금까지 기술한 내용 중 일부가 당신에게 해당된다 하더라도 걱정하지 말라. 이러한 목소리와 관련된 단점들은 누구나 어느 정도 경험한 것들이다. 모든 사람이 자신을 바라보고 있다는 사실을 갑자기 깨달았을 때, 누군가가 자신에게 대답할 수 없는 질문을 했을 때, 자신이 어울리지 않는 옷을 입었다는 사실을 갑자기 깨달았을 때 등 자신의 목소리가 '콱 막히는' 경험을 한 번쯤 하지 않은 사람은 거의 없다. 배우의 문제는 나오지 않거나 자신이 없는 목소리에 대해 고민하기보다는 화술에 활기를 불어넣기 위해 그런 목소리를 제거하는 방법을 찾는 데 있다.

♦ **연습 17-1**

무례한 주문

모두 함께 외쳐라.

1. 죽여, 죽여, 죽여, 죽여, 죽여!
2. 토해, 토해, 토해, 토해, 토해!
3. 자지, 자지, 자지, 자지, 자지!
4. 오줌, 오줌, 오줌, 오줌, 오줌!

이 무례한 연습의 요지는 낄낄 웃거나 당신이 어떤 다른 것을 말하고 있다고 가장하는 것이 아니라, 당신이 사람들 앞에서 보통 말하지 않는 그런 부류의 단어들을 큰 소리로 분명하게 말하는 것이다. 다음 단어들도 해보라.

5. 고환, 고환, 고환, 고환, 고환!
6. 교미, 교미, 교미, 교미, 교미!
7. 성교, 성교, 성교, 성교, 성교!
8. 자위, 자위, 자위, 자위, 자위!

배우로서 당신은 무대 위에서 **어떤 것이라도** 과감하게 말할 수 있어야 한다. 어떤 말이라도, 그것이 당신에게 개인적으로 아무리 불쾌한 말일지라도, 그저 당신의 목구멍에 걸려 있어서는 안 된다.

◆ **연습 17-2**

무례한 응원

1. 당신의 음역과 공명 가능성을 탐구하면서 연습 17-1의 외침을 반복하라.
2. "죽여, 토해, 자지, 오줌!"이란 '응원구호'를 외쳐라. 그 응원구호를 분명한 **목적이 있는 것으로** 만들라. 예를 들어, 여기 당신이 성원을 보내는 팀이 있다. 그들을 이기게 만들라! 당신이 하는 말을 듣게 하고 그들을 응원하고 있다는 것을 알게 하라. 응원을 위한 몸짓과 동작을 만들라.
3. "고환, 교미, 성교, 자위!"도 똑같이 하라.

이 연습은 다른 단어들로 쉽게 확장할 수 있다. 하지만 소리가 새어나가지 않도록 주위의 문들을 닫아두라. 당신의 수업 인원만으로도 이 연습을 하기에 충분하다!

억제는 여러 형태들을 가진다. 일반적인 형태는 난해한 단어들에 대한 잘못된 발음과 오용에 대한 두려움이다. 일상에서 많은 젊은이들은 실수할 가능성을 피하기 위해 단순한 어휘, 유행어들, 상투적인 문구들 뒤로 숨는다. (우리가 한창 젊었을 때 실수하는 것에 대해 얼마나 두려워했던가!) 따라서 그들이 연기로 끌어들이는 언어는 본질적으로 빈약하고, 미숙하고, 재미없다. 물론 연극에서의 언어는 극작가에 의해 창조되지만, 대부분의 젊은 배우들은 처음에는(그리고 때로는 지속적으로) 연극 언어에 대처하는 데 어려움을 겪는다. 그들은 종종 의식적으로나 무의식적으로 자신들의 언어로 대본을 고쳐 쓰며, 대본에 있는 4음절 단어들을 자주 더듬거나 까먹는다. 당신은 이런 문제를 극복할 수 있다. 배우는 단어들을 사랑하고 재담을 즐겨야 한다. 많은 극중 인물들이 (특히 1950년대 연극에서는) 자신들을 제대로 표현하지 않는 것은 사실이지만, 훨씬 더 많은 인물들은 그렇지 않다. 배우는 등장인물들의 말재간 수준에 부응해야 하는데, 그들은 흔히 말의 발전기들이다.

◆ **연습 17-3**

장식적인 말투*

개별적으로, 그리고 당신에게 생소한 단어들의 의미와 발음을 확인한 후에 (실재하는 혹은 가상의) 누군가에게 아주 **재미있게** 말하라.

1. 스로크모턴은 불범한 곡경에 처해 있어!
2. 난 존의 언어동단의 헛장을 혐오해!
3. 이 얼마나 뇌고납함 같은 탄박의 소리란 말인가!
4. 그녀의 괴배적인 평등주의는 증상스러워!
5. 엘렌의 만우난회를 최절시켜!
6. 그 정보들을 맥락관통하게 관련지을 수 있겠니?
7. 편재하는 우이성이여 영원하라!

....
* 이 연습은 원래 "Throckmorton's in an anomalous predicament!" (스로크모턴은 이례적인 곤경에 처해 있어!)에서처럼 의미가 생소하고 발음하기 까다로운 4음절 (이상의) 영어 단어들이 포함된 문장들로 이루어져 있다. 그러나 해당 번역문들로는 이러한 연습 의도를 제대로 살리는 데 뚜렷한 한계가 있다.

8. 네가 암유하는 바를 명투하게 해!

9. 크리스마스 컨퍼런스에 와.

10. 네 비루한 논박을 자제해!

11. 네 아나크로니즘적인 괘사를 멈춰!

12. 네 육욕적인 망념이 간측하구나!

13. 난 발성법상의 웅혼함을 좋아해!

14. 경탄스런 분잡함으로 가득하구나!

15. 사세고연한 귀취에 주목해!

16. 교미를 죄어쳐라!

17. 오연하게 굴지 말고 게위내!

마지막 두 문장은 연습 17-1과 17-2의 조합이다. 긴 단어들과 '무례한' 단어들을 조합해 더 많은 단어들을 만들고, 그것들을 다양한 음성으로 자유로이 말하라. 다음은 (실재 혹은 가상의) 상대에게 말할 대사들의 예이다.

1. "개똥이나 먹어라!"

(벤 존슨Ben Jonson의 〈연금술사 The Alchemist〉)

2. "저 음탕한 시간의 손이 정오의 거시기 위에 놓여 있잖습니까."

(셰익스피어의 〈로미오와 줄리엣〉)

3. "놀랍네요, 싸구려 음악이 얼마나 효과가 있는지."

(노엘 코워드Noel Coward의 〈사생활 Private Lives〉)

4. **"위! 와! 멋져!** 몸이 굳어진다! 바람 속에서 몸이 빳빳해진다! 내 갈기털이 바람 속에서 빳빳해진다! 내 옆구리! 내 발굽! 갈기털이 다리 위로, 옆구리로, 채찍처럼 나부낀다! 알몸! 알몸! 나는 알몸이다! 알몸!"

(피터 셰이퍼Peter Shaffer의 〈에쿠우스 Equus〉)

5. "거기서 내려와, 너 누런, 놋쇠 단추 달린, 벨파스트 건달 놈아! 내려와, 네 머리를 갈겨주마! 비열하고 치사한 누런 얼간이 가톨릭 떠버리 개자식아!"

(유진 오닐의 〈털보원숭이 *The Hairy Ape*〉)

6. "오, 만일 내가 불명예스러운 안일함에 영락하고 간원의 적당한 피로감에서 해방되었다면, 나는 가난했고 줄 게 아무것도 없었다고 생각해야 해요."

(윌리엄 콩그리브William Congreve의 〈속세의 풍속 *The Way of the World*〉)

7. "그럼 넌 내가 없으면 오줌도 잘 나온단 말이구나."

(사무엘 베케트의 〈고도를 기다리며 *Waiting for Godot*〉)

8. "흉악한 년! 거짓말쟁이."

(셰익스피어의 〈리어왕〉)

9. "난 못된 출판업자야. 난 책을 미워하니까. 아니 더 정확히 말하자면 산문을, 더 정확히 말하면, 현대 산문이지. 내 말은 현대 소설들, 첫 번째 소설과 두 번째 소설, 그 모든 가능성과 감성을 판단하고, 돈을 마련하고, 그 다음엔 세 번째 소설을 독촉하고, 그게 완성되면, 책 커버를 만들고, 전국의 문학지 편집장들과 식사를 하고, 대형서점과 계약을 하고, 운 좋은 작가가 스스로를 죽음으로 요리해가는 모습을 구경해야 해. 그 모든 것을 문학의 이름으로 말이지. 자네와 엠마의 공통점이 뭔지 아나? 자네들은 문학을 사랑해. 내 말은 현대 산문 문학을, 신인 소설가의 새로운 소설을 사랑한다 이거지. 자네들은 모두 거기서 전율을 느끼지."

(해럴드 핀터Harold Pinter의 〈배신 *Betrayal*〉)

10. "레이건주의의 냉혈한 돌대가리 변호사새끼들."

(토니 커시너의 〈새천년이 다가온다 *Millenium Approaches*〉)

11. "이 천박한 씹할 좆같은 년아, 내 방에서 당장 나가."

(토니 커시너의 〈페레스트로이카〉)

그룹에게 말하기

지금까지 당신은 한 명의 (실재 또는 가상의) 상대에게 대사들을 말했다. 이제는 가상의 그룹에게 말하라. 앞서 했던 연습들의 장식적인 문장들, 무례한 단어들, 극중 대사들을 사용하여 다음 그룹들에게 전달하라.

1. 대학의 학급
2. 유치원의 학급
3. 사람들로 가득 찬 술집
4. 육군 대대
5. 여성 클럽의 오찬 모임
6. 당신의 가족

더 큰 규모의 청중은 보다 힘 있는 발성과 또렷한 발음을 하도록 만들고, 당신이 단순히 친한 친구와 말할 때보다 '더 큰 목소리'를 사용하도록 한다. 시끄럽거나, 무관심하거나, 산만하거나, 냉담하거나, 혹은 무지한 사람들에게 말을 함으로써 당신의 언어 영향력과 발음 분별력을 향상시킬 수 있다. 당신의 등장인물의 대사가 인접한 방에 있는 다른 사람들에게도 들리도록 청중의 규모를 확대하는 연습을 하라. 이러한 테크닉은 당신의 대사 전달에서 솔직함이나 정직성을 희생시키지 않으면서, 무대에서 필요로 하는 수준의 발성과 화술을 만들 수 있다.

목적성

목적성은 자유로운 음성을 배우의 접근법에 연결시키는 것이다. 배우의 발성과 화술은 스스로 개발되는 것이 아니기 때문에, 결국 도구는 당신이 그것을 사용할 때만 유용한 것이다. 기본적으로 배우의 말하기 메커니즘은 등장인물의 전술적 추구의 기본 무기이자 등장인물의 GOTE를 결정하는 가장 중요한 도구이다.

일상에서처럼 연극에서도 사람들은 '해야 해서'가 아니라 '하고 싶어서' 말을 해야 한다. 당신이 무대 위에서 하는 모든 말은 당신의 목표 추구의 일환이어야(혹은 일환인 것처럼 보여야) 한다. 등장인물로서 당신은 작가가 만들어준 대사들을 단순히 말하는 것처럼 보여서는 안 되는데, 당신에게는 욕구, 계획, 목표가 있고, 말하고 싶은 것을 말하는 것이 당신이 바라는 것을 이루는 방법이기 때문이다. 그러므로 무대 위에서의 모든 말은 목적성을 가져야 한다. 말들은 기계적인 필요가 아닌, 인간의 욕구에서 비롯되어야 한다. 이러한 목적성은 무엇보다도 당신의 발성 도구에 강력한 힘을 제공해준다.

다음은 목적성이 음성을 사용하는 방식에 어떤 영향을 미치는지에 대한 몇 가지 예이다.

◆ 당신은 친구의 초대로 축구 경기장에 와 있다. 당신 주변 사람들은 응원을 한다. 누가 이기는지에 관심은 없지만, 당신은 그렇게 하기로 되어 있기 때문에 응원을 한다.

◆ 당신은 당신의 팀을 위해, 당신과 소속감을 같이하는 사람들을 위해, 축구 경기장에 와 있다. 당신은 응원을 한다. 당신의 응원은 더 활발해지고, 당신의 목소리는 더 커지고 더 격앙된다. 왜? 관심이 있기 때문이다. 당신의 팀을 응원하기 위해 목소리를 사용하고 있기 때문이다. 당신은 목적을 가진

* 1960~ . 미국 태생의 영화배우. 〈생도의 분노 *Taps*〉(1981)로 데뷔한 이래 〈데드 맨 워킹 *Dead Man Walking*〉(1995), 〈스윗 앤 로다운 *Sweet And Lowdown*〉(1999), 〈아이 앰 샘 *I Am Sam*〉 (2001) 등 50여 편의 영화에 출연. 〈더 홀 *She's So Lovely*〉(1997)로 칸영화제, 〈헐리벌리 *Hurly burly*〉(1998)로 베니스영화제, 〈미스틱 리버 *Mystic River*〉(2003)와 〈밀크 *Milk*〉(2008)로 아카데미 남우주연상 수상.

것이다.

◆ 당신은 "문손잡이를 당겨."라는 말을 가능한 한 분명하게 말하도록 교육받았다. 그래서 당신은 그렇게 한다.

◆ 두 살짜리 누이동생이 잠긴 차 안에서 울고 있고, 인접한 건물이 불타고 있다. 당신은 "문손잡이를 당겨!"라고 말한다. 그때 당신의 말은 더 분명하고, 더 명확하고, 더 절실하고, 더 날카롭게 들린다. 왜 그럴까?

좋은 무대 화술은 자유롭고 탄력적인 발성 메커니즘과 목적성의 결합에서 비롯된 결과이다. 좋은 음성만으로 충분한 것은 아니며, 배우는 기초적인 도구로서의 음성으로 말하고 **싶어야** 하고, 다른 사람들을 다그치거나, 부추기거나, 유인하거나, 강요하고 싶어야 한다. 예를 들어, "바 바 바 바 바"와 같은 가장 단순하고 기계적인 발성 연습조차도 대인 관계의 목적(누군가의 흥분을 가라앉히거나, 누군가를 웃기거나, 누군가의 동정을 구하기 위한)을 그 연습에 부여함으로써 향상될 수 있다. 당신의 목적이 뚜렷할 때 당신이 갖고 있을지도 모르는 수줍음이나 주저함이나 억제감이 극복될 것이다. 아주 온순하고 말수가 적은 사람들은 누군가가 자신들의 자동차를 훔치거나, 연인에게 키스하거나, 축구공을 잘못된 방향으로 몰고 가고 있다는 사실을 깨달았을 때 거대한 심리적 소리 장벽을 극복할 수 있다. 당신의 마음속에 확실한 목표를 만들고, 그것을 추구하는 데 당신의 발성과 화술을 최대한 활용하라.

◆ 연습 17-5
목적 부가하기

연습 15-5로 돌아가라. 동일한 대사들을 사용하여, 매 대사의 상황에 따른 강한 목표를 설정하고 (실제 또는 가상의) 상대에게 의도적으로 말하라.

요약

배우의 발성과 무대 화술은 단순히 제시되는 것이 아니라 **사용되는** 것이다. 이 때문에 그것들은 억제 요소들, 특히 수줍음, 과도한 공손함, 그리고 말실수에 대한 두려움 등으로부터 자유로워져야 한다. 배우는 자신의 말 재주에 대한 자신감을 키우고, 무례한 말과 난해한 언어 구조에 익숙해져야 한다. 결국 **목적성**은 좋은 무대 화술을 이끌어내는 동기이며, 배우는 자신의 음성과 발성 메커니즘을 극중 상황에서 목표를 성취하고자 하는 의지와 결합시켜야 한다.

제18강

배우의 신체

민첩성

배우를 위한 신체 훈련에는 여러 가지 방법이 있다. 그런데 놀랍게도 **체력과 지구력을 강화하는 것**이 그 첫 번째 방법이다. 그렇다고 체력적인 요인들이 예술적인 노력들과 항상 관련되는 것은 아니며, 신체 훈련에만 매달리는 배우는 녹초가 되기 십상이다. 아무튼 극중 배역의 요구들 중에는 **최대한의 체력 조절을 통해** 몇 시간이고 무대 위에서 계단을 뛰어 오르내리고, 싸우고, 결투하고, 의상을 갈아입는 것 등이 포함될 수 있다. 단순한 열정만으로 이러한 조절 능력이 완성되지는 않을 것이다. 제인 폰다Jane Fonda*와 로렌스 올리비에와 같은 유명 배우들은 자신들의 연기 경력의 결과로 개발된 강도 높은 신체 요법으로 잘

---

* 1937~ . 미국 태생. 영화 〈콜걸 *Klute*〉(1971), 〈귀향 *Coming Home*〉(1978), 〈차이나 신드롬 *The China Syndrome*〉(1979), 〈황금 연못 *On Golden Pond*〉(1981) 등에 출연. 〈콜걸〉과 〈귀향〉으로 아카데미 여우주연상 수상.

알려져 있다. 보디빌딩, 에어로빅, 그리고 경쟁심을 유발하는 운동 경기 등은 이제 모든 연령대의 배우들에게 일상적인 활동들이다.

민첩성과 조정력을 개발하라. "대사를 익히고 가구에 부딪치지 말라."는 연기에 대한 전통적인 '첫 번째 교훈'이다. 신체적 민첩성은 단지 무대 장치에 부딪치지 않는다기보다는 동시에 말하면서 움직일 수 있다는 것을 의미한다. 신체적으로 조정된 배우, 즉 **정확하면서도 열정적으로** 움직일 수 있는 배우는 단지 혀를 유창하게 굴리며 말하는 배우보다 훨씬 더 복잡한 움직임으로 의미 있는 행동을 전달할 수 있다.

신체의 역동성을 개발하라. 역동성은 연기를 할 때 신체적 힘을 의미한다. 배우는 항상 움직이거나 움직이려고 하면서, 항상 연기 중이거나 연기하려는 상황에 놓인다. 금방이라도 누군가를 때리거나, 누군가에게 키스하거나, 화가 나서 미칠 지경이거나, 무엇인가를 던지거나, 달아날 것처럼 보이는 배우는 흥미롭고 역동적인 배우이다. 신체는 이렇게 역동적이고, 유연하고, 신체적으로 준비된 상태를 목표로 훈련될 수 있다.

특정한 동작 기술들을 개발하라. 배우 훈련은 결국 발레, 볼룸 댄스, 시대별 춤, 펜싱, 백병전白兵戰, 마임, 제스처, 무술, 시대별 동작, 서커스 테크닉 같은 특정한 신체적 패턴 학습을 포함한다. 이러한 기술들은 그 자체로 유용하며, 배우의 신체적 융통성, 자신감, 안정감 등을 증가시키고, 또 배우의 타이밍 감각과 신체 미학에도 도움을 준다. 사실 연기와 춤은 고대 그리스 연극 이래로 밀접한 관계를 유지해오고 있다. 많은 배우 훈련 프로그램들은 춤, 마임, 무대 동작으로 시작한다.

연습 18-1은 피의 순환을 원활하게 하고, 인대를 느슨하게 하거나 잡아 늘리고, 수백 개의 근육들을 유연하게 만들고, 당신을 기분 좋게 만든다. 하지만 이는 단지 몸 풀기일 뿐이다. 강의실 의자에 앉아 15분이 지나면, 당신은 처음 시작한 지점으로 돌아가게 된다. 따라서 이러한 상황을 자주 겪게 되는 배우들은 빠르고 효과적으로 몸을 푸는 요령을 터득해야 한다.

◆ 연습 18-1
....
빠른 몸 풀기

연습 1-1로 돌아가서, 제자리에서 뛰기 전에 다음 연습들을 추가하여 활발하게
몸 풀기를 반복하라.

똑바로 서서, 왼쪽으로 다섯 번, 그리고 오른쪽으로 다섯 번 허리를 돌려라.

가슴 쪽으로 턱을 숙이고, 손가락이 바닥에 닿을 때까지 머리의 무게로 인
해 천천히 조금씩 몸이 굽혀지도록 하라. 필요하다면 무릎을 꿇어라.

손가락으로 바닥을 가볍게 두드려라. 바닥을 일정한 리듬으로 두드려라.
손톱으로도 두드려라. 손바닥도 이용하라.

등뼈를 한 마디씩 펴면서 천천히 일어서라.

머리가 등뼈 꼭대기에서 자유롭게 '부유하도록' 긴장을 풀고 머리를 위쪽
으로 뻗어라.

등뼈 꼭대기에서 긴장을 푼 '부유하는' 자세로 머리를 좌우 방향으로 나선
형을 그리면서 돌려라.

팔을 옆구리에 대고, 열 번 펄쩍 뛰어라.

양손을 허리에 대고, 모든 방향으로 열 번 펄쩍 뛰어라.

열다섯 번을 호흡하는 동안 박수를 치며 제자리에서 뛰거나 가상의 줄넘기
를 하라.

....

긴장과 에너지

긴장을 푼다는 것은 뼈만 남은 사람이 되라는 것을 의미하지 않는다. 휴식 중인 고양이나 개는 완전히 긴장을 풀고 있긴 하지만, 별안간 확실한 동작을 취할 수 있는 능력이 있다. '알렉산더' 테크닉의 목적은 긴장을 없애는 것이 아니라, 에너지와 만족의 자원으로 그것을 재편성하는 것이다.

—마티아스 알렉산더,

에드워드 마이셀Edward Maisel*이 알렉산더 테크닉을 풀어 쓴 내용

* 1937~2008. 미국 태생의 작가.《건강을 위한 태극권 *Tai Chi for Health*》을 통해 양陽 사상을 서양에 처음으로 소개. 마티아스 알렉산더의 저술을 정리하여 알렉산더 테크닉을 해설한《알렉산더 테크닉 *The Alexander Technique: The Essential Writings of F. Matthias Alexander*》을 출간.

조율

신체의 모든 중요 기관들의 건강한 기능을 극대화하기 위해 균형 잡힌 관계를 유지시켜주는 신체의 올바른 조율은 오스트레일리아 태생의 배우 겸 교육자인 마티아스 알렉산더F. Matthias Alexander(1869~1955)의 기본 목표였다. 알렉산더 테크닉은 배우들을 위한 가장 잘 알려지고, 가장 효과적인 조율 시스템이다. 기본적인 알렉산더 조율은 선 자세에서 다음과 같은 동작을 하는 것이다.

1. 머리가 등뼈 꼭대기에서 편하게 '부유하도록' 한다.
2. 목을 자유롭게 하고 긴장을 풀어준다 .
3. 어깨를 (뒤로 젖히지는 말고) 활짝 편다.
4. 몸통을 늘이고 넓히거나, 흉곽을 확장시키거나, 등뼈의 관절들이 서로 부딪치지 않도록 분리시킨다.
5. 골반과 고관절이 자유롭게 돌아가도록 한다.

알렉산더 테크닉은 특정한 자세가 아니라 신체 기관들의 내부적 조율을 만들어 낸다. 그것은 좋은 자세뿐 아니라 이완된 호흡, 깊은 공명, 분명한 발음, 그리고 조화로운 전신 동작을 향상시킨다. 알렉산더 테크닉을 수행하는 사람들은 건강, 장수, 향상된 외모와 자아상을 부가적으로 얻는다.

알렉산더 방식의 조율은 허파가 제 기능을 하게 해주는데, 그러한 조율은 목구멍과 입 안의 수축을 감소시키며, 지속적이고 충분한 호흡을 만들어낼 수 있도록 횡격막을 지탱하는 골반을 강화시킨다. 동작이 모든 팔다리 또는 손가락과 발가락, 또는 몸통 자체에서 아주 자연스럽게 뿜어져 나오도록 신체의 평형을 유지한다. 이를 대부분의 성인들이 일할 때나 TV를 볼 때의 등을 구부린 자세와 비교해보라.

다음 연습들은 물론 초보적인 것이다. 이런 신체 훈련 방식에 열성적인 사람들은 인간의 신체가 지닌 다양한 가능성을 연구하는 데 평생을 바친다. 하지만 이 모든 연습들은 더욱 향상된 체력, 지구력, 민첩성, 조정력, 신체적 역동성을 계발하기 위해 배우가 신체적 자기 탐구와 자기 훈련을 시작할 수 있는 방법들을 제안한다.

◆ 연습 18-2

조율 상태 개선하기

다리를 편안하게 벌리고 서라. 어깨를 아래쪽으로 구부정하게 하고, 머리를 목 아래쪽으로 밀어 내리고, 무릎을 붙이고, 주먹을 쥐고, "하 하 하 하 하"라고 말하라. 아마 그 소리는 **끔찍할** 것이다. 이젠 다음과 같이 해보라.

팔의 긴장을 풀고, 주먹을 펴고, 팔을 가볍게 돌리고, 턱 높이를 유지시키면서 머리가 위쪽으로 '부유하도록' 하라.

머리를 긴장시키지 않은 상태에서 최대한 높이 '부유하게' 하면서 나선형
으로 한두 번 양 방향으로 돌려라.

무릎을 살짝 구부리고 허리를 돌리다가, 균형 잡힌 자세로 정지하라.

어깨를 활짝 펴고, 갈비뼈를 치켜 올려 바깥쪽, 앞쪽, 위쪽으로 확장시키면
서 흉곽을 열어라. (유두에서 약 7센티미터 아래쪽에 있는 양쪽 갈비뼈에 두 개의 철사를
부착하고, 45도 각도로 앞쪽과 바깥쪽 방향으로 지그시 당겨 올린다고 상상하라.)

등뼈를 고정시키지 말고 길게 늘이고는, "하 하 하 하 하"라고 말하라.

상체를 자유롭게 비틀어 돌려라. 그리고 조율 상태를 유지하면서 걷고, 돌
고, 손을 뻗어라. "하 하 하 하 하"라고 말하라.

연습 18-2는 단시간에 즉각적인 결과를 보여주는데, 당신은 더 큰 공명과
더 자유로운 호흡을 하고 있음을 바로 알게 될 것이다. 당신의 무의식적인 일상
동작들의 일부를 이렇게 향상된 조율 상태로 만드는 것은 단순한 문제가 아닐
뿐더러, 무엇보다 경직되고 어색한 느낌 없이 조율 상태를 유지하는 것 자체가
단순한 일이 아니다. 훌륭한 체내 조율은 많은 양의 연습과 집중력을 수반한다.
즉 당신은 평생의 습관들을 바꿔야 하고, 그러한 조율이 쉽고 빠르게 이루어질
것이라는 기대는 하지 않는 게 좋다. 하지만 그 최종 결과물은 더 훌륭한 신체
및 발성 능력으로 나타날 것이다.

걷기

연출가가 "왼쪽으로 이동하라."고 말하면, 배우는 자신의 왼쪽으로 걸어가야
한다는 것을 안다. 하지만 어떻게 걸어야 할까? 빠르게? 느리게? 터벅터벅? 발

을 질질 끌며? 단정치 못하게? 자신감 있게?

　놀랍게도 당신은 종종 그들이 무대 위에서 걷는 방식만 보고도 미숙한 배우라는 것을 알아차릴 수 있다. 그들이 걸음마를 시작한 이래로 해왔던 일이 갑자기 어색하고 심지어 서툴러 보이기까지 한다. 아마 당신도 이런 일을 경험한 적이 있을 것이다. 물론 그것은 부분적으로 자의식 탓이기도 한데, 당신의 얼굴 위로 오십여 개의 눈부신 조명이 비치고 난생 처음으로 화려하게 분장했다는 사실을 인식하고 있는 와중에 전혀 긴장하지 않을 수는 없다. 하지만 그 요인 중의 일부는 걷는 것이 당신의 등장인물의 목표나 GOTE와 긴요하게 연관된 연극 연기의 일부라는 사실을 실감하지 못한 데 있다.

　무대 위에서의 모든 동작에는 **목적성**이 있어야 한다. 즉 당신의 등장인물이 다른 누군가와 함께 목표를 추구하는 데 도움이 되어야 한다. 또한 모든 동작은 전술적이며, 말하기처럼 걷기도 전술적이다. 당신은 무엇인가를 서둘러 이루기 위해 빨리 걷거나, 누군가에게 몰래 다가가기 위해 천천히 걷거나, 누군가를 안심시키기 위해 무심하게 걷거나, 권위를 나타내기 위해 대담하게 걸을 수도 있다. 그리고 다른 방식의 걸음걸이를 나타내는 다양한 표현들의 예로는 큰 걸음으로 걷다, 살금살금 걷다, 한가로이 걷다, 당당하게 걷다, 한 걸음씩 천천히 걷다, 슬슬 거닐다, 어슬렁어슬렁 걷다, 쿵쿵거리며 걷다, 성큼성큼 걷다, 줄지어 걷다, 무거운 발걸음으로 걷다, 발끝으로 걷다, 터벅터벅 걷다, 깡충깡충 뛰어가다, 급히 달려가다, 게걸음 치다 등이 있다. 이 다양한 표현들 중에서 어떤 것이든 "왼쪽으로 이동하라."는 연출가의 요구 가운데 '이동하라'를 대체할 수 있다. 하지만 소수의 연출가들만이 그러한 표현들을 사용할 생각을 한다. (연출가들이 꼭 그래야 하는 것은 아니다. 그건 당신에게 달려 있다.)

　그러나 당신이 무엇을 하든, 그냥 '이동하지는' 말라. 당신이 미숙한 배우들을 통해 우선적으로 알 수 있는 것은 그들이 '하고 싶어서'가 아니라, 그렇게 하도록 명령받았기 때문에 걷고 있다는 사실이다. 배우들은 무엇인가를 하도록

> **걸으면서 말하기**
>
> 연기란 무엇인가? 그것은 걸으면서 말하는 것이다. 하지만 그렇지 않다. 그것
> 은 그러한 순간들의 가능성 또는 중요성을 알게 되는 것이다.
>
> —피오나 쇼

명령받았을지 모르지만, **그들이 연기하는 등장인물은** 그것을 하고 **싶어서 하는
것**으로 보여야 한다는 사실을 기억하라. 수동적이지 않은 **능동적인** 움직임의
수단들을 선택하라. 그리고 열여섯 가지 표현들 중에서 하나를 사용함으로써
당신은 분명 그렇게 할 수 있을 것이다.

◆ 연습 18-3
다양한 걸음걸이

앞에서 열거한 다양한 걸음걸이를 모두 탐구하라. 원을 그리며 걷기 시작하다
가, 지도교사나 그룹의 리더의 주문에 따라 큰 걸음으로 걷고, 살금살금 걷고,
한가로이 걷고, 당당하게 걷고, 한 걸음씩 천천히 걷고, 슬슬 거닐고, 어슬렁어
슬렁 걷고, 쿵쿵거리며 걷고, 성큼성큼 걷고, 줄지어 걷고, 무거운 발걸음으로
걷고, 발끝으로 걷고, 터벅터벅 걷고, 깡충깡충 뛰어가고, 급히 달려가고, 게걸
음을 쳐라. 당신 자신의 이야기와 내면의 GOTE를 즉석에서 만들면서, 양식화
된 '등장인물의 걸음걸이'가 아니라 **당신 자신**의 걸음걸이로 만들어라. 예를 들
어, "나는 선생님에게 무거운 발걸음으로 걸어가서는 성적을 정정해달라고 요
구할 것이다." 또는 "나는 애슐리에게 옆걸음질로 다가가서는 점심을 같이 먹
지 않겠느냐고 물어볼 것이다." 얼마간 이렇게 연습을 한 다음, 원을 그리며 걷

는 대신 걸음걸이가 바뀔 때마다 아무렇게나 선택된 방향으로 걸으면서 연습을 계속하라. 당신의 '내면의 이야기'에서 지정한 사람들에게 다가가거나 그들에 게서 멀어져라. 한편, 그들 또한 당신을 향해 다가오거나 당신으로부터 멀어진 다는 것을 의식하라.

◆ 연습 18-4

걸으면서 말하기

두 사람씩 짝을 짓고, 방을 가로질러 서로 마주보고 서라. 아래 대사들 중의 하 나와 앞의 걸음걸이들 중의 하나를 선택한 다음, 당신의 상대에게 '걸으면서 말 하는' 동시에 **그와의 시선 접촉을 계속 유지하면서** '왼쪽(또는 오른쪽)으로 이동 해' 다가가라.

1. "내 러닝메이트가 돼주지 않을래?"
2. "탁구 경기 보러 가지 않을래?"
3. "네 룸메이트가 체포됐어!"
4. "시험 시간까지 다섯 시간밖에 안 남았어."
5. "방금 연주회 표 두 장을 얻었는데, 같이 갈래?"
6. "글쎄, 그건 옳지 않다고 말해야 할 거 같아."
7. "좀 들어봐, 내 생각엔 넌 정말 멋져. 그냥 멋지다니까, 글쎄……
   저…… 다른 학생들은……"
8. "그래서. 오늘은 네가 이길 거라고? 그렇게 생각한단 말이지?"
9. "너 대체 오늘 왜 그러는데?"
10. "이봐, 내가 배역을 따냈어!"

11. (노래하며) "찬란한 황금빛 안개 덮인 초원이여……"*

12. (노래하며) "생일 축하합니다, 생일 축하합니다, 당신의 생일을……"

시선 접촉을 유지함으로써 목표와 GOTE에 집중할 수 있게 되며, '자신의 걸음걸이를 의식하지' 않게 될 것이다.

당신은 지금 어떤 종류의 신발을 신고 있는가? 걷는다는 것은 동작일 뿐 아니라 소리이기도 하다. 배우의 신발, 무대 바닥의 재질, 걸을 때 소음의 정도에 따라 배우의 발걸음은 연극의 사운드 디자인의 결정적인 부분이 될 수도 있다. '자기 자신의 발을 가진' 것처럼 보이는 배우들은 자신들의 접근에 대한 확신에 찬 사운드와 태도로 연극에 강력히 기여할 수 있다. 일본의 연출가 겸 연기지도자로 잘 알려진 스즈키 다다시는 발은 바닥에 접촉하는 신체의 유일한 부분이기 때문에 배우의 기초 도구라는 사실을 학생들(그리고 독자들)에게 상기시킨다.[1]

앉기와 서기

앉기와 서기 또한 우리 일상에서 매일 사용하는 동작이지만, 무대 위에서는 여전히 어색하고 두렵게 느껴질 수 있다. 여기서도 명백히 같은 규칙이 적용되는데, 무대에서 이동하는 것뿐 아니라 **모든** 동작들은 등장인물의 목표 추구에서

---

* 뮤지컬 서부영화 〈오클라호마 *Oklahoma!* 〉(1955)에서 주인공 컬리가 부르는 노래('오, 아름다운 아침 Oh, what a beautiful morning')의 첫 소절.

1 스즈키 다다시, 《연기 방법 *The Way of Acting*》, 토머스 라이머 J. Thomas Rimer 옮김, New York : Theatre Communication Group, 1986.

비롯되어야 하고, 이런 경우에도 수동적이 아닌 능동적인 동작이 절실하게 요구된다. **앉기** 는 또한 의자에 살짝 걸터앉거나, 털썩 주저앉거나, 편히 앉는 것을 의미할 수 있으며, **서기** 역시 점잖게 일어서기에서 껑충 뛰어 일어서기까지 다양한 방법이 있다.

◆ 연습 18-5

걷고, 말하고, 앉기

두 사람씩 짝을 짓고, 연습 18-4에 있는 대사들을 말하면서 앉아 있는 상대와 시선 접촉을 계속 유지하며 '이동해서는', 대사의 마지막 단어를 말하면서 상대의 옆에 있는 의자나 소파에 앉아라. (이 연습이 진행되는 공간에는 의자 두 개와 소파 하나가 놓여 있고, 당신의 상대는 의자와 소파 사이에 있는 또 다른 의자에 앉아 있는 것이 바람직하다.)

앉으면서 시선 접촉을 유지하는 것이 처음에는 어려울 수도 있지만, **의자가 아니라 당신의 상대를 계속 바라보라!** 의자가 어디에 있는지 잘 모르겠다면, 그것을 만져볼 수는 있되 쳐다보지는 말라. 현실에서 의자에 앉을 때 (그것이 제자리에 있는지 확인하는 차원에서) 그것을 쳐다볼 수도 있겠지만, 이것은 대담한 선택이 아니다(제12강 참조). 당신이 상대와 함께 성취하고자 하는 목표는 앉을 자리를 놓치지 않으려고 하는 것보다 더 중요한 목표처럼 보여야 한다!

구두(하이힐 포함)에서 운동화, 슬리퍼, 맨발까지, 당신이 신은 신발의 종류에 따라 연습에 변화를 꾀하라. 이와 같은 다양한 변화로 인해 현격한 차이가 생길 것이다. 이러한 변화를 통해 당신은 무엇을 배울 수 있는가? 그것을 어떻게 활용할 수 있는가?

속도: 가속, 감속, 정속

가속과 감속 조절 능력은 신체의 민첩성을 발전시키고 동작의 역동성을 창조하는 데 중요한 역할을 한다. 가속과 감속 동작은 당신이 움직이는 동안 생각하고 있으며, 당신의 마음이 움직임을 일으키고 있음을 분명하게 해준다. 한편, 일정한 속도(정속)의 움직임은 연출가와 같은 다른 누군가에 의해 촉발된 움직임을 단순히 수행하고 있음을 나타낸다.

일정한 속도의 움직임은 갱생 중인 마약 중독자가 약병을 내려놓는 것처럼 '마음을 다잡아보려는' 등장인물의 묘사를 계산에 넣은 것이다. 하지만 초보 배우들에게 일정한 속도의 움직임은 대개 그들이 원해서가 아니라 그들이 해야 하거나 하기로 되어 있기 때문에 움직이고 있을 뿐이라는 것을 보여주며, 이는 분명 중대한 결점이다.

◆ 연습 18-6

가속과 감속

1. 선 채로 두 팔을 바깥쪽으로 뻗되, 손바닥이 앞을 향하게 하고 팔꿈치는 살짝 구부려라.
2. 이번엔 일정한 속도로 팔을 움직여 박수를 치듯 두 손바닥을 모아라.
3. 이번엔 점점 빠르게 움직여 박수를 쳐라.
4. 이번엔 점점 느리게 움직여 박수를 쳐라.

세 가지 박수의 특징에 주목하라. 첫 번째 (일정한 속도의) 박수는 마지못해 치는 형식적인 박수처럼 보인다. 두 번째는 "알아냈어!"와 같은 승리의 제스처이다. 세 번째는 기도할 때 두 손을 모으는 것처럼 보인다.

다음 액션들을 다섯 번씩 반복하면서 정속, 가속, 감속 동작을 연습하라.

1. 한 손을 탁자 위에 올려놓아라.
2. 손을 뻗어 상대가 쥐고 있는 모형 권총을 붙잡아라.
3. 뒤에 있는 누군가를 보려고 몸을 돌려라.
4. 베개를 주먹으로 쳐라.
5. 의자에서 일어서라.
6. 바닥 위에 미리 정해놓은 지점까지 걸어가라.
7. 앉아라.
8. 음료수(양주용 작은 유리잔)를 들어 올리고 마셔라.
9. 상대의 목을 만져라.
10. 상대의 머리카락을 만져라.
11. 스웨터를 벗어라.
12. 탁자 위에 약병을 올려놓아라.
13. 소파 위에 누워라.
14. 누군가를 손가락으로 가리켜라. 누군가의 신체의 **일부**를 가리켜라.

가속 동작들은 자극적이고 열광적으로 보이는 경향이 있다. 감속 동작들은 우아하고 부드러워 보이는 경향이 있다. 정속 동작들은 지루하고 충직해 보이는 경향이 있다. 어떤 종류의 동작들이 연기에 가장 유용한지 생각해보라. 그리고 어떤 종류의 동작들이 초보 배우들에게서 가장 흔히 발견되는지 생각하라.

평형

콘트라포스토Contraposto(대칭적 조화)는 회화와 조각을 분석하는 데 주로 사용되는 이탈리아어 단어로, 어깨와 엉덩이, 팔과 다리 등이 다른 평면에 놓이도록 몸이 뒤틀려 있는 평형을 이룬 신체 자세를 설명하는 말이다. 콘트라포스토로 잘 알려진 미켈란젤로의 회화와 조각 작품들은 배우들에게 특히 시사하는 바가 크다.

평형을 이룬 신체는 역동적이면서 안정된 것으로, 비록 정지되어 있는 것처럼 보이더라도 연기를 위해 단번에 튀어오를 수 있는 상태이다. 반대로, 배우 훈련이 아닌 '똑바로 서기' 훈련의 산물인 경직되고 각진 신체는 무대 위에서 정적이고 흥미 없어 보이며 감성적이거나 육체적으로 자극할 수 없다.

◆ 연습 18-7

콘트라포스토

1. 연습 18-2에서처럼 바닥에 두 발을 편하게 딛고 몸을 조율한 상태에서, 허리를 왼쪽으로 90도 구부려라.
2. 오른팔을 위를 향해 바깥쪽으로 뻗어라. 머리를 왼쪽으로 90도 꺾어라. 무릎을 굽혀라.
3. 통기듯 반대 자세를 취하라.
4. 긴장을 풀라.
5. 전방 9미터 지점까지 속도를 점점 줄여가며 걸어가서, 정지와 동시에 돌아서라.
6. 9미터 전방에 있는 의자까지 속도를 점점 줄여가며 걸어가서, 돌아서 앉으

며 몸을 둥글게 말라.

7. 머리를 한쪽 방향으로 치켜들고, 그런 다음 다른 방향으로 치켜들라.

8. 한쪽 방향을 바라보고 다른 쪽을 손가락으로 가리켜라. 그 반대로 하라.

9. 튼튼한 소파를 벽에서 떨어뜨려 놓아라. 소파의 시트, 팔걸이, 등 부분을 이용하여, 신체적으로 역동적인 열 가지 콘트라포스토 자세들을 취하되, 한 자세에서 다른 자세로 유려한 가속 및 감속 동작으로 이동하라. 이런 식으로 소파 주위를 이동하며 누군가와 장면 또는 즉흥 연기를 하라.

신체는 보호를 위해 스스로 수축한다. 반면에 어떤 표현을 위해, 그리고 가끔은 공격하기 위해 바깥쪽으로 확장한다. 수축과 확장의 크기는 배우의 신체의 자유를 나타내는 하나의 척도이다. 예를 들어, 아이들은 보통 그 확장 정도가 매우 자유롭지만, 성인들은 훨씬 더 억제된다.

◆ 연습 18-8

수축과 확장

1. 북소리 또는 구령에 맞춰 움직여라. **수축!** …… **수축!** …… **수축!** …… **수축!**

2. 북소리 또는 구령에 맞춰 움직여라. **확장!** …… **확장!** …… **확장!** …… **확장!** …… **도약!** …… **도약!** …… **수축!**

3. 속도를 점점 줄여가며 걷다가 마치 작은 공처럼 몸을 둥글게 말라. 몸을 압축시키면서 10초간 정지했다가, **폭발하라!**

4. 다음과 같은 가상의 것들에 반응하라.

복부를 가격하는 주먹질

바지의 엉덩이 부분에 붙은 불

심장마비

항복하라는 고함

도와달라는 외침

....

동작의 역학

헝가리 태생의 루돌프 라반Rudolf Laban(세계 최초로 무용보*를 창안하기도 했음)이
1940년대에 창안한 동작 분석 시스템은 배우들이 동작 기술들을 규정하고, 구
분하며, 개발하는 데 매우 큰 도움을 준다. 라반의 동작 시스템은《동작의 역학
Effort》[2]이라는 제목의 얇은(85쪽) 책에 기술되어 있다. 이 책에서 라반은 힘(약하
거나 강한 동작), 공간(휘거나 곧은 동작), 시간(더디거나 빠른 동작)의 세 가지 요인에
따른 인간의 모든 동작을 정교하게 도표화했다.

 라반은 이를 바탕으로 휘두르기, 누르기, 당기기, 찌르기, 미끄러지듯 움직
이기, 휙휙 움직이기, 가볍게 두드리기, 부유하듯 움직이기 등 여덟 가지 기본
동작 유형들을 제안했다.

	힘	공간	시간
휘두르기	강함	휨	빠름
누르기	강함	곧음	더딤
당기기	강함	휨	더딤

....

* 무용 이론가인 루돌프 라반이 창안하고 그의 제자들이 발전시킨 라바노테이션Labanotation은 시간, 공간,
 무게, 흐름 등의 주요 4요소를 분석해 움직임을 기록하는 무용 기록법이다.
2 루돌프 라반 · F. C. 로렌스, 《동작의 역학》, London : MacDonald & Evans, 1947.

찌르기	강함	곧음	빠름
미끄러지듯 움직이기	약함	곧음	더딤
획획 움직이기	약함	휨	빠름
가볍게 두드리기	약함	곧음	빠름
부유하듯 움직이기	약함	휨	더딤

예를 들어, 휘두르는 동작은 강한 힘을 필요로 하고, 공간적으로 휘어지며, 갑자기 시작해서 갑자기 멈춘다. 반대로, 미끄러지듯 움직이는 동작은 약한 힘을 필요로 하고, 공간을 곧게 통과하는 경향이 있으며, 순간적이기보다는 지속적이다.

위의 표는 단지 라반의 여덟 개의 주요 동작 카테고리들을 보여줄 뿐이다. 그는 계속해서 이들을 세 가지 요인들의 지배 정도에 따라 스물네 개로 세분화한 다음, 동작들이 행위자에 의해 느슨하게 조절되는지 엄격하게 조절되는지에 따라 다시 마흔여덟 개로 세분화한다. 라반의 여덟 개의 기본 카테고리들은 동작의 주요 유형들을 구별하는 유용한 방식인데, 각각의 동작을 보다 일반화된 동작과 구분되는 분명한 동작이 되도록 따로 분리해서 연습할 수 있다.

◆ **연습 18-9**

분명한 동작[3]

아래 언급된 모든 소품들을 몸짓으로 표현하라. 각각의 동작에서는 힘의 세기(약하거나 강한), 공간적 양상(휘거나 곧은) 또는 속도(더디거나 빠른) 중 한 가지 특성이 두드러진다. 행동을 해봄으로써 그것이 어떤 것인지 말할 수 있겠는가?

---

3 이 연습은 《동작의 역학》(28~31쪽)의 내용을 거의 그대로 개작한 것이다.

1. **휘두르기**: 망치로 못을 내려치고, 삽으로 석탄을 퍼 던지고, 거품기로 달걀을 휘저어라.

2. **누르기**: 막자사발과 막자로 후추열매를 갈아 부수고, 칼로 가죽을 자르고, 두 손 사이에 있는 용수철을 압착하라.

3. **당기기**: 코르크 마개뽑이로 코르크 마개를 뽑고, 닭털을 뽑아내고, 고무밴드를 잡아 늘여라.

4. **가볍게 두드리기**: 두 손으로 반죽을 두드리고, 키보드로 타자를 치고, 체를 흔들어 씨앗들을 걸러내라.

5. **미끄러지듯 움직이기**: 손으로 찰흙을 반드럽게 하고, 흙손으로 시멘트를 바르고, 퍼티용 칼로 퍼티를 칠하라.

6. **휙휙 움직이기**: 타월을 잡아채고, 책장을 넘기며 쪽수를 세고, 손으로 줄을 끊어라.

7. **부유하듯 움직이기**: 손으로 씨앗들을 흩뿌리고, 막대기로 유성 페인트를 휘젓고, 테이블 표면을 닦아라.

8. **찌르기**: 쇠스랑을 건초 속으로 쑤셔 넣고, 삽을 마른 모래 속으로 쑤셔 넣고, 송곳으로 얇은 테이블 표면을 꿰뚫어라.

◆ **연습 18-10**

사느냐 죽느냐

연습 18-9를 반복하라. 매 동작을 하며, "사느냐 죽느냐 그것이 문제로다."라는 햄릿의 위대한 독백 중의 첫 대사를 말하라. 그리고 매번 당신은 당신을 아는 사람들에게 말하고 있으며, 당신이 계속 살아야 할지 아니면 죽음이나 심지어 자살에 이르는 길로 들어설지 결정하려 한다는 것을 그들에게 분명히 하고 있다고 상상하라. 그들에게서 반응을 이끌어낼 수 있는지를 알아보라. 당신이 휘두르거나, 찌르거나, 획획 움직이는 동작을 할 때, 대사를 말하는 방식이 어떻게 바뀌는가? 가정된 반응은 어떻게 바뀌는가? 각각의 라반의 동작 유형에 따라 각기 다른 햄릿이 대사를 말하고 있음을 쉽게 상상할 수 있을 것이다.

◆ **연습 18-11**
걷기와 차기

부유하듯 방안을 걸어 다녀라. 미끄러지듯 걸어라. 짓누르며 걸어라. 휘두르며 걸어라. 현실에서 어떤 상황이 당신을 이렇게 하도록 만드는가?

라반의 여덟 가지 기초 동작을 하며, 가상의 대상물을 발로 차거나 짓밟거나 밀쳐라. 현실에서 어떤 상황이 당신을 이렇게 하도록 만드는가?

라반의 여덟 가지 기초 동작 유형에 따라 골반을 움직여라. 상황은?

동작들을 구분하고 분리하는 라반 스타일은 피아노의 개개의 음표들을 연주하는 법을 배우는 것과 같다. 최소한 감지할 수 있을 정도의 시간만큼 한 번에 한 음표씩을 연주하는 소나타는 거의 없으며, 피아노곡처럼 무대 동작은 다양한 요소들로 만들어진 살아 있는 복합체이다. 하지만 신체의 역학을 분리하는 방법을 배우는 것은 피아노의 키를 연주하는 방법을 배우는 것처럼, 무대 위에서 당신의 등장인물의 목표를 찾는 데 이용하기 위한 다양한 전술들을 제공할 것이다.

요약

배우의 신체는 유연하고, 강하고, 활기차고, 민첩하고, 역동적인 도구로 훈련되어야 한다. 몇 년씩 걸리기도 하는 신체 훈련 프로그램들은 마임과 무용 같은 정확한 동작 기술들을 배우는 것을 포함하지만, 당신은 좋은 신체적 조율, 무대 화술과 동작의 통합, 동작 방향과 속도(가속과 감속)의 조절 능력, 역동적 평형과 균형, 대담한(격정적인) 신체 표현을 위한 잠재력을 확립하도록 하는 몇 가지 간단한 연습들을 바로 시작할 수 있다.

제19강

음성과 신체 통합

조정력

'걸으면서 말하는 능력'인 신체와 음성의 통합은 배우의 도구에 대한 엄정한 시금석이다. 이를 숙달한다면 당신은 그만큼 발전할 것이고, 실패한다면 되돌아가서 다시 시도해야 한다.

우리는 일상에서 생각 없이 말하면서 움직이지만, 연극에서는 작가가 쓴 대사들과 연출가가 지시한 동작들을 익히기 위해 생각해야 할 필요가 있다. 자의식 없이 이것들을 재생산하는 것은 쉽지 않다. 대사에 집중하다 보면 신체적으로 경직될 수 있고, 동작에 집중하다 보면 대사가 형식적이고 기계적이 될 수도 있다. 일상에서도 흔히 발견되는 말하기와 동작의 유연성은 연기한다는 사실을 의식함으로써 쉽게 상실된다.

극중의 다른 사람들을 통하거나 혹은 그들과 함께, 등장인물의 목표와 그 목표를 달성하는 데 필요한 전술적 가능성들에 집중하는 것은 배우의 마음을 통합할 것이다. 따라서 GOTE 원칙들을 추구하는 것은 배우의 자유로운 도구를 통합하고 설득력 있게 만들 것이다.

일단 개발이 되면, 배우의 도구는 의식되지 않을 경우에만 사용될 수 있다. 바이올린 연주자는 협주곡을 연주하는 동안 줄, 활, 지판指板을 구획하는 작은 돌기인 프렛fret에 대해 생각하지 않고, 음악을 만드는 것에 대해 생각한다. 배역을 연기할 때도 마찬가지로, 배우는 음소나 감속에 대해 생각하지 않고, 목표들과 그것들을 빨리 성취하는 방법에 대해 생각한다. 이렇게 해서 마침내 배우는 도구가 **된다.**

좋은 음성과 신체의 통합이나 조정력을 개발하기 위해서는 당신 스스로가 장면에서 원하는 것이 무엇인지를 분명하게 알고 있어야 하며, 목표를 성취하는 데 당신의 몸 전체(음성과 동작)를 완전히 자유롭게 사용할 수 있어야 한다. 목표에 대한 이러한 집중이 당신의 원동력이라면, 음성과 신체 모두 그러한 집중에 도움이 될 것이다. 그것들은 당신이 원하는 것을 얻기 위한 당신의 헌신에 의해 통합될 것이다.

다음 연습은 음성과 신체를 통합하는 데 유용한 첫 단계가 될 것이다.

◆ **연습 19-1**
....
명령

이 연습들은 연습 18-5(걷기, 말하기, 앉기)가 끝나는 데서 시작한다.

1. 특정 지점을 향해 다섯 걸음을 옮기면서 "당장 이리 와!"라고 말함으로써 (실재 또는 가상의) 상대가 그 지점에 오도록 하라. 당신이 그 지점에 도착하면 돌아서서 바닥을 가리켜라. 동작과 대사는 동시에 이루어져야 하며, 말

을 계속하면서 돌아서서 가리켜야 한다. 이를 다양한 타이밍으로 실험하라.

2. 다음과 같은 다른 대사들로 이 연습을 하라.

   a. "난 네가 이쪽으로 왔으면 해, 부탁이야."

   b. "이봐, 조지, 내가 지금보다 더 화나기 전에 네가 이쪽으로 오는 게 매우 중요하다고 생각해."

   c. "이리 오게, 친구." (혹은 "이리 와요, 내 사랑.")

3. 소파 또는 인접한 두 개의 의자 중의 하나를 향해 걸어가서, 마지막 대사를 하는 동안 돌아서 앉으며 이 연습을 하라. 위에 있는 대사들을 선택하거나 새로운 대사들을 써라. (즉석에서 짓지 말고, 반드시 써서 하라.)

당신은 짧은 대사와 긴 동작, 그리고 긴 대사와 짧은 동작을 결합할 수 있어야 하며, 사실상 어떠한 조합의 동작과 대사라도 효과적이고, 편안하고, 자신 있게 시간을 조절할 수 있어야 한다. 점점 느리게 돌아서며 동작을 마무리하거나 마지막 단어를 말함과 동시에 앉는 연습도 해보라.

◆ 연습 19-2
일상동작을 곁들인 대사

희곡의 첫 장면에서 발췌된, 다음 대사들 중의 하나를 연구하고 암기하라. 혹은 당신이 선택한 아무 희곡에서나 처음 몇 쪽에 나오는 짧은 대사를 암기하라. 전후 관계를 파악하여 당신이 누구에게 말하는지 상상하고, 그 대사에 대한 GOTE를 창조하는 데 당신의 상상력을 이용하라. 대사에 대한 자신감이 생길 때까지 따로 연습하라.

1. "교수 내외가 이곳에 와서 살고부터는 생활이 궤도를 벗어나버렸어……
   잘 시간이 아닌데도 잠을 자고, 점심식사와 저녁식사 때는 과도하게 양념
   된 음식을 많이 먹고 와인을 마시는데…… 이 모든 것이 건강에 좋지 않
   지. 우린 한 번도 자유 시간을 가져본 적이 없었어. 소냐와 난 일을 했지—
   그건 정말이야—그런데 지금은 소냐 혼자만 일을 할 뿐 난 자고, 먹고, 마
   시기만 하니…… 이건 옳지 않아."

   (안톤 체호프의 〈바냐 아저씨 *Uncle Vanya*〉)

2. "……그래. 그 일은 이렇게 돼가는 거야. 아니, 이렇게 된 거야. 모든 건 이
   렇게 된 거야. 아니면 이렇게 되든지. 아니면…… 당장 이렇든지. 상관없
   어. 넌 알게 될 거야. 내 생각엔. 아니, 넌…… 그래 넌 알게 될 거야! 그럼.
   (잠시 멈춤) 지금 네가 알아야 할 것은, 내 말은 지금 **당장**, 어떤 여자애가 있
   었다는 거야. 물론 항상 있지, 안 그래? 내 말은, 없지 않다면 말이지. 그리
   고는 없는 거지…… 하지만 그건 더는 설명이 필요 없어. 이 일엔 한 여자
   애가 있어. **분명** 한 여자애가 있긴 하지. 그래. 난 그 여자애한테 말하러 갈
   생각이야. 왜냐면…… 음, 여자애들은 상냥하니까. 근본적으로. 그리고 그
   거면 충분해. 하지만 난 그 여자애랑 얘기를 나눠야 해. 이 일을 시작하려
   면. 아니면 그걸 계속하려면…… 아니면 뭐든 간에. 무슨 말인지 알겠어!
   뭐 그런 거지."

   (닐 라뷰트의 〈디스 이스 하우 잇 고스 *This Is How It Goes*〉)

3. "아들, 손가락으로 쑤셔 넣을 게 따로 있지. 그러려거든 굳어진 빵 조각으
   로 하렴. 그리고 꼭꼭 씹어! 동물들은 씹지 않고 삼켜도 소화가 잘 되지만,
   사람들은 꼭꼭 씹어서 삼키도록 돼 있어. 서둘지 말고 그 맛을 즐겨야 한단
   다, 아들아. 훌륭한 요리는 씹을수록 다양한 맛을 내고 그 진가를 발휘한단
   다. 침샘에게도 할 일을 줘야지!"

   (테네시 윌리엄스의 〈유리동물원〉)

4. "거리엔 자동차 행렬이고. 아무리 살펴봐도 신선한 공기를 마실 곳이라곤 없거든. 잔디도 더 이상 자라질 않고, 뒷마당에서 홍당무도 재배할 수 없고. 아파트를 짓지 못하게 하는 법이라도 만들었어야 했는데. 저기 서 있던 느릅나무 두 그루 생각나오? 비프란 놈하고 나하고 거기에 그네를 달아맸는데…… 도대체 나무 베는 건축업자들을 그냥 둔다는 게 틀려먹었어. 그놈들이 이웃을 망쳐놓은 거야."

(아서 밀러의 〈세일즈맨의 죽음〉)

이제, 실제 소품들이나 대용 소품들을 사용하여 다음 무대 일상동작들 중의 하나를 연기하면서, 익힌 대사를 (실재 또는 가상의) 상대에게 '전달하는' 연습을 하라.

1. 옷을 갈아입으며
2. 맨해튼 칵테일을 만들어 마시며
3. 과일 샐러드를 섞고, 다듬고, 맛보며
4. 카드를 섞고, 진 러미gin rummy* 두 패를 돌리며
5. 바나나 껍질을 벗겨 먹은 뒤, 껍질을 버리며

물론 위의 일상동작을 손에 익혀야 할 필요가 있다. 예를 들어, 맨해튼 칵테일을 만들면서 설득력 있는 대사를 말하기 위해 당신은 맨해튼 칵테일을 어떻게 만드는지 알고 있어야 한다. 신체의 여러 부분이 관여하는 (단순 반복이 아닌) 단계적이면서 충분히 복잡한 일상동작을 선택하라.

---

* 가지고 있는 패의 합계가 10점 혹은 그 이하일 때 가진 패를 내보이는 카드놀이의 일종.

당신은 아마도 연습 19-2가 상당한 양의 연습을 필요로 한다는 사실을 알게 될 것이다. 당신은 또한 당신의 대사와 일상동작을 조정할 수 있는 수천 가지 방식이 있다는 사실을 금방 알게 될 것이다. 행동은 어떻게 대사에 영향을 미치는가? 대사와 그 안에 내포된 느낌들은 어떻게 행동에 영향을 미치는가? 연극의 정황에 따라 대사를 '해석'하려 들지 말고, 대사를 단순히 별도의 연습으로 다루면서 당신의 의사 전달을 보조하는 행동을 만들어낼 수 있도록 하라. 당신은 상대를 매혹시키기 위해 특정한 행동들을 언어와 결합시킬 수 있는가? 그를 위협하려고? 동정을 구하려고? 파괴하려고? 놀라게 하려고? 압도하려고?

◆ **연습 19-3**

신체 구두법

가급적이면 바로 전의 연습들 중에서 당신이 암기한 아무 대사나 선택하여, 다음과 같은 반복적인 신체 행동을 하면서 (실재 또는 가상의) 상대에게 전달하라.

1. 제자리에서 조깅하며
2. 줄넘기를 하며
3. 달걀을 휘저어 섞으며
4. 윗몸일으키기를 하며
5. 머리카락을 빗으며
6. 피아노를 연주하며
7. (가상의) 농구공을 드리블하며
8. 면도를 하며

신체 행동을 '극복하며' 말하라. 당신의 동작에서 비롯된 산만함을 극복하여 당신 자신을 이해시키고 당신의 의도가 느껴지도록 하라.

이제 대사의 특정 지점에서 동작을 멈춤으로써 대사에 '구두점을 찍어라.' 여러 가능한 순간들을 실험하라. 한 동작을 멈추고, 대사 후반부에 또 다른 동작을 시작하는 실험을 하라.

연습 19-3의 '작업'에 대해서는 당신 스스로가 최상의 선생이다. 연극을 연출하는 데 있어 연출가가 해야 할 업무의 상당 부분은 중요한 정서적 변화들을 납득시키기 위해 정확한 신체적 구두점을 찾는 것이다. 당신은 신체적 리듬의 변화가 어떻게 플롯의 변화 또는 등장인물의 의도나 관계에 대한 이해의 변화와 조화하여 기능하는지를 알아냄으로써 연기를 할 때 이러한 작업을 기대할 수 있다.

◆ 연습 19-4

신체 리듬

연습 17-3에 있는 한 줄짜리 대사들 중에서 하나 또는 여러 대사들을 암기하라. 각각의 대사를 (실제 또는 가상의) 상대에게 손가락으로 가리키거나 탁자 위로 주먹을 내리치는 것과 같은 가속의 손동작을 곁들여 전달하라.

각각의 대사를 의자에 앉는다거나, 방을 가로지른 다음 돌아선다거나, 상대를 만지는 것과 같은 감속 동작을 곁들여 전달하라.

언어 리듬

각각의 명령들을 처음엔 가속 템포로, 다음엔 감속 템포로 전달하라.

1. "이 방에서 나가."
2. "그걸 내게 줘."
3. "나가서 싸워 이겨!"
4. "폭발하기 전에 내게 키스해줘."
5. "사느냐 죽느냐, 그것이 문제로다."

가속 템포와 가속의 팔동작과 손동작을 결합시켜라. 감속 템포와 감속의 신체 동작을 결합시켜라.

지시

감정을 표시하는 것은 보통 연기의 결점으로 간주되는 반면(제14강 참조), 물리적으로 가리키거나, 고개를 끄덕이거나, 몸짓을 함으로써 **물건**(또는 장소나 사람)을 표시하는 것은 종종 연기에 도움이 된다. 지시 대명사들('저것', '저것들', '이것들', '이것')의 경우, (탁자 위에 몇 권의 책이 있을 때) "저 책을 내게 갖다줘." 또는 (방 안에 몇 개의 물건들이 모여 있을 때) "저것들 중의 하나를 가질게."에서처럼, 어떤 형태로든 신체적 표시가 절대적으로 필요하다. 어떤 형태로든 아무런 몸짓이 없다면, 그런 대명사의 선행사(지시 대상)를 규정하는 것은 대개 불가능하다.

보다 일반적으로, 지시나 몸짓은 지나치지만 않다면 신체를 마음과 음성 연기에 끌어들이면서, 표현이 풍부한 동작을 위한 기초적이고 신뢰할 만한 기회를 만들어낸다. 문제의 여자를 향해 돌아서서 가리키면서 "난 그녀와 함께 갈 거야."라고 말하는 것은 당신이 지시하는 여자를 명확하게 할 뿐 아니라, 거의 언제나 (관객뿐 아니라 당신 자신에게) 당신과 '그녀' 사이의 관계를 보다 분명하게 만드는 더욱 심화된 심리적 결합으로 증대된, 당신과 그 배역을 연기하는 배우 사이의 물리적이고 공간적인 결속을 확립한다. 그것은 또한 당신을 움직이게 만들고, 관객이 당신의 얼굴과 몸을 여러 각도에서 볼 수 있도록 한다.

당신이 말하는 바를 지시하고, 몸짓하고, 바라보는 것은 당신의 등장인물이 믿는 신성한 영역을 포함하는 극화된 공간들의 그럴듯한 사실감을 확립하는 데 도움을 주기도 한다. "그는 저 밖에 있어."라고 말하며 무대의 문이나 창문을 향해 고개를 치켜드는 것은 그 지시된 영역이 실제로는 무대 뒤쪽의 난잡한 공간에 지나지 않는다 할지라도 관객과 당신 자신 모두에게 좀 더 사실적인 '바깥'의 개념을 만들어낸다. 햄릿이 "오, 신이시여! 신이시여! 이 세상만사가 제겐 왜 이리 지리하고, 멋없고, 단조롭고, 무익합니까!"라며 신의 이름을 부르며 하늘을 향해 바라보는 것은 단순한 진술이나 무의미한 저주라기보다는 당신의 햄릿이 '신'과 대화하거나 '신'을 찾고 있다는 것을 나타낼 것이다. 그리고 (셰익스피어의 〈헨리 6세〉에 나오는) 성 요한으로서 당신 자신이 '하늘로부터 선택되었다는' 사실을 선언할 때 **하늘**이란 단어를 말하며 위를 흘긋 쳐다본다면, 그 몸짓은 당신을 기소하려는 교회 관계자들에게 좀 더 위협적으로 보이게 만들고, 또한 실제로 신성한 존재와 직접 의사소통하고 있다는 당신의 느낌이나 상상력을 강화할 것이다.

요약해서 말하자면, 당신의 손가락, 엄지, 펼친 손, 양손, 머리, 눈, 또는 치켜 올린 눈썹 등을 이용한 신중하고 엄선된 지시는 다른 배우들, 주변 환경, 그리고 희곡에서 묘사된 (가상의) 장소들과 공간적이면서 정서적으로 연관시켜 당신의 연기를 더 분명하고, 더 구체적이고, 더 물리적이고, 더 적극적이고, 더 믿을 만하게 만들 수 있다.

◆ 연습 19-6

지시하기

상대와 함께, 그리고 다음 대사들을 야기하는 간단한 상황을 상상하면서, 처음엔 몸짓 없이 각각의 문장을 연기하고, 다음엔 손가락, 엄지, 펼친 손, 양손, 머리, 눈, 또는 치켜 올린 눈썹 등을 사용해 밑줄 친 단어에 대한 지시 몸짓을 곁들여 연기한 뒤, 대사 연기에 어떤 차이가 있는지 평가하라. 그런 다음 다른 표정과 몸짓을 곁들여 한 번 더 연기하라.

1. 난 네가 이걸 가졌으면 좋겠어.
2. 그리고 내가 이걸로 뭘 하겠어?
3. 빨리, 저리 가.
4. 쉬, 저기 숨어.
5. 넌 악마의 계시를 받지만, 난 신의 계시를 받지.
6. 그 여잔 기차역에서 왔어.
7. 존은 위층에 있어.
8. 비열한 자식, 난 널 고소할 거야.

다음 대사는 너무 복잡해서 연습에 사용될 수는 없지만, 셰익스피어는 〈아테네의 타이먼 *Timon of Athens*〉 중 '이방인'의 대사에서 밑줄 친 단어들이 어떻게 연기되기를 바랐는지 알아내보라.

한 접시에 담긴 음식을 같이 먹었다고 해서
그자를 친구라고 부를 자가 어디 있겠소?
내가 알기에 타이먼 공이란 분은 이 사람의 아버지 역할을 해준 분이고,
그분 돈을 풀어 그의 신용을 지켜줬고,
그의 땅도 지키게 해주었소. 또 타이먼 공의 돈으로,
그의 하인들의 노임도 지불이 되었소. 그가 술을 마시는 것도,
타이먼 공의 은술잔을 사용하는 거지요.
그런데―아, 은혜를 모르는 꼴로 나타날 때의
흉측한 모습의 인간을 보시오!―
그는 그분께 주기를 거절했소. 그의 재산에 비추어볼 때,
자비로운 사람이라면 거지에게라도 줄 만한 금액인데.

시각적 표시들을 사용하여 당신이 의미하는 바를 보다 확실히 하라. 셰익스피어가 말했듯이 언행을 일치시켜라.

템포

신체와 언어의 템포를 가지고 실험할 수 있는 능력은 연기하는 데 장점이 된다. 연극에서 본질적으로 '옳거나 그른' 템포는 없으며, 직선 형태로 템포를 단순히 가속하거나 감속하는 경우는 거의 없다. 하지만 리듬의 다양성은, 훌륭한 연기는 물론 삶 자체의 특성이다. 초보 배우는 종종 극적이지도 사실적이지도 않으며, 무대 공포와 의무적인 '대사 읽기'의 산물이라 할 수 있는 반복적이고 지

척거리는 리듬에서 헤어나지 못한다.

연습 19-5와 19-6에서 다양한 리듬이 당신의 감정에 어떻게 영향을 미쳤는가? 상대와의 상호작용은? 상대가 있다면, 당신의 가속된 전달 또는 감속된 전달이 어떤 영향을 미쳤는지 물어보라. 당신의 대사, 의도, 리듬, 연기 상대를 바꿔가며 이 연습이 편하게 느껴질 때까지 여러 번 반복하라.

◆ **연습 19-7**
대사와 동작의 타이밍

아무 희곡에서나 연습 19-2에서의 대사와 같은 1분 분량의 대사를 선택하라. 그 대사의 등장인물을 위한 GOTE를 분석하라. 무대를 가로지르고, 소파 주위를 맴돌고, 책을 들어 내던지고, 앉고, 미소 짓고, 머리를 치켜들고, 다리를 꼬는 것과 같은 대사와 어울리는 일련의 행동들을 구상하라. 다른 등장인물들은 어디에 있는지 정하라. 그러한 행동들이 특정한 단어들과 맞아떨어질 수 있도록 아주 신중히 대사를 리허설하라. 가속 및 감속 동작과 언어 템포의 유형을 만들라. 두세 개의 구두점을 만들라. 다리를 꼬는 것이 당신의 사고방식을 결정짓는 중요한 행동이 되도록 마지막 대사가 최고조에 달하게 하라.

이를 무의식적으로 할 수 있을 때, 당신은 배우가 되기 위한 매우 큰 걸음을 내디뎠다고 할 수 있을 것이다.

장애를 가진 배우들

배우 훈련에서의 음성과 동작에 대한 강조가 배우들이 가진 특정 장애를 감춰서는 안 된다. 어느 장애인 극단에서처럼 듣지도 말하지도 못하는 훌륭한 배우들이 있다. 그리고 손발이 없고 반신불수인 탁월한 배우들도 있다. 대부분의 배우의 도구들이 초인적인 것들은 분명 아니지만, 그것들 중 일부는 실제로 심각한 한계들을 초월한다. 연기는 인간의 삶과 그 조건의 묘사이며, 이러한 사실을 알고 있고 훌륭한 삶의 파편들을 묘사할 수 있는 사람이면 누구나 그 기회를 발견할 것이다. 하지만 배우가 가지고 있으면서 향상시킬 수 있는 그러한 능력들의 통합인 음성과 신체의 통합은 모든 배우의 발전 과정에서 중요한 단계인데, 오로지 그러한 통합을 통해서만 배우가 자신의 잠재력을 최대화할 수 있기 때문이다.

요약

등장인물의 목표와 GOTE에의 집중은 배우의 도구인 음성과 신체 구성요소들을 통합한다. 배우가 무의식적으로 움직임과 말하기를 동시에 한다는 것은 까다롭지만, 연기가 유연하고, 율동적이면서 역동적이고, 활기 있고, 실감 나고, 적절히 강조되기 위해서는 반드시 익혀야 한다. 각각의 배우들은 한계나 장애를 가질 수도 있지만, 연기 도구를 개발한다는 것은 극적으로 효과적인 대사와 동작을 위한 당신의 모든 능력들을 가능한 한 많이 통합하는 것을 의미한다.

제20강

상상력과 창조성

상상력

상상력에서 연기 충동과 배우의 목표가 비롯된다. "난 줄리엣과 결혼하고 싶어."는 로미오의 내면의 목소리이지만, 이러한 내면의 목소리는 등장인물의 목표를 알리는 것 그 이상의 역할을 한다. 이는 등장인물의 공상, 꿈, **상상된**(따라서 **가상의**) 미래를 반영하는 것이기도 하다.

상상력은 권력 또는 정복의 꿈, 모험 또는 복수의 상상, 굴욕 또는 고립의 공포, 그리고 사랑, 황홀, 경배 또는 승천에 관한 공상 등 많은 것들을 포함한다. 이것들은 임상적 '대상'도 현실적 목표도 아니며, 인간 상상력의 생동감 넘치는 목표인 것이다. 가장 흥미로운 로미오는 로맨틱하면서도 성적인 환상이 가장 생기 있고, 가장 집요하고, 가장 고혹적인 인물이다. 단순히 결혼 증명서(또는 할리우드 계약서)가 목표인 배우는 셰익스피어의 대사를 얼마나 훌륭하게 소화하는지와 상관없이 평범하기 짝이 없는 로미오가 될 것이다. 그렇다면 배우는 어디서 등장인물의 상상력을 얻는가?

창조성

배우가 대본을 읽고 또 읽다 보면 자신이 맡은 등장인물의 주요 목표들을 다소 빠르게 이해하게 된다. 이어지는 검토, 조사연구, 리허설을 통해 등장인물의 심리와 사회적 환경, 주변 인물들과의 복잡한 관계, 작품 전체를 관통하는 등장인물 개개인의 궤적에 대해 더 자세히 알게 될 것임이 분명하다. 이러한 방법으로 등장인물의 목표들이 규정되고 정제되며 세부 구성의 형태로 만들어진다.

하지만 목표들을 규정하는 것은 그것들을 연기하기 위한 한걸음일 뿐이다. 배우는 **그 목표들에 생기를 불어넣어야 한다**. 그리고 분명 당신이 불어넣은 생기는 부분적으로 **당신 자신**의 것이다. 결국 당신 자신의 생기가 당신이 무대 또는 스크린에서 연기하는 배역에 생기를 불어넣어 그 배역을 창조해내야 한다.

창조성은 당신 스스로의 조사연구와 상상력이 합쳐져 만들어진다. 조사연구는 연극을 극적으로 만드는 대본, 언어, 역사적 배경, 희곡의 드라마투르기적 구성 및 기타 요소들을 제공한다. 하지만 거기에 생기를 불어넣는 것은 당신의 상상력이다. 조사연구와 상상력이 결합하여 당신의 등장인물을 **창조하며**, 경우에 따라 관객이 성원하고, 염려하고, 공감하고, 증오하도록 그 등장인물을 숨쉬고, 느끼고, 두려워하고, 갈망하고, **상상하는** 하나의 인격체로 만든다.

창조성과 상상력

등장인물을 모방하는 것이 아니라 진정으로 창조하고자 한다면 당신의 상상력을 마음껏 발휘해야 한다. 하지만 상상력은 철저하게 사적인 영역으로, 욕정, 영광, 고문, 복수, 자살, 그리고 형언할 수 없는 온갖 종말론적 경험 등의 공상들로 가득 차 있다. 우리는 대부분의 이런 사적인 공상들을 다른 사람들에게는 물론 가장 친밀한 사람들에게조차 언급하지 않는다. 어떤 것들은 자기 자신에게조차도 용납하지 않으며, 대신 그것들을 (심리학 용어로) 무의식의 깊은 부정deep denial 속으로 **억누른다**. 그러나 배우는 자신이 연기하는 배역의 인간적 생동감, 복잡성, 신비감을 창조하기 위해서 그러한 공상들을 자신의 연기로 표출해야한다. 우리는 로미오가 줄리엣과 결혼해서 사랑을 나누고 '싶어 하는' 것뿐만아니라 그녀를 보는 순간 정말로 **떨고 있는** 것을 보고 싶어 한다. 그리고 자신의 발코니 아래 로미오가 있다는 사실을 깨닫는 순간, 간신히 숨을 쉬는 줄리엣을 보고 싶어 한다. 그들의 볼에 피가 몰려 상기된 것을 보고 싶어 하고, 그들의입술이 떨리는 것을 보고 싶어 하며, 해서는 안 될 말을 하는 것에 대한 그들의절대적인 **공포**를 보고 싶어 한다. 이를테면 우리(관객) 자신이 경험했거나 경험하기를 꿈꿔왔던 가장 심오한 사랑의 모든 환희와 혼란과 불안을, 배우들이 **자신의 경험을 통해** 창조해내는 것을 보고 싶어 한다. 바로 이것이 관객들이 극장을 찾는 이유이다. 관객들은 신체와 언어의 한계에 맞서 안간힘을 쓰는 인간의마음속 공상들을 보고 싶어 한다.

배우가 배역을 흉내 내는 것이 아니라 진정으로 창조해낼 때 비로소 삶 자체를 창조하는 것이다. 그리고 그것이야말로 등장인물의 삶이자 배우의 삶이다.

공상 활용하기

배우의 공상은 표출되어야 하지만 공개적으로 알려져야 할 필요는 없다. 마음한구석 깊은 곳에 있는 것들까지 이야기할 필요는 없다. 실제로 그렇게 한다면

당신이 공개적으로 드러내려는 것들을 창조적인 작업에 접목시키려 시도함으
로써 당신이 남을 의식하게끔 만들어 작업 과정을 망칠 확률이 높다. 오히려
간단한(그리고 개인적인) 상상력 연습은 감정, 기억, 열망 등이 표면 바로 아래에
서 뒤섞이는 '백일몽' 상태를 유도하여 배우가 자신의 무의식을 탐구하도록
도울 수 있다. 이러한 자아 탐구 연습들은 스타니슬라프스키(제21강 참조)가 말
한 '창조적인 분위기'를 얻기 위해 배우들이 종종 사용하는 최면이나 명상과
유사하다.

◆ 연습 20-1

추위와 더위

이 연습을 위해서는 그룹의 리더나 지도교사, 그리고 조명이 디머dimmer에 의
해 조절되는 공간이 필요하다.

　　바닥에 눕거나 앉는다. 조명이 밝아짐에 따라 기온이 더 따뜻해지고, 다음
엔 더 뜨거워지고, 나중엔 불쾌할 정도로 뜨거워지고, 결국 **고통스러울 정도로**
뜨거워진다고 상상하라.

　　당신과 다른 사람들이 "오~~~~~"라고 찬송함으로써 기온을 조절하는
신들을 달랠 수 있다고 상상하라.

조명이 어두워짐에 따라 기온이 떨어지다가, 나중엔 추워지고 결국 얼어붙는다고 상상하라.

당신이 죽어가고 있다고 상상하라.

"이~~~~~"라고 찬송함으로써 당신의 그룹이 신들을 달래어 세상을 다시 따뜻하게 할 수 있다고 상상하라. 율동적인 발 구르기가 찬송의 효력을 증진시킨다고 상상하라.

그룹 리더는 당신의 상상을 위해 즉흥적으로 별도의 추가사항을 덧붙일 수 있다.

◆ 연습 20-2

나이 줄이기와 늘이기

상대를 바라보고, 그를 잘 연구하라. 손으로 상대의 얼굴을 느껴라. 상대가 실제 나이의 절반이라고 상상하라. 다시 그 나이의 절반이라고 상상하라. 상대가 네 살이라고 상상하라. 두 살이라고 상상하라. 벌거벗은 유아라고 상상하라. 벌거벗은 청년이라고 상상하라. 당신의 상대가 벌거벗은 청년**이었다**는 것을 실감하라.

상대가 실제 나이의 갑절이라고 상상하라. 여든다섯 살이라고 상상하라. 상대의 피부 바로 밑에 있는 두개골을 바라보라. 상대의 두개골을 느껴라. 상대가 죽어서 얕은 무덤 속에 누워 있다고 상상하라. 상대가 뼈만 남았다고 상상하라. 상대가 해골이 **되리라는** 것을 실감하라.

상대로부터 몇 미터 물러서라. 상대의 출생에서 죽음까지의 세월을 마음속에 그려보라. 공상에 잠겨 상대와 당신의 가족이나 친지, 혹은 여러 연령대의 당신 자신과의 관계들을 상상하라.

신호에 따라 상대에게 다가가서 껴안아라.

그룹 리더는 당신의 상상을 위해 즉흥적으로 별도의 추가사항을 덧붙일 수 있다.

공상은 수업 중의 연습보다는 개인 연습이 가장 효과적이다. 예를 들어, 공상으로 만들어진 성적인 관계나 폭력적 관계는 지도교사의 요구에 의해 '연기되었을' 때 당혹스러울 수도 있다. 그러나 어떤 장면에서 자유로운 연기의 기회가 주어진다면, 그러한 공상화는 가장 단조로운 극중 관계에 생명력을 부여할 수 있다. 당신은 항상 당신 자신의 상상력의 주체이다. 당신이 억제 요소로부터, 그리고 대사들을 기억해야 한다는 근심으로부터 자유로워질 때, 당신의 상상력을 창조적으로 사용함으로써 당신 자신이 꿈이나 악몽의 세계에서 경험한 만큼의 감수성과 생동감을 극중 등장인물에게 부여할 수 있다.

◆ 연습 20-3
가상의 죽음에 직면하기

〈리어왕〉에서 발췌한 리어왕의 다음 대사들을 암기하라.

"이제는 생명이 없구나, 없어, 없어!
개나 말이나 쥐 같은 것도 생명이 있는데,
너는 어째서 입김조차 없느냐? 너는 다시는 이 세상에 돌아오지 못할 것이야.
절대, 절대, 절대, 절대, 절대!"

극중에서 이 순간에 리어왕은 이제 막 목매달아 죽은 자신의 막내딸인 코델리아의 시신을 보며 슬퍼한다. 리어왕으로서 당신은, 줄을 끊어 그녀를 끌어 내렸고, 그녀를 목매단 자를 죽였으며, 그녀의 시신을 무대 위로 옮겨 놓았다.

당신 그룹의 다른 사람들과 원형으로 둘러서라. 코델리아의 시신을 나타내는 물체(또는 사람)가 원 한가운데 마루 위에 놓여 있다. 한 번에 한 대사씩을 말하라. 당신이 알고 있을지도 모를 리어왕의 캐릭터를 모방하려고 애쓰지 말라. 대사가 있는 그대로의 당신 자신으로부터 나오도록 하되, 당신 앞에 누워 있는 주검의 현실을 직면하려고 노력하라. 신들에게 혹은 당신의 하느님에게, 왜 이 물체가, 당신의 딸이, 개나 쥐 대신에 여기 죽은 채로 누워 있어야 하는지를 물어보라.

이 대사의 마지막 단어들을 사용하여 당신의 딸이 정말로 죽었다고 여기도록 다시 노력하라. 이를 한 번 더 반복하라.

이 연습을 두세 번 반복함으로써, 원 한가운데 놓여 있는 물체가 당신의 인생에서 매우 특정한 어떤 것이라고 '상상하라.' 귀염 받는 애완동물일 수도 있고, 어린 동생일 수도 있고, 심지어 당신 자신의 모습일 수도 있다. (연습하는 동안이 아니라) 연습이 끝난 다음, 당신이 상상했던 물체가 대사를 하는 동안 당신의 감정에, 음성 전달에, 전반적인 행동에 어떻게 영향을 끼쳤는지 곰곰이 생각해보라.

◆ 연습 20-4
사랑에 직면하기

〈로미오와 줄리엣〉에서 발췌한 줄리엣의 다음 대사들을 암기하라.

"나의 베풂은 바다처럼 끝이 없고,

나의 사랑도 바다처럼 깊어요. 그러니 당신께 드리면 드릴수록

저는 더 많이 가져요. 두 가지 모두 무한하니까요."

극중에서 이 순간은, 로미오가 이제 막 줄리엣에게 처음으로 '사랑을 지키겠다는 서약'을 했으며, 답례로 그녀의 서약을 요청한 상황이다.

이 대사를 당신이나 당신의 로미오의 성별에 관계없이, 가상의 로미오에게, 다음엔 다른 로미오에게, 그리고 또 다른 로미오에게 전달하라. 줄리엣이 어떨 것이라고 당신이 생각하는 바를 모방하려 애쓰지 말고, 당신이 실제로 사랑하거나 사랑하길 바라는 실재 인물이나, 당신을 사랑해주길 바라는 누군가에게 당신 자신으로서 대사를 전달하라. 그 다음엔 당신의 사랑의 대상이 신이거나 영혼이거나 동물이라고 상상하라.

앞의 두 연습은 당신이 충분히 상상하고 경험한다면 매우 강력한 힘을 발휘한다. 당신이 그렇게 하도록 허락한다면, 이 연습들은 의심의 여지 없이 당신의 가장 깊이 있는 감성을 이끌어낼 것이다(제21강 참조). 훌륭한 연기는 언제나 감수성을 자극하고, 거의 언제나 상상력이라는 매개체를 통해 이루어진다. 당신이 매일 밤을 새서 리허설하고 공연할 때조차 상상력은 당신에게 연기를 실재처럼 보이게 만드는 것이다. 상상력은 당신이 여든 살의 남자(리어왕)와 열세 살의 소녀(줄리엣) 모두를 연기하도록 하는 것이다. 상상력은 또한 당신에게 사백 년 전의 대사들을 확신과 정서적 정직성을 가지고 말할 수 있는 자신감을 부여한다.

왜냐하면 죽음에 직면하거나 사랑에 직면했을 때 동떨어지거나 '문학적인' 것은 없기 때문이다. 그것은 완전히 실재이다. 셰익스피어가 그랬고, 우리

도 그럴 것이며, 관객들 또한 그럴 것이다. 그리고 우리가 얼마나 자주 죽음에 직면하거나 사랑에 직면하는지와 상관없이, 우리는 그것을 완전히 이해하거나 통달할 수 없으며, 그것으로 인해 항상 두려워한다. 이는 연기는 물론 위대한 연극에 대해서도 똑같이 적용될 수 있을 것이다. 그것은 항상 우리가 알고 있는 것을 초월한다. 연기는 이미 알려진 세상과 상상의 세계를 연결하는 예술이다.

요약

상상력과 창조성은 배우의 도구에서 무형적인 면들이다. 무형적이라는 것은 그것들이 기술이라기보다는 태도이기 때문이다. 배우의 상상력은 자유롭고, 도발적이고, 생동감 있어야 한다. 상상력은 훈련되고 습득될 수 있을지 모르지만, 그것들은 연극에 종사하는 모든 예술가들이 지녀야 할 본질적인 면모이다. 그것들은 당신의 학습이나 경력 과정에서의 어느 막연한 훗날이 아닌, **지금 바로** 활동이 시작되어야 한다.

제21강

감정과 연기 이론

많은 미국인들은 심지어 연극과 관련 없는 사람들조차도 '메소드 연기'Method acting 또는 간단히 '메소드'라고 불리는 뭔가에 대해 들어본 적이 있다. 메소드 연기란 무엇인가?

메소드 연기는 1940~1950년대 뉴욕의 액터스 스튜디오Actors Studio에서 리 스트라스버그Lee Strasberg에 의해 개발되었다. 그것은 그보다 사십여 년 앞서 모스크바 예술극장에서 활동하던 러시아 연출가 겸 배우인 콘스탄틴 스타니슬라프스키Konstantin Stanislavsky에 의해 개발된 연기 시스템에서 비롯되었다. 메소드 연기의 본질은 배우가 자신의 배역을 연기하는 동안 자신의 감정과 경험을 깊이 이끌어내는 것이다. 스타니슬라프스키식의 메소드 연기에서 배우는 연기하는 동안 자신의 등장인물의 '삶을 산다.' 이러한 접근 방식의 반대는 '기술적인 연기' 또는 '관념적인 연기'라고 불리는 것으로, 배우는 자신이 맡은 등장인물을 객관적이고 기술적으로 창조하며, 관객에게 자신의 등장인물을 (재현하기보다는) 제시하고, 등장인물의 감정을 반드시 느끼기보다는 흉내 내는 것처럼 보인다.

연기에 관한 이러한 두 가지 상반된 개념은 오랜 기간 동안 연기 집단 간의 세계적인 논쟁을 촉발시켰는데, 미국 배우들은 보다 재현적인 (러시아식의) 메소드 연기를 선호하는 경향이 있는 반면, 영국 배우들은 (프랑스와 독일 배우 또한) 보다 제시적인 접근 방식을 선호했다.

하지만 논쟁은 이처럼 단순하지 않다. 대부분의 미국 배우들은 규율 있고 제어 가능한 연기술의 필요성을 분명하게 인식하고 있다. 그리고 영국 배우들은 런던의 왕립 연극 예술 아카데미Royal Academy of Dramatic Arts 1학년 연기 과정의 핵심으로 일컬어지는 스타니슬라프스키 시스템에 깊이 영향을 받았다.

그 논쟁은 엄밀히 말해 어느 쪽이든 현대적인 것이 아니다. 실제로, 배우가 자신이 맡은 등장인물의 감정을 느끼는지의 여부, 그리고 배우 자신이 '바로' 그 등장인물이라는 사실을 믿는지의 여부를 판단할 수 있는 범위는 조지프 로치Joseph Roach 교수가 자신의 저서 《연기자의 열정: 연기 과학 연구 The Player's Passion: Studies in the Science of Acting》[1]에서 "연기 이론에서 기술과 영감 사이의 역사적이고, 계속적이고, 끝이 없어 보이는 투쟁"이라고 언급한 것과 일치한다. 이 매력적이고 중요한 논점을 적어도 간단하게나마 탐구하는 것은 유용하다.

스타니슬라프스키와 스트라스버그가 그 문제를 고찰했던 시기보다 이천 년 이상 앞서, 그리스 철학자 소크라테스는 연기를 할 때 실제 감정의 역할에 대해 음유시인(시낭송가)인 이온Ion에게 의문을 제기했다.

소크라테스: 말해보게 이온, 그대가 청중을 최고조로 열광시킬 때…… 그대는 제정신인가? 아니면 그대 자신과는 관계없이 일어나는 일인가? 그대의

----

1 Newark: University of Delaware Press, 1985.

영혼이 무아경에 빠져 그대가 이야기하고 있는 사람들이나 장소들에 속해 있는 것처럼 보이는 건 아닌가?

이온: 급소를 찌르시는군요, 소크라테스. 솔직히 말씀드리면, 연민에 관해 이야기할 때 내 눈은 눈물로 가득하고, 공포에 관해 이야기할 때 내 머리카락은 곤두서고 심장은 두근거리지요.

분명히 이온은 자신의 이야기 속에 등장하는 인물들의 감정을 느끼고 자신이 그들과 함께한다고 느끼면서, 그 등장인물들의 '삶을 살았던' 것이다. 하지만 소크라테스의 의문이 제기되는 순간, 이온 또한 자신의 연기가 관객에게 끼친 강력한 영향을 알게 되었다.

소크라테스: ……그러면 그대가 대다수의 구경꾼들에게 비슷한 영향을 끼칠 것이라는 사실을 알고 있나?

이온: 유감스럽지만 잘 알고 있습니다. 왜냐하면 저는 무대 위에서 그들을 내려다보고, 제가 이야기할 때면 그들의 얼굴에 새겨진 연민, 경이, 고통 등의 다양한 감정들을 보기 때문이지요.[2]

그래서 우리는 이온이 자신의 연기를 재현적(그는 자기가 자신의 이야기의 등장인물들과 함께한다고 느꼈다)이면서, 제시적(그는 이야기하는 내내 청중을 살펴보고 있었다)이라고 여겼다는 사실을 알 수 있다. 소크라테스는 이온이 자신의 허구적 이야기의 '내부'와 그 외부에 동시에 존재하고 있었다는 역설적인 사실을 깨달았다.

로마의 시인 호라티우스Horatius(기원전 65~8년)는 이온의 역설을 고대의

---

2 토비 코울Tony Cole·헬렌 크리치 치노이Helen Kritch Chinoy, 《배우 연기 *Actors on Acting*》(New York: Crown, 1970), 7~8쪽에서 인용.

유명한 격언인 "관객을 감동시키기 위해서는 당신 자신이 먼저 감동받아야 한다."로 바꾸어 놓았다. 그리고 이 그리스-로마식의 '메소드' 신념은 적어도 이후 천오백 년 동안 연극에서 거의 절대적인 영향력을 갖게 되었다. 우리는 운 좋게도 고전 시대에 사용된 그 몇 가지 예를 발견할 수 있다. 그리스 배우 이솝 Aesop은 유리피데스의 〈오레스테스Orestes*〉를 공연하는 동안 지나치게 흥분한 나머지 어쩌다 그의 눈에 띤 무대 담당을 칼로 찔렀다고 전해진다. 또 다른 고대 그리스 배우 폴루스Polus는 소포클레스의 연극에서 엘렉트라의 비탄에 잠긴 대사를 하며 자기 스스로를 자극하기 위해 무대 위에 죽은 자신의 아들의 재를 뿌렸다. 1세기 로마의 웅변가 퀸틸리아누스Quintilianus는 "내가 단순히 눈물지었던 게 아니라 얼굴이 창백해지고 진정한 슬픔의 모든 징후들을 보여줬다고 이야기하는 동안 매우 감동받았고", 그의 아내와 자식들의 가상의 죽음을 "그런 극도의 생생함으로" 상상한 것이라고 묘사한다.

그런데도 이 배우들은 한편으로 그들 시대의 무대 관습에 따라 자신들의 등장인물들을 제시하려고 했다. 퀸틸리아누스는 자신의 모든 눈물과 열정으로 동료 배우들이 "계산에 따라 약속된 규칙과 규율"을 달성하도록 재촉했고, "몸짓을 할 때 왼손 하나만을 사용하는 것은 절대 옳지 않으며", "손은 눈높이 이상으로 들어서는 안 된다."고 경고했다.

그래서 우리는 다시 "배우는 진실한 감정으로 연기하지만 몸짓, 말투, 태도의 계산된 규율을 따른다."는 역설을 만나게 된다. 이러한 개념들은 셰익스피어, 몰리에르, 그리고 모든 극작가들과 배우들에게 영향을 끼치면서 르네상스를 지나 18세기 후반까지 지배했다. 이 오랜 기간 동안 자연스러운 감정이 해설자들에 의해 선호되었던 것으로 보이지만, 다른 시기에는 의식적인 테크닉이, 그리고 대개는 그 둘 모두가, 외관상 상반된 개념들의 결연으로 비교적 동등하

---

* 아가멤논과 클리템네스트라의 아들로, 아버지를 살해한 어머니를 죽인 인물.

게 여겨졌다.

그러나 1773년 프랑스의 유명한 백과사전 편찬자인 드니 디드로Denis Diderot는 《배우에 관한 역설 The Paradox of Acting》이란 제목의 놀라운 책에서 이 논쟁에 대해 정면으로 문제를 제기했다. 이 책은 디드로가 죽은 지 사십육 년이 지나도록 출판되지 않았지만, 집필된 시점부터 전 유럽에 유포되었다. 디드로는 "위대한 배우는…… 냉정하고 무관심한 방관자이어야 한다."는 과격한 논제로 시작한다. 그는 계속해서 "사람들은 배우가 잘 흥분하고 분노한다고 말한다. 하지만 그렇지 않다. 배우는 분노를 모방할 때가 최고이다. 배우들은 그들이 분노할 때가 아니라 분노를 잘 연기할 때 관중을 감동시킨다."고 말한다. 반대로, "가슴으로 연기하는 배우들은…… 강인하기도 하고 연약하기도 하며, 열렬하기도 하고 냉담하기도 하다…… 그들은 오늘 탁월했던 점을 내일은 놓치게 될 것이다."라고 그는 설명한다. 따라서 디드로는 "머리로 연기하는 배우는…… 항상 최상의 상태를 유지할 것이다. 그는 자신의 머릿속에 있는 모든 것을 고려하고, 결합하고, 습득하고, 정돈한다."라고 주장한다.

디드로는 우리를 깊이 감동시키는 연기에 대해 다음과 같이 역설했다.

그것들은 모두 계획되고…… **모두** 수백 번씩 연습된 것들이다…… **위대한 배우**가 당신의 가슴에 와 닿는 순간 그는 자신의 목소리를 듣고 있다. 그의 재능은…… 느낌이 아니라, 당신이 함정에 빠져드는 느낌의 외부 징후들을 매우 정확하게 묘사하는 데 달려 있다. 그는 자신의 열정의 모든 특징들을…… 연습해왔다…… 당신은 그가 선택한 단어에서, 음절에서, 단 1초의 오차도 없이 우는 그를 보게 될 것이다. 갈라진 음성, 말하다 만 단어들, 가쁘거나 늘어지는 말투 등 **모두**…… 대단한 모방이다.

배우는 "그가 재현하는 인물이 아니다. 그는 그 인물을 연기하고, 당신이 그를 그 인물이라고 생각할 만큼 아주 잘 연기한다. 속임수는 모두 당신 편에 있다. 그는 자신이 그 인물이 아니라는 것을 충분히 잘 알고 있다."고 디드로는 결론 짓는다.[3]

디드로의 관점은 예술을 포함한 모든 지식은 합리적이고, 분류되고, 분석되고, 알파벳순으로 배열되고, (그의 작업이 그렇듯이) 백과사전화될 수 있다는 그의 확신에 근거했다. 디드로의 작업은 중세의 미신과 르네상스의 이상주의의 신비성을 제거함으로써 그가 살았던 계몽주의 시대의 전형이 된다. 그러나 이어지는 낭만주의와 사실주의 시대는 (특히 연극 분야에서) 계몽주의 사상의 '객관적' 합리주의에 대항하는 강한 반란을 불러일으켰다.

스타니슬라프스키는 자신의 저서 《배우 수업 An Actor Prepares》에서 "당신이 진실에 대한 자신의 감각을 완벽하게 만족시킬 때까지, 그리고 그 감각들의 진실성에 대한 신뢰감을 일깨울 때까지, 가상의 모든 상황과 행동에 생기를 불어넣어라."[4]라고 말했다. 스타니슬라프스키의 '생기'는 감정의 모호성, 생사의 신비, 경험의 혼란을 의미한다. 무대 위에서 이러한 생기를 창조하기 위해, 스타니슬라프스키는 개별적인 배우 준비 단계들을 식별하는 데 몰두했다. 그의 시각에서 가장 우선하는 것은 배우가 자신의 단순한 **배우**의 문제와 상반된 자신의 **등장인물**의 문제problem(러시아어로 **자다차** zadacha)를 해결하려고 노력하는 것이다. 따라서 줄리엣을 연기하는 배우는 그녀가 얼마나 낭만적인지(또는 시적인지, 또는 젊은지, 또는 예쁜지)를 관객에게 보여주기보다는 로미오의 사랑(또는 그녀의 아버지의 관심, 또는 그녀의 유모의 공모)을 이끌어내는 데 집중한다. 이런 의미에서 스타니슬라프스키에 (그리고 당신이 읽고 있는 이 책의 지은이에) 따르면, 배우는 셰익스피어의 비극적 무대의 가상의 등장인물로서 줄리엣을 단순히 제시하기보다는 실재하는 완전한 사람으로서 줄리엣을 재현한다. 등장인물의 **자**

3 코울·치노이, 《배우 연기》, 162, 170쪽.
4 《배우 수업》(New York: Theatre Arts Books, 1936).

다차zadacha는 스타니슬라프스키 이론의 핵심이다.

자다차는 《배우 수업》의 영어 번역판에서 엘리자베스 햅굿Elizabeth Hap-good에 의해 '목적' objective으로 번역되었고,[5] 오늘날 그 단어는 '문제' problem 보다는 '목표' goal와 '의도' intention와 함께 이러한 개념을 나타내는 데 더 많이 사용된다. 하지만 사용되는 용어와 상관없이(이 책에서는 '목표' goal라는 단어가 사용되었다), 배우가 등장인물의 문제들을 적극적으로 해결하려고 노력하거나 등장인물의 목표를 추구함으로써 등장인물을 연기한다는 스타니슬라프스키의 기본적인 인식은, 오늘날 거의 모든 연극계에서 기초적인 배우 교육의 기본이 되었다. 단순히 관객을 기쁘게 하거나 즐겁게 하려고 시도하기보다는 등장인물의 목표를 추구함으로써 배우는 극적이고 정서적인 등장인물의 완전한 삶 속으로 들어가는 것이다. 그리고 이러한 방법이 특히 현대 사실주의 연극에서 분명히 드러나는 한편, 스타니슬라프스키와 그의 추종자들은 역사적이고 보다 양식화된 연극에서도 이러한 방법을 적용해왔다.

스타니슬라프스키는 연기를 할 때 동기 부여의 개념을 체계적으로 연구하고, 무대에서의 모든 동작과 (극작가나 연출가만이 아닌) 등장인물이 성취하고자 노력하고 있는 것이 일치해 보여야 한다는 개념을 발전시킨 최초의 연극 예술가 중의 한 사람이었다. 그는 배우가 단순히 관객에게 주는 연극의 효과보다는 연극의 사건들에 더 주의를 집중해야 한다는 점을 지적하기 위해 '군중 속의 고독'이라는 개념을 창조했다. 그는 연극 텍스트는 대사들 밑에 숨겨진 의미들(주로 언급되지 않고 묘사되지 않은 등장인물의 목표들)의 '서브텍스트'를 수반한다는 개념을 확립했다. 그는 배우가 공인된 기법들이나 표현들에 단순히 의존하게 되는 일체의 공허한 연극스러움을 싫어했다. 그는 배우들 사이에 '예술적 교감'이 반드시 존재해야 한다고 주장했는데, 이는 배우들이 자신의 등장인물들, 동

---

5 스타니슬라프스키의 러시아어 용어에 대한 자세한 설명은 샤론 마리 카니크Sharon Marie Carnicke, 《스타니슬라프스키 연구 *Stanislavsky in Focus*》(Amsterdam : Harwood Academic Publishers, 1998) 참조.

료 배우들, 연극의 허구적 사건들과 관계를 확립할 때 갖게 되는 자신들의 사적인 느낌들을 적극 활용하여 스스로를 깊이 관여시켜야 한다는 것을 의미한다.

또한 스타니슬라프스키는 배우의 감정에 대해 강박관념에 가까운 깊은 관심을 가졌다. 그는 과거의 경험들에 대한 기억은 신경 체계에 의해 기록되고 적당한 자극에 의해 되살아날 수 있다는 사실을 19세기 프랑스 심리학자 테오뒬 아르망 리보Théodule Armand Ribot의 저술에서 발견한 뒤 자신의 과거의 정서적 상태를 기억해내는 실험을 시작했다. 그리고 마침내 배우가 극중에서 요구되는 감정의 수준에 도달하기 위해 자신의 삶으로부터 연극 연기로 이러한 기억된 상황들을 정신적으로 치환하는 '정서 기억'('정서적 기억' 또는 '감정적 기억')이라 불리는 연기술을 개발했다. 기억된 느낌들의 이러한 치환을 통해, 스타니슬라프스키는 연기가 배우와 관객 모두에게 똑같이 자연스럽고, 참되고, 정서적으로 생생해지도록 노력했다.

하지만 스타니슬라프스키는 외적인 연기술에도 매우 능통했다. 부유한 귀족 집안에서 태어난 그는 여섯 살 때부터 가문의 모스크바 본가와 지방 사유지에 있는 완벽한 시설이 갖춰진 대형 극장들에서 연극, 오페레타, 오페라 공연에 자주 설 기회가 있었다. 전도유망한 가수였던 그는 유명한 볼쇼이 오페라 가수와 함께 수학했으며, 차이코프스키는 그를 위해 오페라 곡을 써주기도 했다. 퀸틸리아누스와 마찬가지로, 스타니슬라프스키는 연기를 할 때 이성적 조절 능력의 필요성을 충분히 인식했다. 그는 "감성은…… 이성이 하는 막대한 양의 작업을 대체할 수 없다."고 말했다. 그래서 그는 웅변술과 춤, 그리고 느끼는 만큼 격렬하게 표현하는 방법을 공부했다. 자신의 경력을 쌓아가던 중 어느 순간, 스타니슬라프스키는 보다 신체적인 접근을 위해 '정서 기억'을 버리기까지 했고, 그 후 대부분의 작업을 참된 연기를 자극하는 열쇠로서 신체 연기를 탐구하는 데 매진했다. 그는 배우들이 사적인 감정에 과도하게 몰입하는 것을 꾸짖기 시작했다. "여기서 뭐가 잘못됐지? 네가 감정을 연기하고, 너 자신의 고통을 연기

'보여주기'가 아니라 '하기'

> 당신은 무엇인가를 보여주는 것이 아니라 하기 시작해야 한다. 장면이 어떻게
> 연기될 것이라고 예상하지 말라. 그냥 시시각각으로 변하는 현실에 따라갈 뿐,
> 미리 추정하지 말라.
>
> —제임스 딘James Dean*,
> 〈이유 없는 반항〉의 촬영현장에서 18세의 데니스 호퍼Dennis Hopper**에게 한 조언

* 1931~1955. 미국 태생. 영화 〈에덴의 동쪽*East of Eden*〉(1955), 〈이유 없는 반항*Rebel Without a Cause*〉(1955), 〈자이언트*Giant*〉(1956) 등에 출연.
** 1936~2010. 미국 태생의 영화배우 겸 감독. 영화 〈이지 라이더*Easy Rider*〉(1969, 주연·감독·각본), 〈럼블 피시*Rumble Fish*〉(1983), 〈블루 벨벳*Blue Velvet*〉(1986), 〈스피드*Speed*〉(1994) 등에 출연.

하고 있는 거, 그게 잘못된 거야. 난 무슨 일이 벌어지는지, 네가 그 일에 어떻게 반응하는지, 사람들과 어떻게 부딪치는지, 즉 네가 어떻게 괴로워하는지가 아니라 어떻게 반응하는지 보고 싶은 거야…… 그런 방식으로는…… 수동적이고 감상적이 되는 거야. 행동이라는 관점에서 모든 걸 보란 말이야!"[6] 스타니슬라프스키 역시 연기의 역설을 믿었던 것이다.

어떤 나라도, 심지어 러시아조차도, 미국만큼 스타니슬라프스키의 가르침에 영향을 받은 나라는 없다. 1920년 스타니슬라프스키의 문하생인 리처드 볼레슬라프스키Richard Boleslavsky와 마리아 우스펜스카야Maria Ouspenskaya는 미국 배우들의 주목을 끄는 스타니슬라프스키의 새로운 '시스템'을 가지고 뉴욕으로 이주해 '미국 실험 극단'American Laboratory Theatre을 설립했다. 그들이 개종시킨 사람들 가운데는 1951년부터 1982년 사망할 때까지 뉴욕 액터스 스튜디오를 이끌었던 오스트리아 이민자 출신의 리 스트라스버그도 있었다. 스타니슬라프스키 시스템의 초기 버전에서 파생된 스트라스버그의 '메소드 연

6 진 베네데티Jean Benedetti, 《스타니슬라프스키 *Stanislavsky*》(London: Methuen, 1988), 77, 271쪽에서 인용.

기'는 '정서 기억'을 주요 기술로 다뤘으며, 1950~1960년대 가장 영향력 있는 배우 훈련 이론으로 인정받았다. 그것은 배우 자신의 느낌을 등장인물의 연기는 물론 연극의 '주제'로 만들도록 하면서 배우에게 대본에 대한 특권을 주었기 때문에 진지한 미국 배우들과 마릴린 먼로Marilyn Monroe 같은 적지 않은 유명인들이 그의 연기 학교로 몰렸다. 스텔라 애들러Stella Adler와 소니아 무어 Sonia Moore 같은 다른 미국 연기 지도자들은 만년의 스타니슬라프스키와 함께 공부했고, 정서 기억보다는 신체 연기에 대한 러시아 거장의 당시의 변화된 신념을 설파했다. 오늘날까지 거의 모든 미국 연기 지도자들은 스타니슬라프스키에 경의를 표하면서도, 그의 초기 가르침과 상반되는 후기의 가르침 때문에 종종 연기 이론에 대해 논쟁을 벌인다. 이 매력적인 쟁점에 대한 당신의 생각은 어떤가?

스타니슬라프스키와 스트라스버그의 가르침과 이론들은 분명 무시될 수 없다. 그들은 현대 연극에 혁명을 일으켰으며, 플라톤과 호라티우스로 되돌아가는 전통을 반영하기도 한다. 하지만 디드로의 논쟁을 단순히 제쳐놓을 수는 없다. 그 논쟁은 거부할 수 없는 진실을 포함하고 있고, 연극계에서 일하는 사람들은 누구나 (대부분의 경우 매일 밤 행해져야 하는) 위대한 연기는 대개 비범한 규율, 계획, 계산, 그리고 책략에서 나온다는 사실을 알고 있다. 분명 연기는 이온의 역설의 한 형태이다. 연기는 기술과 영감, 머리와 가슴, 제시와 재현, 계산과 충동, 그 **두 가지 모두**를 포함한다. 진실한 감정은 이성적 조절에 의한 긴장 상태 속에 있다. 몇 가지 연습들은 당신이 이 모든 것을 보다 쉽게 조절하도록 도와줄 것이다.

◆ 연습 21-1

진실한 감정(으로) 연기하기 I

이 연습은 가상의 극적 재구성을 당신 자신이 경험한 실제 사건 및 인물과 혼합하는 정서 기억의 변형이다. 이는 또한 스타니슬라프스키의 신체 연기에 관한 개념을 타진해보는 것이기도 하다.

연습 20-3, '가상의 죽음에 직면하기'로 되돌아가라. 그 연습에서처럼 리어왕의 대사들을 다시 암기하고 당신의 동료들과 원형으로 둘러서라.

이제 당신 자신의 삶에서 죽은 누군가를 머릿속에 떠올려라. 최근에 죽은 사람일 필요도, 당신이 아주 슬퍼했다고 기억하는 사람일 필요도 없다. 하지만 이제 그 사람('그녀'라고 부르기로 한다)이 얼마나 멋졌는지에 대해 생각하라. 지난 수년간 잊고 지냈던 그녀에 대한 멋진 점들에 대해 생각하라. 당신이 알지 못했던 멋진 점들을 상상하라.

그리고 이제 그녀가 죽음에 임박하여 눈을 감은 채 원 한가운데 누워 있다고 상상하라. 그녀 주위를 걸으며 가쁘게 숨 쉬는 그녀를 유심히 살펴라. 그녀를 '대신해' 숨 쉬려고 노력하라. 그리고 이제 죽기 직전 숨을 헐떡거리는 그녀를 보면서 그녀가 눈을 떠 당신을 바라본다고 상상하라. 그녀가 팔을 뻗어 당신을 잡으려하다가 실패한다고 상상하라. 그녀를 '대신해' 계속 숨 쉬려고 노력하라. 이제 하느님이 그녀의 마지막 숨을 거둬가려고 저승사자를 내려 보낸다고 상상하라. 저승사자가 그녀에게 다가가는 순간, 당신이 아무리 작게 말해도 하느님과 그의 저승사자가, 그리고 당신이 상상한 (실제) 인물의 영혼이 듣고 있다는 것을 아는 상태에서 리어왕의 대사를 하라.

그 대사를 마쳤을 때 잠시 멈추되 연습을 중단하지는 말라. 그 사람이 얼마나 멋졌는지, 그리고 그녀가 살아 있을 당시 당신이 알던 것보다 훨씬 더 멋졌다고 한 번 더 상상하라.

* 1954～ . 캐나다 태생의 영화감독. 〈터미네이터 *The Terminator*〉(1984), 〈타이타닉 *The Titanic*〉(1997), 〈심연 *The Abyss*〉(1989), 〈심해의 영혼들 *Ghosts of the Abyss*〉(2003) 등을 연출. 〈타이타닉〉으로 아카데미 감독상 수상.

그 대사를 다시 말하라. 이번에는, 두 번째 '절대'에서 그녀의 손 바로 옆에 무릎을 꿇어라. 그리고 마지막 '절대'에서 그녀의 눈을 감겨주어라.

그것을 다시 반복하라.

동료 학생들과 토론하라. 당신은 얼마나 진실하게 '진짜 죽음'을 직면했는가? 그리고 그런 당신을 당신의 동료는 얼마나 진실하게 느꼈는가? 다시 말해, 당신은 진짜 죽음에 직면한 인물을 얼마나 진실하게 그려냈는가? 그 대답들은 당신을 놀라게 할 것이다.

자의식

물론 자의식은 정상적인 감정의 방해물이다. 우리 자신이 남들에게 어떻게 비치고 받아들여지는지에 집중한다면, 우리는 자신의 외모와 행동, 그리고 심지어 느낌까지도 지나치게 의식하게 된다. 그래서 우리는 자의식에 빠진 채로는 진정한 느낌들을 **가질** 수 없으며, 그것들을 억제하거나 방해하게 되는 것이다. 이 느낌들을 제대로 경험하는 유일한 방법은 우리 자신들과는 다른 무엇인가에 집중함으로써 이러한 방해 요인들을 제거하는 것이다. (극중 사건을 포함한) 가상의 사건에 집중함으로써 우리는 심오하고 자연스럽게 감정을 경험할 수 있다. 그러한 상황에 도움을 주는 가상의 사건은,

◆ 매우 친숙한 무엇인가를 구체화하고 (예를 들어, 당신이 아는 실재 인물)

◆ 고무적이고 (그 사람은 멋졌다)

◆ 비극적이고 (그 실재하는 멋진 사람은 죽어가고 있다)

◆ 희망에 대한 가능성을 지닌다. (그녀는 마지막 숨을 헐떡이며, 당신을 바라보고 당신에게 다가오려고 애쓰고 있다)

죽어가는 사람을 '대신하는' 당신의 호흡은 당신을 그녀의 처지에 놓이게 하고, 당신 자신과 배우로서의 당신 자신의 관심으로부터 멀어지게 하면서, 그녀의 심리 상태에 집중하고 감정이입하도록 만든다.

당신은 그녀 옆에 무릎을 꿇고 그녀의 눈을 감겨주는 행동으로 당신 자신을 그녀와 연결시키고, 그녀가 누워 있는 바닥과 더 강하게 연결시키는 강렬한 신체 연기를 하게 된다.

반복적인 연습 역시 자의식을 감소시킬 수 있다. 한 번의 연습을 통해, (당신이 그것을 해냈다는 가정 아래!) 그것을 해낼 수 있다는 것을 이미 입증했다는 자신감으로, 두 번째는 보다 깊이 뛰어들 수 있다. 그런 다음 세 번째도 마찬가지이다. 반면에, 당신과 다른 사람들이 그 연습을 반복하여 인간의 힘으로 할 수 있는 만큼 충분히 탐구하고 경험했다고 느낀다 하더라도, 당신의 자의식이 되살아나는 시간이 올 수도 있다. 최고의 배우들조차 자신들의 한계를 갖기 마련이지만, 배우는 몇 주, 몇 달, 또는 몇 년의 계속되는 리허설과 공연에도 불구하

고 감정을 '신선하게', 그리고 액션을 '생생하게' 유지해야 한다는 사실을 명심하라. 이론적으로 단 한 번 연기의 순간을 창조하는 영화배우들조차도 실제로는 편집실에서 서로 연결될 수 있도록 여러 번의 '테이크'를 통해 매번 동일한 액션과 감정의 집중으로 자신들의 연기를 반복해서 재창조해야 한다.

◆ 연습 21-2
진실한 감정(으로) 연기하기 II

연습 20-4의 줄리엣의 대사들을 다시 암기하라. 이제, 성별에 관계없이 당신이 과거에 흠뻑 빠졌지만, 단 한 번도 진지하게 얘기 나눠본 적이 없는 한 사람(이번엔 '그'라고 부르겠다)을 생각하라.

당신 자신이 그와 데이트하고 있고, 로맨틱한 상황에 처해 있으며, 매우 에로틱한 상황에 처해 있다고 상상하라.

마치 그가 이러한 상황에 당신과 함께 있는 것처럼 그에게 그 대사를 연기하라.

이제 그와 함께 춤을 추면서 그것을 연기하라. 건초더미 위에서 그에게 다가붙으며 연기하라. 쇠사슬에서 그를 풀어주며 연기하라.

이제 상대와 짝을 이뤄라. 당신이 흠뻑 빠졌던 실재 인물과 당신의 현재 상대 사이에서 그 대사들을 옮겨 가게 하라. 당신의 애정 대상을 당신의 상대로 바꿔라. 그를 향한 당신의 열정을 그가 믿도록 당신의 상대에게 대사를 연기하라.

이 장면에 대해 논의할 때 당신이 흠뻑 빠졌던 실재 인물에 대해서는 얘기하지 **말라.** 감정의 치환은 그것이 당신만의 비밀일 때 가장 강력해질 것이다. 모든 느낌과 감정은 당신의 연기 상대와 함께, 그리고 그를 향해 표현되고 경험

* 1919~2004. 독일 태생의 연극배우. 영국 왕립 아카데미 출신으로 1938년 처음으로 브로드웨이 무대에 오른 후 셰익스피어, 체호프 등의 고전에서부터 테네시 윌리엄스의 현대극까지 폭 넓은 작품에 출연. 1963년 〈누가 버지니아 울프를 두려워하랴〉로 1951년에 이어 두 번째로 토니상 최우수여우주연상 수상.

되어야 한다.

감정은 속임수 같은 것이다. 실생활에서 우리는 시간이 지난 뒤에야 그것을 분명히 인식한다. 우리는 기차가 거의 우리를 칠 듯 스치고 지나가는 **동안**이 아니라 다 지나간 **이후**에야 위험을 느끼고 그 자리에 주저앉는다. '이런, 내가 놀란 건가.'라고 생각하기 시작할 때는 그 감정이 이미 사라지기 시작한 이후이다. 프랑스 배우 장-루이 바로Jean-Louis Barrault*는 유명한 은유를 사용하여 감정을 땀 흘리는 것에 비유했다. 그는 감정을 의지의 힘으로 땀처럼 간단히 흐르게 할 수는 없지만, 그것은 우리가 열정적인 활동에 매진할 때 자연적이고 유기적으로 생겨난다고 생각했다. 운동선수가 자신이 얼마나 격렬하게 경쟁하는지를 보여주기 위해 '땀을 흘리려고 노력하지' 않는 것처럼, 배우도 자신의 연기의 집중도를 보여주기 위해 '감정을 과장해서 나타내려 하지' 않는다. 오히려 당신은 배우로서 등장인물의 목표들을 추구하고, 등장인물의 GOTE를 획득해야 하는데, 그러면 (땀뿐만 아니라) 감정들이 그에 따라서 흐르게 될 것이다.

* 1910~1994. 프랑스 태생. 영화 〈천국의 아이들 Les Enfants du Paradis〉(1945), 〈코르들리에 박사의 유언 Le Testament du Docteur Cordelier〉(1959), 〈바렌느의 밤 La Nuit de Varennes〉(1982) 등에 출연.

위에서 설명한 몇 가지 치환과 기술은 감정이 보다 풍부하게 흐르게 하는 데 도움을 줄 것이다.

요약

배우들과 연기에 관한 글을 쓰는 작가들은 배우가 무대에서 순수한 감정을 실제로 경험하는지, 아니면 단지 기술적으로 제시하는지에 대해 이천 년이 넘게 논쟁해왔다. 드니 디드로가 비록 '기술적인' 혹은 '재현적인' 연기에 대한 극단적인 관점을 설득력 있게 제기했지만, 그 문제에 관심을 가진 대부분의 사람들은 역설적이게도 진정한 감정이 연기의 본질적 구성 요소라고 여긴다. 일찍이 리 스트라스버그의 메소드 연기를 통해 전해진 스타니슬라프스키의 연기술은 종종 논쟁의 여지는 있지만, 미국식 연기에서 감정을 유발하는 데 강한 영향을 주었다.

V

배우의 테크닉

당신은 GOTE를 학습하고, 수십 개의 연습을 실행하고, 수많은 장면들을 준비하고, 주변의 비평에 따라 대부분이 만족할 수 있도록 그것들을 개선하고 재연해왔다. 이제 당신은 배우가 되었는가?

아마도 아닐 것이다. 첫째, 당신은 이와 같은 기초 위에서 작업을 확실하게 지속할 필요가 있다. 당신의 목표 추구를 강화하면서, 당신의 전술적 범주를 확장하면서, (무대 위에 있는 동안, 어떤 식으로든) 심리적이고 사회적인 억제 요인들로부터 당신 자신을 자유롭게 하면서, 보다 흥미로운 연기 선택들을 하면서, 그리고 당신 내부로부터 가장 강력하고 극적인 연기 능력들을 이끌어낼 보다 고무적인 가능성들을 창조하면서 말이다.

그리고 둘째, 당신은 전문적인 연기 **테크닉**을 개발할 필요가 있다. 테크닉은 대부분의 미국 배우들이 복잡한 심정으로 대하는 단어다. 긍정적인 면으로 보자면, 테크닉은 단순히 어느 분야에서든 훌륭한 예술가나 장인을 구분 짓는 것이다. 부정적인 면으로 보자면, 감정이나 사람들 간의 상호작용이 없는 기술적 능력으로서의

> **테크닉**
>
> '연기 테크닉'을 당신이 냉정하게 연습하고 배워야 하는 것이라고 잠시라도 생각해서는 안 된다. 많은 배우들이 간절히 필요로 하는 대사 훈련조차도 냉정하게 기계적인 방법으로 이루어질 수 없다.
>
> —베르톨트 브레히트

공허한 테크닉은 실제와 약간 닮은, 연기의 피상적인 근사치일 뿐이다. 연기 테크닉은 공허해서는 안 된다. 극작가 겸 연출가인 조지 버나드 쇼George Bernard Shaw는 "무대 테크닉은…… 실제 사건이 실제 사람들에게 벌어지고 있다고 관객이 믿게 만드는 예술"[1]이라고 했는데, 정말 그렇다.

배우의 테크닉은 리허설의 마지막 단계에서 추가되는 최종적인 광택이나 '기교'가 아닌, 전체 연기 경험의 일부가 되어야 한다. 실제로 테크닉은 그 자체로 삶의 일부이다. 그것은 무대에서뿐 아니라 인생에서 우리의 목표들을 성취하는 데 도움을 준다. 우리가 연기 테크닉으로 알고 있는 대부분은 보다 경제적인 행동, 보다 구체적인 몸짓, 보다 정확하고 강렬한 대사 등의 단순히 효과적인 인간 행위이다. 보다 기술적으로 숙련된 배우가 되기 위해 배우는 것은 우리의 일상에서 보다 효과적인 의사소통이 가능한 사람이 되기 위해 배우는 것이다.

연기 테크닉의 어떠한 요소도 전적으로 인위적이거나 오로지 연극적이지는 **않다.** 예를 들어, 일본의 '노能'나 '가부키'에서처럼 극단적으로 부자연스러운 연기 테크닉도 일정한 목표를 향한 진실한 감정과 효과적인 액션에 기반을 두고 있다. 따라서 5부에서의 모든 '기술적인' 지시 사항은 당신의 등장인물의 삶과 개성의 확장으로서 간주되어야 하고, 당신의 등장인물의 상황에 대한 인간적 현실과 GOTE 분석의 관점에서 이해되어야 한다.

---

1 〈리허설 기술The Art of Rehearsal〉, 《콜리어스 위클리 Collier's Weekly》, 1922. 6. 24.

제22강

어법

발음법

발음법, 강조법, 억양법은 대사를 전달하는 배우의 능력에 관한 일부 중복되는 세 가지 측면들이다. 이들을 합쳐 어법이라고 한다.

발음법은 단어들이 똑똑히 발음되고 실행에 옮겨질 때의 그 명료성에 관한 것이다. 그것은 단순히 '말해지는' 것만이 아니라, '들리는' 것으로서의 의미도 있다. 발음법은 당신이 하는 말들이 당신의 동료의 귀에 울려 퍼지게 하는 것이고, 당신의 목표들을 성취하는 수단으로서 당신의 동료가 연기하도록 격려하고 설득하고 심지어 위협하고자 할 때 **의미 있게** 울려 퍼지게 하는 것이다.

당신은 일상에서 정서적으로 긴장할 때 발음이 부정확해진다고 생각할 수도 있다. 하지만 이것은 사실이 아니다. 우리가 긴장하고 있을 때 실제로 발음은 좋아진다. 우리는 보다 분명하고 예리하게, 그리고 보다 정확하고 소통 가능한 의미를 가지고 말하게 되며, 심지어는 감동과 영감을 불러일으킨다! 그 이유는 명백하다. 우리가 어떤 것에 좀 더 깊이 관심을 갖게 되면, 우리가 강력하게 추구해온 목표들을 전달하고, 설득하고, **성취**하기 위해 훨씬 더 열심히 노력하기 때문이다. 장애가 더 까다로울수록, 상황이 더 부담스러울수록, 우리는 우리 자신이 하는 말이 들리고 이해되도록 더 치열하게 싸우고, 그 결과로서 우리 발음은 더욱 강하고 정확해진다. 발음은 현실에서든, 우리가 맡은 등장인물의 **GOTE**를 획득하기 위해 무대에 설 때든, 우리의 목표 추구를 위한 핵심적인 도구이다. 과거의 '중얼거리는' 배우들이 되는대로 식의 발음으로 자신들이 얼마나 '정서적으로 자연스러운지' 보여주는 체했을 때, 그들은 사실 (극적이지도 않고) 살아 있는 것 같지도 않았다. 대개의 경우 그들은 단지 침울하고, 부주의하고, 이해할 수 없는 것으로 보였을 뿐이었다.

따라서 무대 발음의 '테크닉'은 우선 목표들을 성취하는 데 사용되는 전술들, 구체적으로 분명하고, 설득력 있고, 예리한 전술들에 대한 확실한 이해를 필요로 한다.

물론 좋은 발음은 당신의 단어들과 그것들을 함께 묶어주는 문장들의 의미에 대한 이해를 필요로 한다. 복잡한 대사를 할 때 좋은 발음은 의미 전달에 필수적이다. 햄릿의 첫 대사 "친척 이상이겠지만, 사람의 종류는 다르지."는 분명하고 뚜렷하게 발음되지 않고 의미 없이 표현되는 이 연극의 많은 대사들 중의 첫 사례일 뿐이다. 하지만 대사의 의미가 결국 실제 말들 속에는 없는 경우라도 발음은 여전히 중요하다. 의사소통은 당신의 말들이 당신의 GOTE, 구체적으로 그 말들이 수행하는 전술들과 결합하는 것을 필요로 한다. 예를 들어, 연습 9-1에서의 짐의 대사를 보자. "리글리 빌딩은 시카고의 명물 가운데 하나죠— 난 재작년 여름 '진보의 세기' 박람회에 갔을 때 그 빌딩을 구경했어요." 이 대사의 실제 의미는 중서부 도시의 건축물이나 그 시대의 대중적인 구호에 대한 것이 아니다. 그보다는 짐이 자신의 견문과 지식, 그리고 견고한 자신감을 과시함으로써 로라를 감동시키고 그녀의 수줍음을 없애주려는 의도이다. '난 대도

시에 익숙하고 미래에 매료되어 있어."가 그가 진정으로 말하려는 바이다. 그는 너스레를 떨고 시시덕거리며, 로라가 허물없이 대화하도록 용기를 북돋고 있는 것이다. 짐을 연기하는 배우의 자신감 있는 발음은 이러한 내적 의미들을 전달하겠지만, 되는대로 식의 발음은 그 반대의 결과를 가져올 것이다. 그리고 잠시 후 로라가 "괜찮으시다면 — 저도 껌을 씹고 싶어요."라고 말한다면, 로라의 발음(결과적으로 로라를 연기하는 배우의 발음)은 로라가 자신의 어머니로부터 배운 단아한 공손함으로 조심스럽게 짐의 자신감에 필적하려는 것이다. 로라의 발음은 아마 "당신이 어떻게 하는지 알려만 준다면 — 난 당신의 세계에서 편안하게 살 수 있어."라는 생각을 전달해야 할 것이다. 이러한 방식으로 발음은 단지 배우의 테크닉뿐 아니라 등장인물의 목표들과 전술들의 표시가 된다.

따라서 당신은 당신의 연기 상대와 무엇을 하고 있는지 (혹은 하려 하는지) 분석하고, 즉 당신의 GOTE를 분석하고, 그 일을 수행할 때 당신의 단어들을 어떻게 사용해야 하는지 연구하라. 당신은 질문을 하고 있는가? 당신의 상대를 침묵시키고 있는가? 부추기고 있는가? 승낙을 구하고 있는가? 논쟁을 유발하고 있는가? 구별을 짓고 있는가? 싸움을 말리고 있는가? 화해를 제안하고 있는가? 당신의 대사의 **내용**이 항상 이러한 목표들을 제기하지 않을지 모르나, 당신의 발음과 어조는 그렇게 할 것이다. 예리한 발음은 배우가 자신의 등장인물에게 부여할 수 있는 가장 강력한 도구들 중의 하나이다. 언제나 좋은 발음을 전달하기 위해 당신의 도구를 연마하고 당신의 접근에 집중해야 한다.

좋은 발음은 관객이 연극을 이해할 수 있게 해준다. 만일 배우가 "내가 물었잖아."와 "네가 물었잖아."를 구분할 수 없다면, 연극에서의 한 순간은 분명 훼손될 것이다. 그런 순간들이 여러 번 거듭된다면, 관객의 주의력은 분명 표류하게 될 것이다. 관객은 당신이 의미하는 바를 알아내려고 머리를 짜내는 동안, 당신의 감정적 진실이나 연극의 상황과 주제에 대해 주의를 기울이지 않는다. 그래서 연극에서의 발음은 모든 면에서 매우 중요하다.

입을 벌리고 말하기

명료한 무대 발음에 대한 장애는 대개 어린 시절부터 굳어진, 입과 턱을 다물고 말하는 방식에서 기인한다. 이러한 말하기 방식은 명료하고 효과적인 발음을 저해하므로, 좀 더 입을 벌리고 말하는 방식이 필요하다. 턱을 다물고 말하는 데에는 허영심, '터프하게' 보이려는 욕구, 과도하게 이지적이거나 과장해서 발음하는 말들에 대한 혐오, 어린 시절 치열 교정기의 착용, 심지어 이전의 다양한 종류의 악습 등 많은 이유들이 있다. 이러한 습관들을 고치는 것은 쉽지 않지만, 다음 연습은 배우를 자유롭게 만드는 데 도움을 줄 수 있다.

◆ 연습 22-1A

이로 연기하기

상대와 함께 다음 대화를 교환하라.

　A: 그래.
　B: 아니야.

네 번 더 반복하라.

　　당신의 위협 또는 유도 전술의 일환으로 당신의 입의 실제 움직임, 즉 입술, 이, 혀의 움직임을 이용하여 그것을 다시 해보라. 당신의 연기 상대가 당신이 말하는 것을 **보게** 하고, ("그래"라고 말하는 배우에게) 승낙을 종용하기 위해 혹은 ("아니야"라고 말하는 배우에게) 보복하겠다고 위협하기 위해, 당신의 이와 혀의 움직임을 과장하라. 이것을 '이로 연기하기'라고 부르겠다.

역할을 바꿔서("그래"라고 말한 사람이 "아니야"를 말하게) 이 연습을 반복하라.

◆ 연습 22-1B

같은 요령으로 다음 짧은 대화를 교환하라. 당신의 이로 연기하라. 당신의 단어 들뿐 아니라 당신의 입 움직임을 이용하여 당신의 상대에게 애원하거나 당신의 상대를 위협하도록 과장해서 발음하라.

> A: 이리 와!
> B: 날 내버려둬!
> A: 이리 와!
> B: 날 내버려둬!

◆ 연습 22-1C

로라와 짐 장면을 이로 연기하라. 당신의 이, 입술, 혀의 움직임을 과장하고, 당신의 목표들을 성취하는 당신의 포괄적 전술들의 일환으로 당신의 입과 당신의 발음을 이용하여 당신의 단어들을 과장해서 발음하라.

물론, 누군가는 이러한 지시 사항을 거부할 수 있다. 하지만 일반적으로 배우들은 좋은 무대 발성을 계발하기 위해 '목구멍을 열어야' 하는 것처럼, 단어들을 또렷하게 발음하고 발음법을 계발하기 위해서는 '입을 벌려야' 한다. 대부분의 경우 당신은 단어들을 분명하게 말해야 할 뿐만 아니라, 당신이 단어들을 분명하게 말하고 있다는 것을 **다른 등장인물들에게 보여주어야** 한다. 이는 당신의 이해력을 더해줄 뿐 아니라, 당신의 자신감과 그에 따른 당신의 무대에서의 침착성을 향상시킨다.

발음 계발하기

좋은 무대 발음은 책을 통해 배우는 것이 아니라 무대와 일상의 경험으로부터 배우는 것이다. 좋은 무대 발음을 배우는 최상의 방법 중 하나는 격렬하고 심지어 불리한 상황에서조차 당신 자신을 이해시키면서 단순히 말들을 이용해 정상적으로 의사소통하는 것이다. 아이들 가르치기, 집회 발표, 정치 토론, 그리고 모든 종류의 연설은 당신의 발음을 예리하게 할 것이며, 거의 당연한 일이지만 당신의 구두 소통 능력을 강화하도록 당신을 훈련시킬 것이다.

◆ 연습 22-2
반복되는 문장들

상대와 짝을 이뤄라. 각각의 상대는 연극 대본이나 이야기책에서 한 문장을 선택한다. 첫 번째 상대가 책에서 한 문장을 읽으면서 시작한다. 두 번째 상대는 그것을 똑같이 따라 하고, 그런 다음 자신의 책에서 한 문장을 읽으면, 첫 번째 상대가 따라 한다.

점점 더 긴 문장들로 발전시킨다. 당신의 상대가 당신의 문장을 정확하게 듣고 이해하게 만드는 데 집중하라. 당신의 상대가 그 문장을 완전히 이해해서 완벽하게 따라 하면 당신이 이기게 된다.

등을 서로 맞댄 상태에서 계속하라.

◆ 연습 22-3
버나드 쇼의 대사

서로 관련된 여러 문제들에 대해 재기 넘치는 설전이 벌어지곤 하는 희곡들을 쓴 조지 버나드 쇼만큼, 몇몇 극작가들은 발음을 매우 중요시한다. 쇼의 희곡들 가운데서 발췌한 짧은 대사(대략 다섯 문장)를 암기하고 당신의 상대에게 그 대사를 전달하라. 그리고 당신의 상대에게 대사의 내용을 바꾸어 말하라고 요구하라. 당신의 '성공'은 당신이 얼마나 잘 말했는지가 아니라 당신이 얼마나 잘 당신의 대사를 상대가 듣고 이해하게 만들었는지에 달려 있다.

정확한 요점들을 만들려고 더 열심히 노력하면서 상대를 바꿔가며 대사를 반복하라. 당신의 단어들뿐 아니라 당신의 이, 혀, 입술을 이용해 연기하라! 당신의 상대가 그 대사를 처음 듣게 하라.

마지막엔 당신의 원래 상대로 되돌아가라. 당신은 나아졌는가? 당신의 상대에게 물어라.

강조법

강조법은 구두 해석의 재료, 즉 하나의 단어나 음절을 다른 것보다 더 중요하게 만드는 결정이다. 거의 모든 대사는 다양한 강조법으로 읽힐 수 있다. 예를 들어, 덩컨을 살해한 후 아내에게 하는 맥베스의 대사를 살펴보자.

내가 결국 그 일을 해냈소. 〔그건 **나요!**〕

내가 **결국** 그 일을 해냈소. 〔당신은 내가 못할 거라 생각했겠지, 그렇지 않소?〕

내가 결국 **그** 일을 해냈소. 〔그건 내가 한 일 가운데 가장 **중요한** 일이오.〕

내가 결국 그 **일을** 해냈소. 〔그건 단지 내가 **했어야 할 일**일 뿐이오.〕

내가 결국 그 일을 **해냈소.** 〔그건 이제 모두 끝났소.〕

위의 강조들은 모두 타당하지만, 당신은 그것들 중에서 하나만을 연기할 수 있다. 어떤 것이 해석과 일치하고, 액션을 자극하고, 당신의 연극 공연에 도움을 주는가? "내가 결국 그 **일을 해냈소**."처럼 부차적인 강조 또는 동등한 강조가 있어야 하나? 연극 공연에서 강조법은 연출가의 지시에 따를 수도 있지만, 그보다는 당신 스스로가 이러한 선택들을 해야 할 것이다.

강조법에 대한 당신의 선택은 "다른 등장인물들이 무엇을 듣고 이해하길 원하는가?"라는 질문이 좌우한다. 발음법처럼 강조법은 의사소통의 도구이다. 그것은 다른 사람으로부터 올바른 종류의 반응들을 이끌어내야 한다. 맥베스는 자신이 한 말로부터 자신의 아내가 무엇을 이해하길 바라는가? 그녀의 지나친 통제를 우려한다면, 그는 아마 '내가'를 강조할 것이다. 그녀가 되돌아가기를 원한다면, 그는 '해냈소'를 강조할 것이다. 그녀가 이성을 잃을 거라 생각한다면, 그는 '일을'을 강조할 것이다. 그래서 강조는 GOTE의 구성 요소들, 당신의 등장인물의 목표, 그리고 그 목표를 수행하기 위해 당신이 선택한 전술들과 밀접하게 연관되어 있다.

하나의 단어를 어떻게 강조하는가? 영어에서 가장 일반적인 방법은, "내가 결국 그 일을 **해냈소**."(I have ^done the deed.) 또는 "**내가** 결국 그 일을 해냈소."(^I have done the deed.)와 같이 (해당 단어 앞에 삽입기호〔^〕를 표시해) 간단히 음높이를 끌어올리는 것이다. 또한 음량을 높여 특정 단어를 강조하기도 하는데, 자음들에 약간 더 정확하게 강세를 뒤 음절들을 '끊어서' 말하는 것이다. 하지만 종종 단어의 **모음들을 특징짓는 것**, 즉 모음들을 강하게, 길게, 혹은 예기치 않은 **어조**로 처리하는 것이 특별한 강조를 제공하는 보다 효과적인 방법이다. 강세와 음량을 통해서만 강조하는 것은 (물론, 특정 등장인물들에 적합하지만) 귀에 거슬리는 기계적인 말하기로 끝날 수 있다. 한편, 이에 더하여 조심스럽게 조절된 음높이의 변화들을 통해 강조함으로써 보다 미묘한 관계들을 설정하는 데 유용한, 감정을 더 자극하는 '시적' 대사를 창조할 수 있다.

　동작과 몸짓은 강조를 창조하는 다른 방법들이다. '내가' 라는 단어에서 당신 자신을 가리키거나, '해냈소' 라는 단어에서 주먹을 움켜쥐는 것은 어떤 정확한 메시지를 맥베스 부인이 (그리고 그녀를 통해 관객이) 당신의 대사로부터 얻게 될 것인지를 결정할 수 있다.

◆ 연습 22-4

강조의 변화

상대와 함께 역할을 바꿔가며, "내가 결국 그 일을 해냈소."라는 맥베스의 대사를 앞서 설명한 다섯 가지 강조법을 모두 이용하여 전달하되, 각각의 강조법이 지닌 특정한 대인 관계에서의 의미를 찾아내려고 노력하라. **강세**를 추가하고, 모음들을 **특징짓고**(늘이거나 강화하고), **몸짓**을 이용하여 실험하라.

　다른 강조법을 실험할 수 있는 또 다른 대사들을 선택하고, 당신이 얼마나 다양한 방법으로 그것들을 연기할 수 있는지 알아보라. 하지만 이 연습을 단지 하나의 실험으로 여기고, '최상의' 강조법을 선택하려고 애쓰지 말라. 그러한 선택은 희곡을 연구한 후에야 가능하다. 다음은 활용 가능한 셰익스피어의 대사들이다.

햄릿: 이 세상은 탈골된 상태지. 이 저주받을 운명,

　내가 그것을 바로잡기 위해 태어났나니!

리어왕: 나를 바보 취급하는 건가, 자네?

오델로: 데스데모나가 정숙하다는 것을 의심치 않네.

줄리엣: 당신은 키스할 때도 규칙을 따르는군요.

클레오파트라: 오, 이렇게 심하게 배신당한 여왕은

　절대 없었어!

◆ 연습 22-5

강조법으로 강조하기

강세와 음량 강조법만을 사용하여 다음 문장들을 누군가에게 말함으로써 그 문장들의 의미를 분명하게 만들라.

1. '않는다' 를 '않을 것이다' 로 바꿔.
2. 그건 그거고, 그게 아닌 건 아닌 거야.
3. 그녀는 그럴 거야, 그러겠지 그녀가?
4. 저기 '카사노바' 를 봐!
5. '내 의무를 다하라' 는 게 무슨 뜻이야? 의무는 죽음을 필요로 해!

당신의 이로 연기하라!

억양법

'변화'에 해당하는 라틴어에서 유래한 **억양**inflection이란 단어는 음절에서 음절로 변화하는 음높이에 따른 음성의 높낮이를 일컫는다. **끝억양**end-inflection은 하나의 어구나 문장의 끝에서의 음높이의 변화를 말한다. 종종 음높이의 변화는 강조점이 없는 "밖에 나갈 거야."라는 문장에서처럼 서술문과 의문문 사이의 유일한 차이점이다. 서술문으로서의

"밖에 나갈 거야."

에서는 말하는 사람의 억양이 보통 마지막 단어에서 떨어지지만, 의문문으로서의

"밖에 나갈 거야?"

에서는 억양이 보통 올라갈 것이다.

억양은 또한 빈정거림을 나타내는 방법이기도 하다. 원래 떨어지는 억양을 반대로 올리게 되면 대사의 의미는 틀림없이 반전될 것이다. 예를 들어, "아주 멋져!"에서 올라간 억양은 말하는 바 그대로를 뜻하지만, 억양을 내리고 특히 능글맞은 웃음과 치켜 올린 눈썹을 동반하면 "아주 형편없어!"라는 것을 의미한다. 말할 나위도 없이, 당신은 이러한 억양들을 주의 깊게 연기해야 한다.

일상의 대화(특히 열중해 있는 대화나 논쟁)를 듣게 되면, 당신은 억양과 어조의 다양한 변화와, 말의 속도와 세기의 급격한 변화를 듣게 될 것이다. 이와 비슷하게, 다양한 억양과 광범위한 음높이와 음량의 정도는 흥미로운 무대 대화에 특성을 부여한다. 초보 배우는 종종 단편적으로 암기한 대본과 엄청난 수준의 무대 공포로 인해, (한 가지밖에 생각하지 않는 사람처럼) 대개 변화 없는 음높이를 유지하며 단조로운 어조로 말하고, 대사가 끝나기 전부터 점점 작아지는, 떨어지는 억양으로 말한다. 누군가가 세탁물 목록을 읽어 내려가는 것과도 같은 계속적으로 떨어지는 억양은 기술적으로 훈련되지 않은 배우임을 입증하는 것

영국인의 비법

왜 미국 평론가들과 관객들은 미국 무대에 선 영국 배우들을 그토록 동경하는 것일까? 랠프 파인스Ralph Fiennes, 매기 스미스Maggie Smith, 재닛 맥티어Janet McTeer, 다이애나 리그Diana Rigg, 나이젤 호손Nigel Hawthorne, 데릭 자코비Derek Jacoby, 제러미 아이언스Jeremy Irons, 이언 매켈런Ian McKellen, 로저 리스Roger Rees, 콘스턴스 커밍스Constance Cummings, 제시카 탠디Jessica Tandy, 스티븐 딜레인Stephen Dillane, 제니퍼 엘Jennifer Ehle, 폴린 콜린스Pauline Collins 등 최근 시즌에서 브로드웨이 토니상 연기 부문을 수상한 배우들은 모두 영국 출신이지 않은가? 그것은 아마도 '영국인의 비법', 즉 극중 대사에 사실감과 흥분을 촉진시키는 추진력을 불어넣는 상승 억양의 기술 때문일 것이다.[1] 상승 억양은 미국에 있는 모든 학교에서 가르치는 것은 아니지만, 영국 사람들에게는 친숙한 것이다 :

하강 억양을 택한다면, 우리는 여행을 끝내는 것이다. 여행의 끝에 도달할 때까지 여행이 계속되도록 유지하고, 억양이 활발히 올라가도록 유지하라.

―마이클 랭햄Michael Langham, 영국 태생의 무대 연출가

대사 안에 끊김이 있는 곳에서는…… '대개' 단순히 한 단어에서 평정을 유지하면 된다. 즉, 그 단어는 대사의 후반부로 뛰어들기 전에 잠시 유지되고 고조된다. 이러한 평정은 우리가 대사의 핵심 단어를 알아내고 대사의 후반부에 있는 정보에 대비하도록 여백 또는 정지된 순간을 제공하는 것으로, 청중의 귀를 위해 필요한 것이다…… 우리가 대사를 이해하지 못할 때, 대부분은 이러한 방법이 사용되지 않았기 때문이다.

―시슬리 베리Cicely Berry, 왕립 셰익스피어 극단에서 발성을 지도하는 작가이자 연출가

상승 억양이 부족하다는 이유로, 밑창 없는 신을 신고 오늘밤 강둑에서 잠을 자고 있는 수많은 배우들이 있다는 사실을 기억하라.

―도널드 신든Donald Sinden, 영국 고전연극 배우

---

1 이에 대한 자세한 논의는 로버트 코헨의 저서 《당신에게 더 큰 힘을*More Power to You*》(New York: Applause, 2002) 31~43쪽의 〈영국인의 비법The English Secret〉 참조.

이고 연극을 서서히 죽이는 것이다. 단조로운 어조는 비연극적인 것만큼이나 비현실적이며, 따라서 당신의 역할이 세탁물 목록을 읽는 것이 아닌 한, 그것을 배우는 것에 대해 걱정할 필요가 없다.

일반적으로, 상승하는 끝억양은 대사의 액션을 **유지하는** 것이고, 하강하는 끝억양은 그것을 **끝내는**(또는 끝내려는) 것이다. 상승 억양(상승조)은 대답이나 반응을 요구하는 것이고, 하강 억양(하강조)은 토론을 끝맺음하거나 마지막 말을 하려는 시도를 암시한다. 따라서

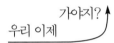

는 사실상 대답을 요구한 것이고, 권유받은 사람은 승낙하거나 거절할 수 있음을 암시한다. 반대로,

우리 이제
　　　가야지? ↘

는 여전히 기술적으로 권유이지만, '가는 것'이 이미 결정되었음을 암시한다. '질문받은' 사람은 다만 동의와 출발의 의미로 고개를 끄덕여주길 요구받은 것이다. 하강 억양은 끝맺는 대사들의 특성이다.

연극은 이제
　　　끝났어. ↓

그리고 논쟁을 끝맺는 대사의 특성이다.

더 이상 변명
　　　하지 마! ↓

상승 억양은 실제 질문의 특성이다.

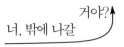

또는,

그리고 "내 말에 동의하지?"라는 의미를 가진 질문들의 특성이다.

이와 비슷하게, 우리는 **반대**와 **대조**를 가리키기 위해 상승 억양을 사용한다.

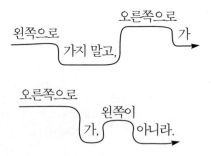

반대에 위치한 두 단어가 모두 억양이 올라가는 것을 주목하라. 하지만 선호하는 단어(여기서는 '오른쪽')는 그것이 문장의 처음에 오든, 두 번째에 오든 상관없이 억양이 **더** 올라간다. 진행 중인 대화에 새로 등장하는 단어들처럼 **중요한 의**

미가 있거나 핵심적인 단어들, 또는 아주 **생소한** 단어들, 또는 **생소한 방법**으로 사용된 일반적인 단어들, 또는 다른 누군가로부터 인용된 단어들 또한 문장의 어느 지점에 등장하든 대개 억양을 높임으로써 강조된다.

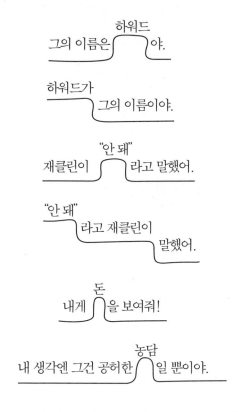

만일 말하는 사람이 열거한 항목들이 중요하다는 사실을 전달하고자 한다면, 그것들을 마지막 항목까지 모두 같은 음높이로 고조시킨다.

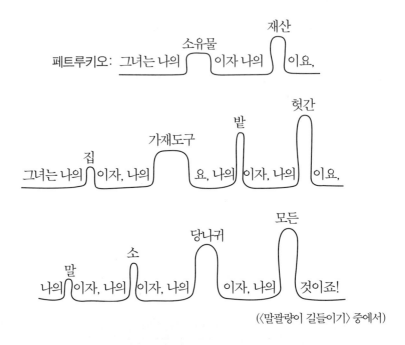

페트루키오: 그녀는 나의 소유물이자 나의 재산이요,

그녀는 나의 집이자, 나의 가재도구요, 나의 밭이자, 나의 헛간이요,

나의 말이자, 나의 소이자, 나의 당나귀이자, 나의 모든 것이죠!

《말괄량이 길들이기》 중에서

목록의 일반적인 억양은 하강 억양이 그것을 마무리할 때까지, 전 대사에 걸쳐 변함없이 올라간다는 것을 주목하라. 페트루키오의 대사에서 '재산이요'에서의 하강 억양은 배우가 불가능할 정도의 높은 음높이까지 도달할 필요가 없도록 (바로 다음에 '그녀는'을 반복함으로써 다시 시작하는) 대사를 분리시킬 것이다.

또한 이 목록을 전달할 때 음높이의 상승이 아주 미세하게 이루어질 수 있다는 점도 주목하라. 상승의 **폭**이 아니라, 음높이의 상승이 안정적이고 지각될 수 있다는 사실이 중요하다.

마지막으로, 상승 억양은 대사 안에서 흥미로운 계기를 창조하고, 그것을 무미건조하고, 단조롭고, 기계적인 암송과 구분시킨다. 반대로, 상승 억양은 대개 대본에 쉼표들로 표시된 것처럼, 자연스러운 호흡과 생각하는 '사이'를 통해 대사의 기본 개념, 열정, **목적**을 전달하고 확립한다. 고조된 억양은 당신의 동료 배우들을 자극하고 무대 안팎의 청중들로부터 강렬한 주의를 끌어내면서,

의도적이고 공격적인 대사를 분출시킨다. 그것은 연극뿐 아니라 일상에서도 흥미로운 대화, 훌륭한 논쟁, 활기찬 의사 교환의 기준이 된다.

◆ 연습 22-6
....
억양

다음 대사와 대화에서 가장 생생하고 매력 있는 억양을 연구하고 만들어라.

1. 연극이 아니라, 영화 보러 가자.

2. 그는 천재가 아니라, 바보야.

3. 난 올리브, 돼지고기, 그리고 성게가 싫어.

4. 클로디어스: 그건 내 말에 대한 대답이 아니지 않느냐.

   햄릿: 네, 그렇다고 제 말도 아니지요.   〈햄릿〉

5. 실리아: 가만, 그분이 오는 게 아니야?

   로잘린드: 그분이야. 비켜서서 그분을 지켜봐.   〈뜻대로 하세요〉

6. 라이샌더: 내 사랑은 허미어가 아니라 헬레나요.   〈한여름 밤의 꿈〉

7. 에스텔도 잘하지만, 난 더 잘해.

   (주: 여기서 '에스텔' 과 '나' 는 대립 관계에 있다.)

8. 내가 없다면 넌 어떻게 될까?

9. (떠날 것을 **제안하며**) 가자.

   (떠날 것에 **동의하며**) 가자.

10. 햄릿: 사느냐 죽느냐, 그것이 문제로다.

11. 줄리엣: 로미오, 로미오, 왜 당신은 로미오인가요?

12. 타이먼: 네가 사자가 되면 여우가 널 속일 것이고, 어린 양이 되면 여우

한테 잡아먹힐 것이고, 여우가 되면 당나귀가 일러바쳐 사자가 널 죄인이라고 낙인찍을 거다. 당나귀가 되면 우둔함에 속을 끓이고 살다가 늑대의 아침밥이 될 팔자다. 늑대가 되면 탐욕에 못 이겨 저녁먹이를 얻으려다가 마냥 목숨을 잃을 처지에 빠지게 된다. 일각수가 되면 오만과 분노에 날뛰다 제 분노에 제가 망가지고 말 거다. 곰이 되면 말에게 채여 죽게 될 거고, 말이 되면 표범에게 잡히고 말 것이다. 표범이 되면 사자와 친족관계라서 그 족속이 가지고 있는 얼룩점이 배심원이 되어 네 목숨을 날리게 될 거다. 너의 유일한 안전은 멀리 떨어져 있는 것이며, 방어책은 그 자리에 있지 않는 것이다. 다른 짐승의 밥이 되지 않으려면 넌 과연 어떤 짐승이 될 수 있을까?   〈아테네의 타이먼〉

(물론 이 마지막 대사는 대사 억양의 효과적인 조절 없이는 사실상 이해될 수 없을 것이다.)

....

억양법은 단순한 '연기 테크닉'이 아니다. 그것은 유기적이고 사실적인 연기의 창시자인 스타니슬라프스키 못지않다. 그는 배우들에게 다음과 같이 조언했다.

쉼표 바로 앞에 있는 단어의 마지막 음절의 소리를 감아 올려라…… '그리고' 잠시 그 높은 음을 공중에 매달아 놓아라…… 경고의 표시로 손을 치켜드는 것과 거의 흡사하게, '이것은' 청중들이 끝나지 않은 문장의 끝 부분을 참을성 있게 기다리도록 한다.

또 이런 충고도 했다.

억양과 구절 끊기는 그 자체로서 강력한 감정적 효과를 만드는 힘을 내포하고 있다······ 당신의 대사에 진정한 힘이 필요하다면, 음량은 잊고 억양의 높낮이를 기억하라.[2]

일상적인 대화에도 억양의 높낮이가 있는데, 왜 배우들은 무대에서 상승 억양을 사용하는 방법을 배워야 하는가? 초보 배우들, 그리고 간혹 숙련된 배우들도 대개 자신들의 등장인물의 목표를 연기하는 데 완전히 전념하기도 전에 자신들의 대사를 읽고 외우기 시작하기 때문이며, 그 결과가 학교 강의실에서의 의무적으로 행해지는 무미건조하고 종종 따분한 '충성 서약'에서처럼 무의식적으로 암송하는 경향으로 나타나기 때문이다.

당신이 등장인물로서 말하는 모든 대사는 당신에 의해 **암송된** 것이 아닌 **창조된** 것으로서 전달되어야 한다. 극작가가 아닌 당신은 대사의 창작자로서 인식되어야 한다. 억양은 당신이 대사를 암송하기보다는 창조하고 있다는 기술적 표명이다.

어법

발음법, 강조법, 억양법을 함께 묶어서 생각하면 어법으로 귀착된다. 어법은 당신의 대사에 의미를 부여하고 당신의 등장인물이 그것들을 의미하고 말하도록 활력의 근원을 제공하는 GOTE 원칙들과 절대 분리될 수 없다. 하지만 단어들과 수사적 표현을 통해 대사들을 말로 나타내고 목표들을 추구하는 당신의 등장인물의 능력은 배우인 당신이 충족시켜야 하는 그 무엇이다.

2 두 인용문은 모두 엘리자베스 레이놀즈 햅굿이 번역한 콘스탄틴 스타니슬라프스키의 《등장인물 만들기 *Building a Character*》(New York: Theatre Arts Books, 1949), 137, 141쪽에서 발췌되었다.

우선, 당신은 강조를 나타내기 위해 당신의 대본에 밑줄을 쳐서 표시해야 한다. 이번 강의의 일반적인 원칙들에 의거해 발음에 관한 다른 표시들을 추가하라.

다른 사람이 맡은 등장인물의 의식에 다가가기 위해 어떤 단어들을 길게 늘여야 하는가? 어떤 단어에 강세를 두어야 하는가? 빈정거리는 억양은 있는가? 논쟁을 끝맺는 대사들은 있는가? 답변을 바라는 질문들은? 동의를 구하는 진술들은? 정확한 설명을 필요로 하는 개념들은? 보다 일반적으로, 등장인물이 자신의 동기를 촉진시키기 위해 언어, 수사적 표현, 몸짓을 어떻게 사용하는가? 등장인물의 어휘와 문장이 등장인물들 간의 관계에 어떤 영향을 주는가? 등장인물의 어법은 그가 어떤 생각을 하고 있는지 어떻게 보여주는가? 그 등장인물은 어떤 종류의 어조를 사용하는가? 그는 얼마나 시적인 사람인가? 얼마나 관료적인 사람인가? 등장인물의 GOTE가 어떻게 등장인물의 어법으로 나타나는가?

요약

발음, 강조, 억양은 등장인물이 사건들과 다른 등장인물들에게 영향을 주기 위해 단어들을 사용하는 방식인 어법의 재료들이다. 좋은 어법은 현실과의 유사성과 연극적 효과, 두 가지 모두를 가진다. 그것은 대화를 명백하게 하고 집중시키며, 장면이나 연극의 가장 중요한 지점들을 구체적으로 강조하고, 액션의 흥분 상태와 등장인물들의 열의를 지속시킨다. 변화가 있으면서 상승하는 음높이는 GOTE가 결정지은 좋은 연기의 흥분 상태에 기술적 부속물로서 특히 유용하다.

제23강

착수

첫 단어

착수attack는 대사의 첫 단어를 전달하는 것이다. 대사를 착수하는 데 가장 중요한 규칙은 자신감, 활력, 열의를 가지고, 상당한 음량과 속도로 강력하게 임해야 한다는 것이다. 초심자들에게 일반적인 힘없는 착수는 그들의 특성인 불안감을 반영하면서 불확실성으로 채워진다.

당신의 착수가 강해야 하는 데는 기술적 이유와 현실적 이유, 두 가지 이유가 있다. 기술적으로, 배우는 매 대사의 처음부터 관객의 주의(집중)를 바로 끌어내기 위해 매 대사를 박력 있게 착수해야 한다. 관객은 매 순간 어디를 봐야 할지 모른다는 것을 명심하라. 그러므로 당신이 뭔가 할 말이 있을 때마다 그들의 주의를 '끄는' 것은 배우인 당신에게 달려 있다. 소심한 배우는 문장의 중간에서야 성공하는 반면, 대담한 배우는 첫 음절에서부터 관객을 사로잡는다.

현실에서 강한 착수는 심지어 더 중요하다. 일상에서는 당신에게 '말할 권리'를 부여하는 극작가가 없다. 그것이 '당신의 대사'라고 해서 사람들이 자동적으로 조용해지는 않는다. 일상에서 당신은 말할 기회를 '얻어야' 하고, 당신이 하는 말의 위력으로 다른 모든 사람들이 말하는 것을 멈추게 하고 듣게 만들어야 한다. 이러한 과정은 대화 분석가들에 의해 **말차례 가지기**turn-taking라 불리며, 무대에서 그런(또는 그래야 하는) 것처럼 일상에서도 자연스러운 것이다.

따라서 전문 배우는 자신의 대사와 동작으로 '무대를 장악해야' 한다는 것을 안다. 당신은 '내 대사, 네 대사'라는 식의 계획된 차례 변경으로 대본의 인위적 편안함에 안주해서는 안 된다. 전문 배우는 매 대사의 첫 음절로 강력하게 무대를 장악한다. 따라서 착수는 당신의 존재를 규정하고, 당신이 등장인물로서 말하고 당신이 등장하는 장면을 말로 표현하는 권리를 갖게 해준다.[1]

완전한 음량은 일반적으로 강한 착수의 핵심 요소이다. 실수할까 봐 걱정하는('내 차례인가?', '내가 맞는 대사를 하는 건가?') 확신 없는 배우는 언제 일어날지 모를 실수의 크기를 최소화하기 위해 흔히 음량을 줄이는데, 그런 과정에서 더 중대한 실수를 범하곤 한다. 연극을 할 때는 대개 대담하게 뭔가를 잘못하는 것이 소심하게 뭔가를 제대로 하는 것보다 더 낫다. 그래서 당신은 각각의 첫 음절을 완벽하게 전달함으로써 얻게 되는 특별한 이점을 활용하는 법을 배워야 한다.

하지만 음량만이 유일한 착수 도구는 아니다. 첫 모음에 한숨을 쉬거나, 아주 높은 음을 사용하거나, 대담한 신체적 몸짓 또는 떠들썩한 몸짓을 하거나, 첫 파열음(ㅂ, ㅍ, ㄷ, ㅌ, ㄱ, ㅋ)을 과도하게 강조하면서 모음을 늘이거나 변화시키는

----

1 극작가가 '힘없이' 전달하라고 구체적으로 명시한 '신사의 방문' 장면(연습 9-1)의 처음에 있는 로라의 "안녕하세요."는 어떤가? 분명 이 대사를 크게 말해서는 안 되지만, 배우들이 그것을 착수할 때 단순히 '힘없이 보이려고' 한다면 그것은 그릇된 것이다. 사실 로라는 대담해지려고 하며, 그녀로서는 이미 대담해진 상태이다. 바로 다음에 따라오는 작가의 무대 지시문은 "그녀는 헛기침을 한다."이며, 이는 로라가 더욱더 대담해지려고 애쓰고 있다는 것을 나타낸다. 그러므로 로라를 연기하는 배우는 로라가 그러는 것처럼 대담해지려고 애써야 하지만, 다소 그 목표에 미치지는 못해야 한다. 로라는 처음부터 짐을 감동시키고 싶지만, 그 방법을 잘 알고 있지는 못하다.

것 또한 당신의 착수를 강화할 것이다. 그래서 당신의 눈은 더 크게 떠지고, 공기를 크게 들이마시게 되고, 의자에서 일어나게 되고, 힘차게 뛰어오르게 되고, 앞으로 한 발짝 내딛게 될 것이다. 그렇게 해서 '이로 연기하게' 될 것이다.

이 모든 '기술적' 연기는 평범한 일상으로부터 얻어진다는 것을 기억하라. 당신이 대화나 논쟁에 열중해 있는 두 사람을 관찰하게 되면, 이러한 말차례 가지기 기술은 대부분 아주 무의식적이고, 더 중요하게는 거의 자의식이 없는 상태에서 작용하기 시작한다는 사실을 알게 될 것이다. 당신과 당신의 상대가 이미 암기한 대사들 중 일부에 이러한 착수 장치들을 적용할 수 있는지 없는지 살펴보라.

당신의 착수 **속도**가 두 번째 주요 고려 사항이다. 초심자의 착수 속도는 대개 빠르기보다 느린 경향이 있지만, 당신의 착수 속도는 느리기보다는 빨라야 한다.

당신의 착수는 왜 빨라야만 하는가? 기술적으로 그것은 연극의 액션의 속도를 높이기 위해서이다. 최종 리허설에서 대부분의 연출가들은 배우들에게 "큐를 잡아채!"라고 채근한다. 대사들 사이에서 경과된 시간, 즉 느린 착수로 인한 '사이'들은 관객에 관한 한 낭비된 시간이다. 그들은 당신의 의미심장한 '사이' 내내 아무런 정보를 얻지도 못하고, 당신이 무슨 생각을 하고 있는지 전혀 알지도 못한다. 실제로, 그들은 다음에 누구의 대사가 이어질지 전혀 모르기 때문에 어디를 봐야 할지조차도 모른다.

현실에서 사람들은 단순히 대사를 교대로 주고받지 않는다. 그들은 대화에 끼어들고 서로를 방해한다. 그들은 대사를 마지못해 말하기보다는 간절히 말하고 싶어 한다. 그런 종류의 고강도 대화를 재창조하기 위해, 연출가들은 배우들이 자신들의 큐를 잡아채서 활기 있는 토론을 묘사해주길 요구한다.

당신이 속도감 있게 대사를 착수할 때, 당신은 상대의 대사에 훨씬 더 직접적으로 반응하고 있는 것이다. 당신의 상대에 의해 자극받은 당신의 감정은 단

몇 초 동안이지만 충만해질 것이다. 당신이 그 순간에 반응한다면 당신의 반응은 느낌으로 충만할 것이지만, 단 1~2초만 늦어도 느낌은 사라질 것이다. 연기를 할 때 당신의 가장 강렬한 느낌들은 말하기 전이나 그 후가 아닌 **말하고 있는 동안** 생겨나야 하고, 당신의 대사를 착수하기 위해서는 0.5초 후가 아닌 당신의 마음이 가장 동요하는 바로 그 순간을 포착해야 한다.

신체적 착수

대사는 하나의 행위이고, 어떤 하나의 대사에서 당신의 착수는 언어적일 뿐 아니라 신체적이다. 배우로서 당신은 당신의 대사를 단지 수동적으로 말하는 것이 아니라 당신의 대사로 '들어가는' 방법을 배워야 한다. 이것은 당신의 첫 대사 또는 그 직전에 오는 강한 몸짓이나, 무대 동작(일어서기, 앉기, 앞으로 나서기)이나, 단순히 머리를 치켜드는 것 등을 의미할 수 있다. 그것은 대개 '이로 연기하는 것'을 의미하고, 당신의 머리와 입의 움직임으로 당신이 **말하려는** 것과 **말하고 있다고 보이려는** 것을 명백하게 하는 것을 의미한다. 당신은 무대를 장악하기 위해, 그리고 당신의 상대를 '저지하기' 위해 연기해야 한다는 것을 명심하라. 당신을 말하게 만드는 것은 당신의 **목표**(그리고 당신의 GOTE)이고, 종종 당신의 대사가 당신의 등장인물의 목표를 이루게 만들도록 당신 쪽에서 신체적 액션을 취해야 하는 것도 명심하라. 그래서 당신의 등장인물의 대사를 시작할 때 '무대를 장악하기' 위해서는 적당히 공격적이어야 한다.

말차례 가지기

강한 착수는 당신이 대사를 하는 동안 잠시 멈출 수 없다거나, 대사를 하는 내내 내달려야 한다는 것을 의미하지 않는다. 절대 그렇지 않다. 강한 착수는 당신이 대사를 하기 **전에** 불필요하게 멈춰서는 안 된다는 것을 의미하고, 당신이 우선 무대를 장악한 다음, 대사의 미묘한 차이를 나중에 발전시키는 것을 의미한다. 훌륭한 극작가는 당신의 대사의 처음에 강한 '말차례 가지기' 착수 단어들을 제공함으로써 당신을 도울 것이다.

◆ 연습 23-1
말차례 가지기 대화

두 십대들 간의 대화 장면을 마음속으로 읽고, 그런 다음 상대와 함께 소리 내어 읽어라. 이 장면을 강한 착수들을 만드는 데 주목하여 여러 차례 소리 내어 읽어라.

  로버트: 네 엄만 우리가 어디에 가는 줄 알고 계셔?
  에바: 응, 난 숲속을 산책하며 얘기를 나눌 거라 했어. 그렇지만 엄만 우리가

다른 짓도 하리라 생각할 거야.

로버트: 어떤 짓 말인데?

에바: 너도 알잖아.

로버트: 어떤 짓 말이야?

에바: 너도 알잖아. 지저분한 짓.

로버트: 네 엄만 왜 그렇게 생각하시는데?

에바: 하지만 난 엄마한테 말하지 않았어.

로버트: 네가 무슨 말을 하고 싶은데?

에바: 그 일에 대해. 내가 쉬를 해야 할 때 등등.

로버트: 이런, 그건 절대 지저분한 게 아니야!

에바: 그래, 넌 내가 알 거라 생각지 않니?

로버트: 네 엄만 다른 걸 생각했을 거야.

에바: 뭘?

로버트: 신경 쓰지 마.

에바: 글쎄, 넌 내가 알 거라 생각지 않느냐고?

(랜퍼드 윌슨Lanford Wilson의 〈엘드리치의 삼류시인들 *The Rimers of Eldritch*〉)

억압된 성적 호기심과 지속적 긴장감으로 가득한 연습 23-1의 장면(이것은 서툰 강간 미수와 총질로 이어진다)은 어색함과 망설임으로 채워져 있다. 이 대화는 분명 끝까지 내달려야 하는 것이 아니다. 그럼에도 불구하고 이 장면은 착수가 지속적으로 강해야만 불안의 강도를 발전시킨다. 극작가 윌슨이 큐로 착수될 수 있으면서 그런 다음 '사이'로 이어질 수 있는, '응'과 '이런' 등과 같은 착수 단어들을 어떻게 배치했는지 주목하라. 두 등장인물은 제각기 다른 사람으로부터 대화를 잡아채기 위해 빠르게 말하고, 그런 다음 자신이 무슨 말을 했는지 알아보기 위해 잠시 머뭇거린다. 또한 에바가 로버트의 당혹스러운 질문들을 멈추게 하고 어물쩍거리는 식으로 답하기 위해, 임시변통의 대답으로 "너도 알잖아."를 어떻게 활용하는지도 주목하라.

이와 같이 대화 중인 모든 등장인물들은 자신들의 대화를 지배하려고 애쓰며, 심지어 그들이 얘기하는 것을 막거나 질문에 답하는 것을 막고 싶을 때조차, 그렇게 하는 유일한 방법은 강하게 착수하는 것이다.

보다 강력한 논쟁인 다음 대화를 연구하라. 이것은 햄릿이 커튼 뒤에 숨어 있는 폴로니우스를 칼로 찌르려고 하는 장면(3막 4장)이다.

햄릿: 자, 어머니, 무슨 일인가요?

왕비: 햄릿, 넌 아버지를 너무 노하게 했어.

햄릿: 어머니, 어머닌 아버질 너무 노하게 했어요.

왕비: 이런, 이런, 넌 그 실없는 혀로 대답은 잘하는구나.

햄릿: 저런, 저런, 어머닌 그 사악한 혀로 질문은 잘하시는군요.

왕비: 아니, 도대체 어찌된 일이냐, 햄릿!

햄릿: 그래, 무슨 일 말입니까?

왕비: 넌 몰라보겠느냐, 나를?

햄릿: 천만에요, 맹세코 그렇질 않아요.

　　당신은 왕비, 당신의 남편의 동생의 아내이자,

　　그리고―유감이지만―저의 어머니이십니다.

왕비: 글쎄, 그렇다면 얘기가 통하는 자를 불러 너와 대좌케 하겠다.

햄릿: 자, 자, 앉아 계세요. 움직이지 마세요.

　　제가 어머니의 마음속 깊은 곳을 거울에 비쳐 보일 테니

　　그때까진 나갈 수 없어요.

왕비: 무슨 짓을 하는 거냐? 날 죽일 생각은 아니겠지?

사람 살려, 사람 살려, 어이!

폴로니우스[커튼 뒤에서]: 뭐라고, 허! 사람 살려, 사람 살려, 사람 살려!

햄릿[칼을 빼들고]: 뭔가 이건! 쥐새긴가? [커튼을 관통해 찌르며] 죽어라, 하찮은 것, 죽어!

폴로니우스[뒤에서]: 오, 내가 죽다니!

왕비: 오 이런, 도대체 무슨 짓을 한 거냐?

햄릿: 글쎄, 모르겠네요. 왕인가요?

왕비: 오, 이 무슨 경솔하고 끔찍한 짓이냐!

햄릿: 끔찍한 짓! 나쁜 일임에 틀림없죠. 선량한 어머니, 왕을 죽이고 그의 동생과 결혼하는 정도겠죠.

왕비: 왕을 죽이다니!

햄릿: 네, 왕비님, 그건 분명 제가 한 말이지요.

(셰익스피어의 〈햄릿〉)

셰익스피어의 대사는 일반적으로 대가다운 말차례 가지기를 보여준다. 셰익스피어는 극작가였을 뿐 아니라 배우였고, 따라서 그의 대사는 가장 영어로 '상연하기에 알맞은' 것이다. 방대한 셰익스피어 대사의 대부분(아마 90퍼센트 또는 그 이상)은 착수하기에 가장 쉬운, 특히 첫 음절이 아니라 두 번째 음절에 강세를 주는 (약강오보격*) 시 형식으로, 단음절單音節 단어들로 시작한다. 셰익스피어 연극에서 다음절多音節의 시작 단어들은 보통 명령어, 감탄사, 등장인물의 호칭, 또는 앞 대사에서부터 되풀이되는 단어 등 모두 강하게 착수하기 쉬운 단어들이다.

위의 〈햄릿〉 장면에서는 되풀이되며 주의를 끄는 말('이런, 이런'), 등장인물

---

* 약강오보격弱强五步格은 하나의 보를 이루는 두 음절 중에서 뒤 음절에 강세가 오는 5보 10음절의 시 형식이다.

의 이름('햄릿', '어머니'), 감탄사('오'), 시간을 끄는 말('아니', '뭔가 이건!'), 그리고 종종 단음절들의 조합 등, 말차례 가지기의 모든 가능한 장치들이 등장한다. 당신이 어떻게 강한 착수를 만들고 여러 대사 안에 '사이'를 위한 여백을 남길 수 있는지를 알아보면서, 상대와 함께 그 장면을 읽어라.

강한 착수 준비하기

강한 착수의 극적 필요성을 이해한다면, 당신은 무대에서 그것을 어떻게 창조할 것인가? 우선 당신의 대사와 당신의 등장인물의 전술과 의도에 대한 확신을 가져야 한다. 약한 착수는 거의 대부분 의식적인 결정이 아닌 배우의 동요로부터 나온다. (당신은 초등학교 합창단 시절에 다른 모든 사람들이 당신과 함께 노래 부르고 있다는 것을 확인하기 전까지 노래의 첫 마디를 부르는 것조차 부끄러워했던 사실을 기억하는가?)

그렇지만 준비는 강한 착수를 전달하는 데 필요한 구체적인 열쇠이다. 대사 큐는 당신이 나중에 접하게 될 실제 단어이고, 액션 큐는 당신 자신의 대사를 준비하도록 자극하는, 앞의 대사에 있는 어구라는 것을 기억하라.

왕비: 넌 몰라보겠느냐, 나를?
햄릿: 천만에요, ······

여기서 **나를**은 대사 큐이고, **몰라보겠느냐**는 액션 큐이다. 왕비가 '넌 몰라보겠느냐······'라고 말할 때 햄릿은 이미 그녀가 무엇을 질문하는지 알았고, 그녀의 말이 채 끝나기도 전에 자신의 대답을 준비하고 있다. 그러므로 그녀의 질문이 완전히 끝났을 때 "천만에요"라는 말은 이미 그의 혀끝에서 튀어나갈 준비를 하고 있다.

대본을 끝까지 읽고 상대의 대사에 있는 모든 액션 큐, 즉 당신이 정말로 말하고 **싶어 하기** 전에 당신이 알아야 할 필요가 있는 것을 일러주는 단어에 밑줄을 그어라. 당신이 액션 큐들을 알게 되면, 단순히 연출가의 기술적 요구에 따르는 것이 아니라 당신의 상대의 큐들을 알아내고 강한 착수로 당신의 대사를 전달함으로써, 당신의 등장인물을 이해하고 묘사할 수 있게 될 것이다.

◆ 연습 23-2

액션 큐

상대와 짝을 짓고 두 사람이 등장하는 아주 간결한 대사들로 이루어진 짧고 강력한 장면을 선택하라. 모든 액션 큐에 밑줄을 그어라. 모든 말차례 가지기 장치들을 분석하라. 그런 다음, 대사를 서두르지 않는 상태에서 가급적 착수 지점들에 중점을 두며 그 장면을 소리 내어 읽어라.

당신이 연구했던 것처럼 그 장면을 기억하고, 리허설하고, 상연하라.

요약

당신 대사의 첫 단어를 전달하는 것인 착수는 말하는 사람에게 주의를 집중시키고, 당신의 등장인물이 말하고자 하는 의도를 전달하기 때문에 연극에서 중요한 기술적 요소이다. 그리고 당신은 단순히 극작가가 당신에게 그렇게 하도록 요구했기 때문에 말하고 있는 것이 아니다. 현실에서처럼 연극에서도 당신은 말할 권리를 얻어야만 한다. 당신은 대사의 위력으로 무대를 장악해야 하며,

음성적 착수와 신체적 착수는 이를 수행하는 주된 방법들이다. 강한 착수는 상당한 음량, 에너지, 명료성, 속도 등과 또한 많은 경우 적극적인 신체적 존재를 필요로 한다. 당신의 대사 큐를 말할 수 있도록 완벽하게 준비하기 위해, 그것이 실행되기 직전에 재빨리 당신의 반응을 자극하는 액션 큐에 대한 당신의 큐 대사를 연구함으로써, 당신은 강한 착수를 준비할 수 있다. 강한 착수를 통해 큐를 잡아채는 것은 당신의 대사를 서두르거나 내달리게 하는 것을 의미하지 않는다. 장면에서 착수들이 균일하게 강하다면, (당신의 대사 앞보다는 당신의 대사 안에 있는) 강한 착수들 다음에 오는 '사이' 들이 보다 더 효과적일 수 있다.

제24강

실행

낚싯바늘

당신의 큐를 잡아채는 것이 중요한 것만큼, 대사의 끝을 떨어뜨리지 않는 것도 중요하다. 각 대사의 마지막 단어는 제대로 들리고 이해될 수 있어야 한다. 그래서 연출가들은 아주 오래 전부터 초보 배우들을 몰아댔던 것이다.

초보 배우들은 종종 자신들이 말하는 문장이나 대사의 끝을 떨어뜨린다. 그들은 대사의 끝에 이르렀을 때 새로 면허를 딴 운전자가 조심스럽게 주차하듯 천천히 멈춘다.

하지만 당신의 등장인물의 목표는 대사의 끝을 **넘어서** 추구되어야 한다. 대사의 끝 부분은 당신의 상대(당신이 등장하는 장면의 다른 등장인물)가 당신에게 동의하거나 굴복하도록, 혹은 어떤 식으로든 당신의 명령에 따르도록 강요하려는 순간이다.

연기를 할 때, 당신이 하는 모든 대사는 다른 등장인물의 반응이나 대답을 자극해야 한다. 은유적으로, 당신의 대사는 당신의 연기 상대의 주의를 낚아채야 하며, 당신의 상대가 어떤 식으로든 반응할 것을 요구해야 한다. 약한 실행으로는 낚싯바늘을 가질 수 없으며, 따라서 얼마나 멋지게 던지느냐와 상관없이 물고기를 잡을 수 없을 것이다.

질문으로서의 의문문

질문은 손쉽게 당신의 상대가 반응하도록 하기 때문에 실행을 위한 가장 쉬운 대사 형식이다. 당신이 "너 어디 가고 있니?"라고 물으면, 물음표(낚싯바늘을 닮지 않았는가!)는 답을 요구함으로써 당신의 상대**와 관객을** 당신의 상황에 끌어들이는 것이다. 진정한 궁금증을 갖고 질문될 때 의문문은 즉각적인 극적 상황을 창조하고, 바로 그 이유 때문에 수많은 걸작의 오프닝 대사로 사용된다.

"언제 우리 셋이 다시 만날까?" 〈맥베스〉

"그게 뭐니, 얘들아?" 〈오이디푸스 왕〉

"뭐가 문제지?" 〈소령 바버라〉

"그런데 대체 무슨 생각을 했던 거야?" 〈인간 혐오자〉

"거기 누가 있지?" 〈햄릿〉

의문문은 즉각적으로 다른 사람(질문 받는 사람)에게 주의를 집중시키기 때문에 흥미를 고조시키면서 강력하게 작용되고 실행될 수 있다. 그럼에도 불구하고 초보 배우들은 의문문을 서술문처럼 연기하고, 더 극적이면서 더 현실의 질문에 가까운 상승 억양보다는 하강 억양으로 연기하는 경향이 있다. 예를 들어, 초보 배우들은

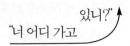

또는

또는

가 아니라

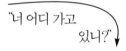

라고 묻는 경향이 있다.

하강 억양은 닳고 닳은 것처럼 들릴지 모른다(최소한 그것은 분명 '거만하게' 들린다). 아마도 그러한 경솔함은 대본에 있는 대로 다른 배우가 어차피 반응하도록 강요받는다는 사실을 알게 됨으로써 생기는 것이다. 하지만 하강 억양은 단순하면서 실감 나지 않는, 즉 정보에 대한 요구보다는 단조로운 진술이 된다. 상대에게 두 가지 방식으로 질문해보고, 다양한 억양에 어떻게 반응하는지 살펴보라.

실행의 첫 번째 규칙은 정말로 질문을 하는 것이다. 당신의 상대(질문 받는 사람)의 눈을 쳐다보면서 끝억양을 올리고, 당신의 억양과 표정으로 **대답을 요**

구하라. 반응을 재촉하면서 당신의 상대에게 손을 뻗어라. 그 대답은 **관심**으로 나타난다. 이렇게 하면 누구나 당신이 하는 말을 끝까지 듣게 될 것이고, 당신의 연기 상대에게 (우선 당장은) 무대를 양보함으로써 강력한 상호작용을 창조할 것이다.

질문으로서의 서술문

대부분의 경우 질문을 서술문으로 바꾸는 것은 현명하지 못한 일인 반면, 서술문을 질문으로 바꾸는 것은 매우 바람직한 일이다. 대부분의 서술문은 직접적인 질문이 아니라면 간청이나 다름없다. 대부분의 서술문은 말하는 사람에게 다른 사람이 동의하거나 칭찬해주고, 또는 말하는 사람의 소망, 계획, 정의를 받아들여주길 '요청' 하는 것이다. "난 밖에 나갈 거야."는 앞의 질문에 대해 답하는 서술문일 뿐 아니라, 다양한 암시적인 질문을 하기 위해 억양이 굴절될 수 있다.

> 난 밖에 나갈 거야. (너도 가고 싶니?)
> 난 밖에 나갈 거야. (내가 그냥 있었으면 하니?)
> 난 밖에 나갈 거야. (어딘지 물어볼 거니?)
> 난 밖에 나갈 거야. (내가 돌아오면 뭔가 하고 싶은 거니?)

또한 마지막 단어의 상승 억양, 말하고 있는 배우의 시선과 표정, 그리고 배우들 사이에서 작용하는 의도 등은 이 대사를 사실에 관한 단순한 서술만이 아니라 효과적인 무대 소통 수단으로 만들 수 있다. 여기서 실행은 결정적이다. 대사는 어디론가 **이끌어야** 하며, 반응이나 대답을 요구해야 한다. 단정적으로 보이는 대사에 숨겨진 질문을 발견할 수 있다면, 당신은 단어나 음절을 분리시킴으로써 다른 배우를, 그리고 그를 통해 관객을 낚아챌 수 있다.

◆ **연습 24-1**

질문 만들기

다음 대사들을 상승 억양으로 끝냄으로써 당신의 상대를 낚아채도록 연기하라. 각 대사를 질문이나 함축적인 질문(호의적인 대답이나 확인에 대한 요구)으로 만들라. 당신의 상대에게 압력을 넣어라. 당신의 상대의 호의적인 반응을 목표로 연기하라.

1. 너 정말 오트밀 먹지 않을래?
2. 내가 돌아온 지 얼마나 되지? 육 개월? 칠 개월?
3. 시간에 대해 말하는 사람이 아직도 있을까요?
4. 이제 제가 가야 할 시간입니다!
5. 너 뭘 생각하는 거니?
6. 당신은 어떻게 여길 오셨나요, 말해주세요, 그리고 왜?
7. 난 네가 귀찮게 굴지 않으면 좋겠어.
8. 내가 말했잖아, 누가 왔는지 나가보라고. 너, 귀 먹었어?
9. 당신이 창문을 통해 절 바라보고 있었던 것 같아요.
10. 난 내 태도가 적절했다고 믿어.

이 대사들은 모두 잘 알려진 희곡에서 발췌되었다. 4번은 체호프의 〈세 자매〉의 결말에서 올가에게 하는 베르시닌의 작별의 말이다. 그는 마샤가 오기를 기다리면서 떠나지 않고 있다. 그의 대사는 올가가 "가지 말고, 기다리세요."라고 말하기를 요청한다.

이 모든 대사들을 이와 비슷한 요청으로 만드는 이유를 찾아보라.

진술로서의 서술문

어떤 서술문들의 의도는 대화를 중단하거나 관계를 끝내려는 데 있다. 마지막 음절에서 하강 억양으로 매우 단호하게 말해지는 "난 밖에 나갈 거야!"와 (주먹을 쥐고 떨면서 바닥을 가리키는) 결정적인 몸짓은 "나로서는 이 문제에 대해 더 이상 할 말이 없어!"라는 메시지를 전달한다. 이런 식으로 말해지는 가장 강력한 대사는 다른 등장인물로 하여금 아무 말도 못하게 할 수 있다.

> 브리토마트 부인: 찰스 로맥스, 될 수 있으면 점잖게 행동해주세요. 그렇지 않으면, 이 방에서 나가든지…… *[로맥스는 등받이가 있는 긴 의자에 앉아 있다…… 완전히 압도되어.]*
>
> (조지 버나드 쇼의 〈소령 바버라〉)

> 톰: 어머닌 빗자루를 타고 블루 마운틴으로 높이, 높이 올라가겠죠, 열일곱 명의 '신사 방문객'들과 말예요! 어머닌 늙고―추한―**마귀**라고요! *[아만다는…… 깜짝 놀라 망연자실한다……]*
>
> (테네시 윌리엄스의 〈유리동물원〉)

> 린다: 너희들은 짐승이야! 아버지를 식당에 버려두는 그 따위 잔인한 인간이 너희들 말고 또 어디 있겠어!

비프 *[어머니를 보지 않으며]*: 아버지가 그렇게 말씀하셨어요?

린다: 말씀 안 하셔도 다 안다. 자식들한테 얼마나 멸시를 당했으면 다리를 절 정도로 집에 돌아오셨겠니.

해피: 하지만 엄마, 아버진 저희들하고 재미있게 지내셨다니까요—

비프 *[사납게 가로막으며]*: 닥쳐! *[더 이상 아무 말 않고, 해피 이층으로 올라간다.]*

(아서 밀러의 〈세일즈맨의 죽음〉)

이런 강력한 진술들은 본래의 무대 지시문들을 분명하게 만들면서 순간적으로 말문이 막히게 한다. 하지만 당신은 '큰 차이로 압도하기' 위한 시도로 이와 같은 대사들을 많이 사용할 수 있다. 대본에 의한 논쟁과 실제 논쟁의 차이점 중의 하나는, 현실에서 당신은 대화를 유지하려고 노력하지 않으며, 당신이 말할 때마다 승자로서 논쟁을 끝내려 노력한다는 것이다. 당신은 항상 '마지막 단어'를 창조하고자 노력한다. 강한 실행은 그런 생동감 넘치는 상황을 창조하려고 시도하며, 논쟁을 할 때 당신은 그 문제에 대한 마지막 단어가 되기를 희망하면서 당신의 대사의 마지막 단어를 연기한다. 〈세일즈맨의 죽음〉 장면 중에서 비프의 "닥쳐!"는 작가의 무대 지시문에 의해 요구된 사항으로서, 강한 착수와 강한 실행을 내포한다. 그러한 까닭에 이 부분은 연극에서 두드러지게 강력한 절정의 순간이다.

"닥쳐"라는 요구처럼 다른 사람의 말문을 막으려는 의도의 대사들은 대개 위압적인 신체적 행동이 동반되어 끝 음절의 큰 강세와 하강 억양으로 끝을 맺는다. 대사를 크게 외칠 필요는 없다(브리토마트 부인의 우아한 어조를 주목하라). 그리고 그 대사가 성공적일 필요도 없다. (톰이 누이의 작은 유리 조각상을 깨뜨리며 서툴게 방을 나갈 때, 어머니에 대한 그의 비난은 사실상 실패로 돌아간다.) 그럼에도 불구하고 이런 대사들은 동의하지 않는 등장인물을 침묵시키기 위해, 당신의 등장인물의 정당성(또는 권위)을 인식시키기 위해, 당신의 등장인물의 관점이나 지도

력에 따르게 하기 위해, 목표를 성취하기 위한 당신의 등장인물의 시도로서 연기되어야 한다. 마지막 단어의 낚싯바늘은 끊임없는 시선 접촉(다른 사람들이 복종하고 있는가?)과 신체적 확신을 동반한 강력한 것이어야 한다.

♦ **연습 24-2**
논쟁을 끝맺는 말

다음의 대사들을 모든 토론을 방해하는 상대에게 해보라. 각 대사를 마칠 때 하강 억양을 사용하라. 어떠한 대답도 사실상 불가능하도록 시도해보라.

1. 저리 가!
2. 그 문젠 끝났어!
3. 법정에서 보자고.
4. 우린 절대 포기하지 않을 거야.
5. 네 부모를 공경하라.
6. 나 토할 것 같아.

사라지는 대사

모든 대사가 끝에 낚싯바늘을 갖고 있지는 않다. 어떤 대사들은 단지 서서히 사라질 뿐이다. 테네시 윌리엄스는 대사의 3/4 이상이 문장의 중간에서 끝나는 연극 〈어느 도쿄 호텔의 바에서 *In the Bar of a Tokyo Hotel*〉를 썼다. 등장인물들은 가끔 자신들의 말이 끝나기 전에 자신들이 실제로 의미하고자 했던 바를 이미 말했다는 사실을 깨닫는다. 그들은 가끔 말하는 동안 자신이 무슨 얘기를 하고 있었는지 잊기도 하고, 꿈의 세계에 빠져들기도 한다. 등장인물들은 가끔 자신들의 생각을 전달하기 위해 굳이 말을 끝낼 필요가 없다는 사실을 너무 잘 알고 있기 때문에 단순히 자신들의 대사의 끝을 흐리기도 한다.[1]

의사소통은 실행 낚싯바늘의 지원 없이 보다 깊이 있고 미묘한 수준으로 유지되어야 하기 때문에, 초심자들이 사라지는 대사들을 연기하는 것은 위험하다. 하지만 배우는 대답을 얻기 위해 상대를 낚아채기보다는 자기 자신의 생각을 교묘하게 파고드는 우발적인 대사에 대비하고 있어야 한다.

요약

당신의 대사의 마지막 단어에서의 효과적인 실행은 다른 등장인물에게 반응을 요구하는 낚싯바늘이다. 질문은 상승 억양과 직접적인 시선 접촉이 동반될 때 당신의 상대를 낚아챈다. 서술문은 반응을 유발하기 위해 질문처럼 사용될 수 있다. 상대의 침묵을 유발하기 위해 계산된 서술문은 논쟁을 끝내고 동의를 강요하기 위한 시도로 사용될 수 있다. 표정, 시선, (일반적으로 질문을 위해 올라가고, 진술을 위해 내려가는) 억양, 그리고 적당한 신체적 행동이나 몸짓은 성공적인 낚싯바늘의 요소들이다.

---

1 이에 대한 자세한 논의는 로버트 코헨의 저서 《당신에게 더 큰 힘을 *More Power to You*》(New York: Applause, 2002) 78~81쪽의 〈희곡의 대사 Spoken Dialogue in Written Drama〉 참조.

제25강

대사의 연결

대화 분석하기

착수와 실행은 단순히 당신의 대사의 분리된 부분들이 아니라 자유롭게 흐르는 대화의 통합된 구성요소이다. 대화의 대사들 사이의 연결, 즉 당신의 상대의 실행(또는 착수)과 당신의 착수 사이의 연결은 한 장면의 강도를 구축하는 주요한 기술적 열쇠이다.

〈유리동물원〉에서 톰과 그의 어머니 사이의 대화를 연구해보라. (기억할지 모르겠지만 이것은 연습 9-1에서 살펴봤던 테네시 윌리엄스의 희곡이다. 톰은 로라의 동생이고, 아만다는 그들의 어머니이다.)

아만다: ……뭘 보고 있니?
톰: 달이요.
아만다: 오늘 저녁, 달이 있니?

톰: 네, 가핀클 씨네 식품점 너머로 떠오르고 있어요.

아만다: 정말 그렇구나! 꼭 달님의 은빛 슬리퍼 같구나. 그래, 소원은 빌었니?

톰: 아, 네.

아만다: 뭐라고 빌었는데?

톰: 그건 비밀이에요.

아만다: 흥, 비밀이라고? 그럼, 나도 뭘 빌었는지 말 안 하련다. 나도 너처럼 비밀스러워져야지.

톰: 전 그게 뭔지 알아맞힐 수 있어요.

아만다: 내 머릿속이 그렇게 잘 보이니?

톰: 어머닌 스핑크스가 아니잖아요.

아만다: 그래, 난 비밀 같은 건 없어. 달님한테 뭘 빌었는지 말해주마. 내 소중한 자식들의 성공과 행복! 달님이 있을 때마다 그렇게 빌지, 없을 때도 그렇게 빌고.

톰: 전 어머니가 신사 한 명을 보내달라고 빌었을 거라 생각했어요.

아만다: 어째서 그렇게 생각했지?

톰: 저보고 누군가 하나 데려오라고 했던 거 기억 안 나요?

아만다: 생각나고말고. 네 창고에서 참한 청년 하나 찾아내서 네 누이를 위해 초대하면 멋질 거라고 했지. 내 생각엔 그런 제안을 한 번 이상은 한 것

같은데.

톰: 네, 귀가 닳도록 했죠.

아만다: 그런데?

톰: 하나 찾아올 거예요.

아만다: **뭐라고?**

톰: 젊은 신사 말예요!

아만다: 참한 청년에게 와달라고 부탁했단 말이지?

톰: 그럼요. 저녁식사에 초대했어요.

아만다: 정말 초대했니?

톰: 그랬다니까요!

아만다: 그랬어, 그래 그 사람이—**승낙했니?**

톰: 그래요!

아만다: 이런, 이런—이런, 이런! 정말—잘됐구나!

톰: 기뻐하실 줄 알았어요.

아만다: 틀림없겠지, 물론?

톰: 틀림없고말고요.

아만다: 곧 온다던?

톰: 아주 빨리요.

아만다: 제발, 네 어밀 그만 놀리고 속 시원히 말해주지 않겠니?

톰: 뭘 말예요?

아만다: **그야** 그 사람이 언제 **오는지** 말해줘야지!

톰: 내일요.

아만다: **내일?**

톰: 네, 내일요.

아만다: 하지만, 톰!

톰: 네, 어머니?

아만다: 내일이라면 시간이 너무 없지 않니!

톰: 무슨 시간요?

아만다: 준비할 시간!

　실제로 여기서 드러나는 것은 무엇일까? 당신이 단지 플롯이나 내러티브 정보를 찾고 있다면, 드러나는 것은 그다지 많지 않다. 당신은 이 장면의 사건들을 한두 개의 문장으로 정리할 수도 있다. 하지만 테네시 윌리엄스는 마흔여섯 개의 대사를 썼다. 왜? 물론 관계를 구축하기 위해서다. 여기서 드러나는 것은 아들과 어머니 사이의 감정 교환이다. 즉, 조심스럽게 배치된 달래기, 말대꾸, 주목하라는 요구, 마음을 뺏으려는 시도, 허를 찌르려는 시도, 지배력을 획득하려는 시도, 놀라게 하려는 시도 등의 상호 교환이다. 목표들과 전술들은 앞선 많은 언습들에서보다 더 미묘하지만, 그럼에도 불구하고 예민한 독자와 배우에게는 분명하게 다가온다. 이러한 대사들은 내러티브 스토리텔링에 비해 뛰어나게 정교한 **극적** 대화의 예술적 효과를 보여준다. 관계들은 묘사가 아닌 언어의 상호작용을 통해 표현된다. 그리고 GOTE를 통해서도.

　당신은 대사 연결의 특성을 파악하기 위해 대화의 이러한 상호교환을 분석할 수 있다. 우선, 특정한 착수와 실행 기술들을 연구하라. 이 작품에서는 (스무 개에 이르는) 질문들이 쏟아진다는 것에 주목하라. 심지어 "……속 시원히 말해주지 않겠니?"와 "뭘 말예요?"처럼 질문에 대한 대답이 질문인 경우도 있다. "You really did?" (정말 초대했니?) "I did!" (그랬다니까요!) "You did, and did he—*accept?*" (그랬어, 그래 그 사람이 — **승낙했니**?) "He did!" (그래요!)에서처럼 대사에서 대사로 되풀이되는 단어들은 음악적 후렴구의 효과를 만들어낸다. 작가가 "*Naturally* I would like to know when he's *coming!*" (**그야** 그 사람이 언제 **오는지** 말해줘야지!)라는 문장에서 착수와 실행 단어들에 어떻게 강세를 주는지 주목하라. 마지막으로, 작가가 착수와 실행에 따른 간섭 없이 대화 내에서 구절 끊기를 어떻게 사용하는지 주목하라.

> 아만다: ……그래 그 사람이―**승낙했니?**
> 톰: 그래요!
> 아만다: 이런, 이런―이런, 이런! 정말―잘됐구나!

원문에서 긴 대시(―)로 표시된 세 개의 구절 끊기는 착수를 늦추거나 실행을 사라지지 않게 하면서, 아만다에게 생각하고, 승리를 음미하고, 톰의 행동에 대한 자신의 신중한 관점을 구체화할 시간을 준다.

상승하는 끝억양

대사 연결의 핵심은 스프링보드가 다이빙을 시작하게 해주는 것과 아주 흡사하게, 한 대사의 실행이 다음 대사의 착수를 시작하게 해주는 것이다. 약한 큐에 의한 착수는 부러진 스프링보드에 서서 다이빙하는 것과 같다.

이번 강의의 시작 부분에서 인용했던 대화들 중에 처음 네 대사(두 질문과 두 대답)를 살펴보라. 만약 그 질문들이 의문문으로서 제기되었거나 억양이 붙여졌다면, 이어지는 대사들은 극적으로 착수하기가 쉬울 것이다. 그러나 만일 그 질문들이 하강 억양으로 단순히 서술되었다면, 이어지는 대사들은 활기 없는 출발로 시작될 것이다.

> 아만다: 뭘 보고 있 니?

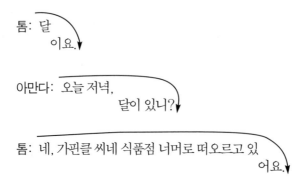

이는 세탁 목록을 읽는 연기이다. 이 대사들은 목록에 있는 항목들을 그냥 읽은 것뿐이다. 이러한 억양은 톰에게 어떠한 심리적 압박도 가하지 못하고, 톰과 어머니 사이에서 어떠한 정서적 상호작용도 유발시키지 못하며, 관객의 주목을 강요하지도 않는다. 다음과 비교해보라.

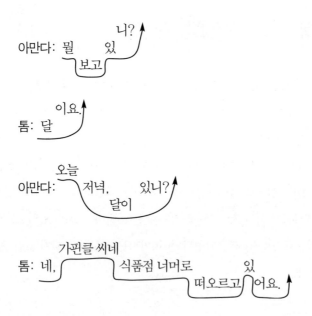

이들 대사 중에서 '최상'의 억양이 무엇인지를 구체화할 필요는 없다. 사람들

이 경우에 따라 그런 방식으로 말하거나 말할 수 있다는 점에서, 이들 대사를 연기하는 두 가지 방식 모두 유효하다. 그렇지만 두 번째 방식이 더 재치 있고, 힘 있고, 상호작용적이며, 더 큰 추진력을 만들어낸다. 상승 억양은 배우들 사이에 오가는 상호교환을 증진시키고 감정을 북돋운다. 목표들은 더 분명해지고, 전술들은 더 강력해지며, 등장인물의 기대들도 더 (실감 나고) 생기에 넘치게 된다.

일반적으로, 상승하는 끝억양은 장면을 생생하게 유지하고 대사 연결의 추진력을 발전시키기 위한 기술적 열쇠이다. 상승하는 끝억양은 방향성을 제시하기 때문에 장면을 **구축하는** 데 결정적이다. 상승 억양은 극적일 뿐만 아니라 사실적이다. 현실에서 질문을 하거나, 논쟁을 벌이거나, 짓궂게 응수하거나, 조르거나, 이의를 제기하거나, 요구하거나, 달래거나, 설득할 때, 당신은 아마 상승 억양을 많이 사용할 것이다. 반대로, 의무감에서 기계적으로 암송할 때, 당신은 아마 대부분 (약한) 하강 억양을 사용할 것이다. 배우들은 약한 하강 억양의 큐에 대해 "그는 내게 죽은 물고기를 건네줬어."라고 표현한다. 당신의 동료 배우에게 스프링보드를 제공하는 편이 더 낫다. 그것은 더 실감 나고 자극적인 동시에 더 극적이다.

하강하는 끝억양

하강하는 끝억양은 불필요한 '사이' 없이 논쟁을 끝내거나 주제나 분위기를 바꾸기 위한 변화를 꾀하는 데 사용될 수 있다.

아만다: 곧 온다던?

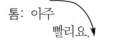

톰: 아주 빨리요.

아만다: 제발, 네 어밀……

'빨리요'에서 톰의 하강하는 끝억양은 아만다가 그런 질문 형태의 대사로는 더 이상 대화를 지속할 수 없음을 분명하게 해준다. 그래서 그녀는 방침을 바꿔야 한다. 그녀의 대사 '제발'은 그녀가 강하고 큐에 정확히 맞아떨어지게 착수할 수 있는 임기응변의 말이다. 하지만 그것은 그녀가 다음에 무슨 말을 해야 할지 정확히 모르고 있다는 것을 다분히 암시하는 애매한 말이기도 하다. 감탄사와 같은 애매한 말들은 등장인물(그리고 배우)에게 생각할 시간을 준다. 또한 동시에 당신이 곧바로 이어지는 더 강한 착수를 위해 준비하는 동안, 빠르고 피상적인 착수를 할 수 있도록 기회를 제공한다.

착수 억양

착수 억양 또는 '앞 억양'은 끝억양이라는 스프링보드에서 날아오르는 다이빙과도 같다. 가장 흥미로운 착수 억양은 앞서의 끝억양보다 **더 높은 음높이**에서 나타난다. 다음의 대사 연결을 살펴보라.

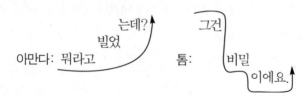

초보 배우들 사이에서 일반적인 다음 억양을 비교해보라.

상승 억양으로 된 질문보다 더 높은 억양(음높이)으로 시작되는 대답은 취조에 대한 의무적인 대답이라기보다는 등장인물이 장면을 지배하고 있음을 보여준다. (강도가 아닌 음높이가) 낮게 시작되는 착수는 다른 면모를 보여준다. 다음 예를 보자.

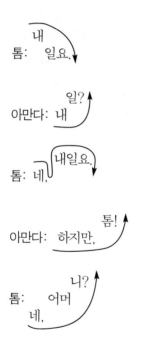

톰의 첫 번째 "네"는 아만다가 그의 즉각적인 액션에 대처하고 그가 바라는 조건으로 대처하길 강요하면서 그녀의 요구를 충족시킨 것에 대해 흥분하고 있음을 암시한다. (작가는 또한 속어 'yep'을 사용하여 이를 암시한다.) 하지만 톰의 두 번

째 "네"는 아만다의 은연중의 비난("하지만, 톰!")에 대한 반응으로, 아마 그녀의 비굴함에 대한 고의적인 자조로서 낮은 음높이의 착수로 시작될 것이다.

대사를 실행할 때 가끔 짓궂은 착수가 요구되기도 한다. 아래 예를 보자.

아만다: 내일이라면 시간이 너무 없지 않니!
톰: 무슨 시간요?

톰의 착수에서 아만다의 실행 단어들을 되풀이함으로써 그는 그녀의 말을 다시 발음하는 기회를 갖게 되고, 이 문제를 고쳐 말함으로써 그녀의 억양(또는 강세, 또는 히스테리의 어조)을 조롱하는 기회를 갖는다. 톰은 물론 아만다가 말한 "시간이 너무 없지 않니?"가 무엇을 의미하는지 정확하게 알고 있다는 사실에 유의하라. 그의 대사는 단지 대사 연결에 관한 기술적 관점과 개인 대 개인(자식 대 부모)의 상호작용에 관한 현실적 관점 사이의 관계를 강조하는 수사적 책략일 뿐이다.

사이

사이 pause는 대화에서 중요한 역할을 한다. 사무엘 베케트와 해럴드 핀터의 희곡들은 거기에 사용된 사이들로 유명해졌다. 해럴드 핀터의 〈배신〉의 다음 장면을 살펴보라.

로버트: 말해보게.
제리: 그러지.
〔사이〕

로버트: 자네 아주 까칠해 보여.

　〔사이〕

　　왜 그래?

　〔사이〕

　　자네하고 엠마 때문은 아니지, 그렇지?

　〔사이〕

　　난 다 알고 있다네.

제리: 그래. 그래서 나도…… 듣긴 했는데.

로버트: 아.

　〔사이〕

　　그럼, 그건 그다지 중요한 게 아니야, 그렇지?

삼십여 개의 단어들로 구성된 장면에서 다섯 개의 명기된 사이들과 여섯 번째 사이를 나타내는 말줄임표(……)는 확실히 평범치 않은 대사 연결을 보여준다. 그러나 그 사이들은 각각의 등장인물이 다른 사람의 생각에 대해 갖고 있는 강렬한 호기심 때문에 장면 내에서 조정될 수 있다. 상대방에 대한 두 등장인물의 취조로 인한 긴장감으로 연기는 침묵을 통해 계속된다. 로버트는 대답을 요구하는 질문들을 (즉, 상승 억양으로) 계속해야만 하고, 그리고 제리의 침묵은 충분한 대답이 될 것이다. 이어지는 사이들은 사실상 귀청이 터질 듯 요란하다. 심지어 로버트의 "아"는 제리가 말하도록 유혹하는 것이며, 그리고 제리가 아무 말도 하지 않을 때 우리는 그가 말하지 **않는다**는 사실을 통해 그가 무척 불편해하고 있음을 알게 된다.

　사이들은 단순한 실수가 아니거나 배우가 자신의 생각과 감정을 추스르기 위해 필요로 하는 편안한 휴식시간이 아닌 경우에는 대사를 연결하는 데 이용된다. 어색한 사이들은 순간적일지라도 배우의 에너지를 장면 밖으로 새어 나가게 하고, 관객의 주의를 산만하게 하는 대화의 결점이 된다. 배우와 관객 모두에게 효과적이기 위해서 사이는 대사와 대사를 연결시키는 것이어야 한다. 사이는 단순히 **아무 일도 일어나지 않는 것** 대신에 **일어나지 않는 어떤 것**을 나타내야 한다.

긴 대사

연극에서 긴 대사 또한 좋은 대사 연결을 필요로 한다. 그러나 여기서의 연결은 당신의 첫 번째와 두 번째 절 또는 문장 사이의 연결이며, 이런 식으로 대사의 끝까지 계속된다. 긴 대사는 단순히 문장들의 연속이 아니라 하나의 완전한 표현이다. 만약 그것이 살아 있는 것 같은 생명력을 가지려면, 그 표현의 구성요소들은 통합된 추진력을 발전시켜야 한다.

상승 억양은 일반적으로 긴 대사를 유지하는 수단이다. 상승 억양은 당신이 뭔가 더 할 말이 있다는 것, 당신이 아직 생각을 끝내지 못했다는 것을 의미한다. 하강 억양은 생각을 끝맺는 것이며, 당신의 생각이 끝났음을 암시한다. 만일 생각을 끝내지 못했다면, 당신은 대사를 처음부터 다시 시작해야 하고, 이는 관객의 집중을 방해하는 결과를 야기한다.

버나드 쇼의 희곡 〈인간과 초인〉의 다음 대사를 살펴보라.

램스덴: 난 자네나 다른 누군가가 날 마치 영국 대중의 단순한 일원으로 취급하는 것을 용납하지 않을걸세. 난 그런 편견을 혐오하고, 그런 편협함을 경멸한다네. 난 스스로 생각할 권리를 요구하지. 자넨 진보적인 사람인 체하는군. 내가 자네에게 말하건대, 난 이미 진보적인 사람이었어, 자네가 태어나기도 전에.

초보 배우들은 모든 마침표와 쉼표 전에 하강 억양을 사용하는 경향이 있다. 이러한 경향은 대화를 약하게 하고 그 초보 배우의 상대에게 매 절 이후에 오는 하강 억양의 타성(100미터 달리기를 할 때 매 미터마다 멈추는 것과 같은)을 극복해줄 것을 요구한다. '대중', '편견', '편협함', '스스로', '사람'에서는 상승 억양으로, '태어나기도 전에'에서는 극적인 하강 억양으로 대사를 소리 내어 읽어보라. 이런 식으로 말하는 것을 배울 수 있다면, 대사를 지속하는 것이 훨씬 더 쉬워진다.

◆ 연습 25-1
대사 연결

톰과 아만다 장면에서 예닐곱 개의 대사로 이루어진 시퀀스를 선택하라. 상대와 함께 대사 연결의 가능성을 타진하며 그 시퀀스를 분석하라. 최상의 연결 방법을 찾는 데 집중하며 대사를 읽어라. 순수한 기술적 분석에 전념하라. 하지만 당신이 그 시퀀스를 좀 더 편안하게 반복할 수 있을 때, 그 억양들이 등장인물이 추구하는 목표들과 어떤 관련이 있는지, 그리고 어떤 전술들이 사용되었는지 이해하라. 당신 자신을 잃지 않으면서 그 억양들을 '진실한 것으로' 만들라. 그 억양들은 **당신의 것**인가? 그것들은 반드시 당신의 것이어야 한다.

◆ 연습 25-2
긴 대사

산문체 희곡 중에서 가급적 끊임없는 논쟁이나 설명이 포함된 긴 대사를 아무거나 선택하라. 그 대사를 연구하면서 상승하는 끝억양을 필요로 하는 절과 문장을 찾아보라. 대본에 이것들을 표시하라. 당신이 편안해질 때까지 이 대사를 암기하고 연습하라. 그것을 전달하라. 당신은 그 논쟁이나 설명을 지속할 수 있는가?

대사 연결의 응용

대사 연결은 여느 연기술처럼 당신의 연기 도구에 없어서는 안될 중요한 요소로서 강의나 워크숍을 통해 꼭 배워야 하는 것이다. 당신은 연기를 하는 도중에 착수나 실행이나 억양에 대해 생각해서는 안 되며, 오로지 당신의 목표와 GOTE에 대해서만 생각해야 한다. 그때는 당신의 대사를 다른 사람의 대사와 연결히는 테크닉이 무의식적이고 자동적으로 발휘되어야 한다. 무대에서의 대사 연결과 일상에서의 대사 연결 사이의 관계를 더 잘 이해하게 되면, 이러한 테크닉은 더 쉽게 발휘될 것이다.

영국에서 대사 연결은 배우 훈련의 기초로 여겨지지만, 미국의 연기 학교에서는 좀처럼 언급되지 않는다. 이는 분명 위험성을 내포하고 있다. 다른 모든 테크닉들을 배제하고 대사 연결에만 집중하는 것보다 당신의 연기를 부자연스럽게 보이게 만드는 것은 없을 것이다. 숙련된 대사 연결은 경험에서 비롯된 무대 직관과 타이밍 감각의 결과이다. 이러한 테크닉은 당신이 **보게** 될 가장 훌륭한 연기에서 매우 중요한 역할을 하고, 또 당신이 **하게** 될 가장 훌륭한 연기의 일부가 되어야 한다.

요약

대사 연결이 쉽게 숙달되는 것은 아니지만, 다음과 같은 몇 가지 일반 원리들은 초보자들도 이해하고 실제에 응용할 수 있다. (1) '사이'들이 답해지지 않은 특정 질문들이나 들어서지 않은 길들을 나타내지 않는다면 일반적으로 효과 없는 대사 연결이다. (2) 상승하는 끝억양은 당신의 상대의 다음 대사를 위해 스프링보드를 제공하고 에너지 넘치는 대화 교환을 자극한다. 상승 억양은 뒤따르는 문장들을 위해 스프링보드 역할을 함으로써 긴 대사를 지속시킨다. (3) 보다 높은 음높이에서(그 자체가 상승 억양인 큐보다 '더 높이') 시작되는 강한 착수는 극적으로 대단히 강력하다. (4) 연극적으로 효과적인 대사 연결들은 대개 현실에서의 대화나 논쟁의 활기를 반영하며, 연극의 **등장인물들** 스스로가 수사적인 장치들을 사용한다면 그것들은 대화의 수사적 특징들이다.

제26강

장면의 구조

대본 분석

당신이 인쇄본이나 원고 형태로 보게 되는 희곡들은 관례상 휴식 시간으로 분리된 막幕과 연기 도중에 잠깐 멈춘 시간으로 분리된 장場으로 나뉜다. 하지만 당신이 연기를 할 때는 희곡을 더 작은 단위로 나눠야 한다.

프렌치 씬 French scene은 비중 있는 등장인물의 등장이나 퇴장으로 시작한다. 그것은 전통적인 프랑스 대본들에 실제로 그렇게 구분되고 번호가 매겨졌기 때문에 프렌치 씬이라 불린다. 하지만 인쇄본에서 그렇게 구분되지 않았더라도, 프렌치 씬은 연기 수업 중에 두 사람 또는 세 사람이 등장하는 '장면'을 정의하는 데 유용하다.

서브씬subscene은 배우들에게 더욱더 중요하다. 그것은 각 등장인물이 일정한 결말을 향해 하나의 근본적인 목표를 추구하는 하나의 장면(또는 프렌치 씬) 내에서의 액션의 단위이다. 서브씬은 목표가 성취되거나, 폐기되거나, 혹은 (대개는) 다시 부과되거나 수정될 때 끝난다. 서브씬은 짧게는 몇 초, 길게는 몇 분 동안 지속될 수 있다.

비트beat는 한 장면이나 서브씬 내에서 각각의 액션의 단위로 스타니슬라프스키에 의해 처음 정의되었다. 사람들은 처음에 이 스타니슬라프스키의 용어를 음악에서의 박자에 해당하는 것으로 이해했다. 하지만 그것은 나중에 오히려 '조각' bit에 가까운 어떤 것이며, 스타니슬라프스키의 교습법을 처음 미국에 전한 배우 리처드 볼레슬라프스키의 강한 폴란드식 말투가 지금의 영어 형태로 굳어졌다는 주장이 제기되었다. 어찌 됐든, **비트**라는 용어는 배우가 하나의 단일한 전술을 사용하는 데 있어 그 짧은 단위들을 의미하는 액션의 개별 단위들을 나타내는 것으로서 배우의 어휘 목록에 포함되었다. 하나의 목표를 추구하고 있는 서브씬에서, 당신은 몇 개(또는 수십 개)의 개별 비트들을 연기할지도 모른다.

모멘트moment는 대개 침묵의 비트라고 해석되는데, 당신의 등장인물이 하나의 상황이 진행되기 전에 그 상황을 판단할 때 갖는 심사숙고의 순간들이다. "여기서 모멘트를 가져라."라는 말은 잠깐 멈추라는 지시일 뿐 아니라 다음에 올 비트를 위해 재정비하라는 지시이다.

물론 이러한 용어들은 정확하게 정의되지는 않았지만, 당신이 극적 재료의 일정 부분을 다양한 의미, 강도, 감정의 상태 등의 실행 가능한 단위들로 나누는 데 도움을 준다.

수업에 활용할 장면 선택하기

예습과 수업 발표를 위한 장면을 선택할 때 기본 조건은 다음과 같아야 한다.

◆ 장면이 **각각의 등장인물을 위한 강력한 목표들**을 포함하는가?

◆ 장면이 각각의 등장인물을 위한 다양한 **전술들**을 허용(또는 자극)하는가? 당신이 구사할 수 있는 전술들인가? 당신의 영역을 확장시킬 전술들인가?

◆ 장면이 모든 등장인물 사이의 강렬하고 중요한 **상호작용**을 적당히 제공하는가? **다른** 사람들과의 연관성은?

◆ 장면이 서브씬들과 비트들로 이루어진 분명한 **구조**를 갖고 있는가?

이 중 마지막 질문에 답하려면, 당신은 기본적인 극적 구조를 학습해야 한다.

구조적 특성들

극적 액션의 기본 구조는 대개 오른쪽으로 기우는 뒤집어진 V(⋀)로 표시된다. 갈등은 일종의 자극으로 시작되고, 최대 강도로 서서히 상승하다가 일종의 이완 상태로 갑자기 진입한다. 강도의 정점(뒤집어진 V의 꼭대기)은 절정, 자극은 자극적 액션, 그리고 이완은 해결 또는 대단원이라 불린다. 절정으로의 고조가 관객의 흥미를 거의 무제한적으로 유지하기 때문에, 뒤집어진 V가 오른쪽으로 기우는 데 반해(즉, 절정으로의 발전은 해결로의 와해보다 더 느리다), 절정과 해결은 굉장히 만족스럽지만 본질적으로는 일시적인, 심미적이고 정서적인 급격한 동요를 야기한다.

기본 구조는 하나의 희곡과 장면들, 그리고 서브씬들의 특성이고, 연극에 절대적으로 중요하다. 그러므로 한 편의 희곡은 서서히 절정에 이르며, 비록 더 억제된 방식이긴 하지만 모든 장면과 서브씬도 마찬가지이다. 따라서 당신은 한 희곡의 액션을 다음과 같이 도표화할 수 있다.

그러나 도표에 있는 선들을 보다 세밀하게 살펴보면, 그것들은 다음과 같이 좀
더 정밀하게 그려진다.

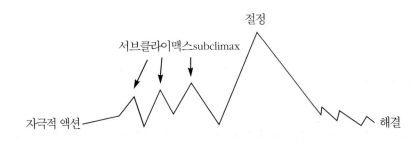

　한 희곡이나 한 장면의 절정은 배우에게 가장 중요한 절정이다. 절정은 극
적 긴장이 최고가 되는 순간일 뿐만 아니라, 희곡의 논점들이 가장 분명하게 규
정되고 등장인물들의 감정들이 가장 원초적으로 드러나는 순간이기도 하다. 고
전적인 드라마투르기(극 형식의 연구)에서 절정은 (더 높은 차원의 진리나 진리들에
관한) **인식**, (운명이나 사상의) **반전**, (마침내 순화나 '정화'로 이끄는 풍부한 감정인) **카
타르시스**를 불러일으킬 수 있다. 비극에서의 절정은 가공할 만하다. 오이디푸
스는 자신의 눈을 후벼내고, 햄릿은 자신의 삼촌을 살해하며, 파이드라Phaedra
(페드라)는 치명적인 독약을 마신다. 희곡에서의 절정은 좀 더 미묘하지만, 잘
쓴 희곡과 잘 만든 연극에는 분명히 존재한다.
　당신은 극적 구조가 단순히 연극 창작이나 극작 기술만은 아니라는 사실을
이해해야 한다. 그것은 삶 자체의 기반이다. 그것은 성적 오르가슴과 같은 노골

적 행위에서, 투우와 같은 제의적 상연에서, 교향곡과 같은 또 다른 미적 형식에서, 그리고 권투, 경마, 경매와 같은 다양한 대중적 행사에서 발견될 수 있다. 긴 안목에서 그 양식은 셰익스피어의 '인생의 일곱 단계'*와 T. S. 엘리엇의 '탄생, 성교, 그리고 죽음'**에서와 같이 삶의 순환으로 보일 수 있다. 인생 리듬의 양식이 극의 미적 양식으로 표현될 수 있는 것은 연극이 2,500년 이상 만족할 만한 예술로 지속되어온 이유 중의 하나이다.

전환

전환은 장면들, 서브씬들, 그리고 배우의 연기 비트들 사이의 가상의 선이다. 전환은 태도, 행동, 이해의 변화이다. 변화는 본래 주목할 만하고 의미 있는 것이기 때문에, 당신의 전환만큼 효과적으로 당신의 등장인물에 대해 정보를 전달하는 것은 없다. 예를 들어, 눈살을 찌푸리는 것은 관심을 전달하지만, 갑자기 찌푸린 표정으로 **바뀌는** 미소만큼 생생하거나 명확하지는 않다. 변화나 전환의 과정은 등장인물이 생각하고 있다는 신호이다. 눈살을 찌푸리는 것은 단순한 태도의 제시만이 아니다. 미소가 찌푸린 표정으로 바뀌는 것은 자극받고, 의도되고(고의적인 것이 아니라면), 그리고 의미 있는 것으로 해석될 수 있는 행동이다.

하나의 규칙으로서 급격한 전환은, 부분적으로는 압축과 명쾌함에 대한 연극적 요구 때문에, 그리고 일부는 극적 다양성에 대한 기대 때문에, 불분명한 것보다는 극적으로 더 효과적이다. 사랑이 증오로 바뀌거나 정복에 대한 욕구

---

* 〈뜻대로 하세요〉에서 인생은 유아기, 유년기, 사춘기, 청년기, 성년기, 중년기, 노년기의 일곱 단계로 구분된다는 '자크'의 대사 내용.

** 1926년 출간되고 1934년 초연된 작가의 첫 희곡 〈스위니 아고니스테스 Sweeney Agonistes〉의 대사 내용.

가 탈출에 대한 욕구로 바뀌는 장면 내의 순간을 보다 면밀히 규정할 수 있다면, 당신은 전환의 양측에서 더 정확하고 분명하게 액션을 연기할 수 있고, 전환 그 자체를 더 흥미롭게 만들 수 있다. 그러므로 당신이 연기할 때 전환들을 면밀히 규정하고, 예리하고 대담하게 그 전환들을 연기하는 것은 연기 테크닉의 중요한 면모이다.

장면 분석

테네시 윌리엄스의 〈유리동물원〉에서 또 다른 구절을 살펴봄으로써 장면 구조의 구성 요소들을 연구할 수 있다. 다음은 톰이 자신의 독립심 결핍에 관해 어머니와 논쟁을 벌이는 3장에서의 프렌치 씬이다.

서브씬 1

톰: 제기랄, 내가 뭘 —

아만다 [날카로운 소리로]: 그런 상스런 —

톰: 어쩌란 말이에요!

아만다: 말을 하다니! 내 앞에선 —

톰: 아아!

아만다: 절대 안 돼! 너 정신 나갔니?

톰: 네, 맞아요, 정신 *나갔다고요!*

아만다: 넌 애가 왜 그 모양이니, 이 — 아주 — 아주 — **멍청한 놈아!**

서브씬 2

톰: 봐요! — 난 *아무것도* 없어요. 아무것도 —

아만다: 목소릴 낮춰!

톰: 이 집안 구석엔 **내 것**이라 할 수 있는 게 없어요! 모든 게―

아만다: 소리 좀 그만 질러!

톰: 어제 어머닌 내 책들을 뺏어갔어요! 어머니가 어떻게―

아만다: 내가 그 형편없는 소설을 도서관에 돌려줬다―그래! 그 미친 로렌
스 씨가 쓴 흉측한 책. 〔톰은 난폭하게 웃는다.〕 난 그런 병적인 책들이나 그런
책들을 써대는 작자들을 어쩔 수가 없다고! 〔톰은 더 난폭하게 웃는다.〕 **하지만
난 그런 더러운 책들을 내 집에 들여놓는 건 용납 못해!** 절대, 절대, 절대, 절
대, 절대!

서브씬 3

톰: 집, 집이라고요! 누가 집세를 내고, 누가 그것 때문에 뼈 빠지게 일하는
데―

아만다 〔무척이나 날카로운 소리로〕: 네가 어떻게 **감히**―

톰: 아니에요, 됐어요, 아무것도 아니에요! 난 그저―

아만다: 내 말 좀 들어보렴―

톰: 더 이상 듣기 싫어요! 〔그는 커튼을 열어젖히고 밖으로 나가고, 아만다는 뒤를 따
른다.〕

서브씬 4

아만다: 넌 더 들어야 해, 넌―

톰: 싫어요, 더 듣지 않을 거예요. 난 나갈 거예요!

아만다: 당장 이리 돌아와―

톰: 나간다니까요, 나가요, 나가! 왜냐면 난―

아만다: 이리 돌아와, 톰 윙필드! 내 얘기 아직 안 끝났어!

톰: 아, 나간다는데 ─ 〔*그는 다른 방에서 나는 로라의 울음소리 때문에 멈칫하고, 새로운 서브씬과 프렌치 씬이 시작된다.*〕

여기서 톰과 아만다 사이의 프렌치 씬은 네 개의 서브씬으로 나뉜다. 각 서브씬에서 각 등장인물의 주된 목표는 다음과 같이 묘사될 수 있다.

톰

서브씬 1: 자신을 몰아세우는 어머니를 모욕하는 것.

서브씬 2: 자신의 소유물을 관리하는 것.

서브씬 3: 집세 납부에 대해 인정받는 것(그리고 그것으로 지배력을 획득하는 것).

서브씬 4: 다음에 자신이 이길 수 있도록 어머니 가슴에 못을 박는 것.

아만다

서브씬 1: 톰의 언어를 순화하는 것.

서브씬 2: 톰의 행동을 순화하는 것.

서브씬 3: 자신의 집을 관리하는 것.

서브씬 4: 자신의 아들을 관리하는 것.

여기 언급된 목표들은 적극적이고 매우 상호작용적이라는 것을 주목하라. 서브씬 4에서의 톰의 목표는 단순히 '떠나려는' 것만은 아니다. 떠나는 것이 그가 원하는 것의 전부라면, 그렇게 했을 것이다. "난 나갈 거예요!"라고 말하는 것은 밖으로 나가는 것과는 별개로 그 자체로서 하나의 액션이며, 단순히 자신의 행동을 스스로 묘사하는 것을 뛰어넘는 목표를 갖는다. 톰의 아버지 또한 아만다를 떠났다는 사실을 우리가 기억한다면, 그가 실제로 떠나는 것과는 전혀 관계없이 그의 말들이 그녀에게는 얼마나 무섭고 고통스러운지를 알 수 있다.

이와 비슷하게, 서브씬 2에서의 아만다의 목표는 '그녀 스스로를 정당화하기 위해서' 또는 '톰을 화나게 하기 위해서'가 아니다. 그녀는 정의를 요구하는 것도 아니고 화내고 싶은 것도 아니다. 그녀가 원하는 것은 자신의 아들이 순종적이고 순수해지는 것이다. 그녀의 목표는 자신의 아들을 천진난만한 아이로 만들려는 것이라고 할 수도 있을 것이다.

각각의 서브씬들은 등장인물 한 명당 두 개 정도의 비트들을 갖는데, 그것들은 개략적인 분류와 관련 대사(그중 일부는 말해진 적이 전혀 없는 대사)나 액션의 인용이나 부연을 통해 묘사될 수 있다.

톰

1. 수사적인 질문: 내가 뭘 어쩌란 말이야?

2. 비난: 어머닌 날 화나게 해!

3. 절망적인 풍자: 여기 내 건 아무것도 없어.

4. 조롱하기 (난폭하게 웃으며): 어머닌 정말 웃기는군!

5. 영웅적 헌신: 집세는 내가 내잖아! 난 노예라고!

6. 분노 가장하기 (커튼을 열어젖히며): 이 집을 부숴버리겠어!

7. 자포자기의 위협: 난 나갈 거야!

8. 저주: 지옥에나 가라고!

아만다

1. 고상한 꾸짖음: 그런 표현 쓰지 마!

2. 수사적인 질문: 너 정신 나갔니?

3. 어머니다운 명령: 목소릴 낮춰! 소리 좀 그만 질러!

4. 불쾌함으로 톰 위협하기: 형편없는…… 흉측한

5. 질병으로 톰 위협하기: 미친…… 병적인

6. 부도덕성으로 톰 위협하기: 더러워!

7. 강탈자로서의 톰을 모욕하기: 네가 어떻게 감히!

8. 이성적 권위를 회복하기: 넌 더 들어야 해!

9. 어머니로서의 권위를 회복하기: 이리 돌아와, 톰 윙필드!

잘 조직화된 비트들의 양식은 훌륭한 장면이나 서브씬을 특징짓는 다양한 액션, 전술, 상호작용을 창조한다. 그런 장면에서 각 등장인물의 연기는 매 순간마다 진화하고 변화한다. 그것은 일률적이고 획일적인 (그리고 단조로운) 고함이나 지루하고 애처로운 불평을 단순히 쏟아내지 않는다. 장면의 개별적인 비트들을 발견하고, 분류하고, 연기하는 것과 그것들을 극적 양식으로 체계화하는 구조는 당신의 연기를 일반적이기보다는 특정한 것으로, 신파조이기보다는 설득력 있는 것으로 만든다.

이러한 장면의 구조에 관하여는 테네시 윌리엄스가 얼마나 주의 깊게 각 배우에게 점층법적인 표현들을 제공하는지 주목하라. 그는 때로는 의도적으로 틀린 문법을, 때로는 대문자로 표기된 모욕들을, 때로는 무대에서의 빠른 이동을, 그리고 마지막으로 어머니에게 불경한 말을 하는 톰과 그 갈등에 절망적으로 개입하여 긴장의 강도를 최대로 고조시키는 로라(이 장면에 처음 등장하는 인물)를 활용한다. 각각의 이러한 절정은 그 이전 것을 능가하는데, 이것이 바로 논쟁(그리고 장면들)이 구축되는 방식이다.

또한 미국적인 연극 대사에 관한 한 가장 뛰어난 작가 중의 하나인 테네시 윌리엄스가 서브씬들 안에서 어떻게 그 강도를 높여가는지 주목하라. 톰은 처음에는 '난폭하게' 웃다가 나중에는 '더 난폭하게' 웃음으로써, 어머니가 말하는 동안 긴장의 강도를 고조시킨다. 반복은 추가된 내용을 전달하기 위해서보다는 효과를 단계적으로 상승시키기 위해 사용된다. 경우에 따라 단계적 상승은 단어들 그 자체에 존재한다. 아만다의 대사 '흉측한 책' hideous book을 앞서의 '형편없는 소설' horrible novel과 뒤바꾼다면 당신은 그 대사가 힘을 상실한다는 사실을 알게 될 것이다. **'흉측한'** hideous은 보다 구체적이고 극단적이며, **'책'** book은 거친 자음들을 포함하고 있기 때문에 '흉측한 책'은 훨씬 더 경멸적이다. 이러한 강화는 우연적인 것이 아니다. 하지만 흔히 톰의 "난 나갈 거예요!…… 나간다니까요, 나가요, 나가!"와 아만다의 "절대, 절대, 절대, 절대, 절대!"와 같은 점층적인 반복은 배우가 전달할 때 강화시켜야 하는 것이다. 반복적인 단어들을 이용한 이러한 강화는 여러 가지 방법으로 전개될 수 있지만, 반드시 구축되어야 한다. 이 대사들을 단조롭게 전달할 경우 논쟁의 극적 효과를 없애고 그 사실성을 파괴할 수도 있다.

전환은 서브씬들 간에 아주 자연스럽게 일어난다. '사이'(또는 '모멘트')가 전환에 절대적으로 필요한 것은 아니지만, 예를 들어 처음 두 서브씬들 간의 전환에서처럼 종종 효과적이다.

아만다: ……이 ― 아주 ― 아주 **멍청한 놈아!**
톰: 봐요! ― 난 *아무것도 없어요*……

'아주'의 점층적인 반복과 대문자로 표기되고 감탄사를 붙인 '멍청한 놈!' IDIOT!에 의해 구축된 아만다의 절정은 어머니에게서 아들로 전달되면서 끔찍한 모욕이 된다. 이는 톰으로 하여금 자신이 얼마나 어머니를 멀리해왔는지 평가하게 만든다. 전에는 제기한 적이 없지만 곰곰이 생각해왔던 새로운 논쟁을 시작함으로써 그는 말을 하면서 자신을 추스르는 계기를 가질 수 있다. '봐요!' 이후의 '사이'는 분명 톰이 자신의 흥분을 가라앉히고 소리 지르는 대신 조용히 말하려고 노력할 수 있는 기회이다. 그가 소리 지르는 것에 대해 비난하는 어머니의 액션이 훨씬 더 잘 드러나고, 신랄해지고, 역효과를 초래하여, 그는 곧 원 위치로 돌아와 전과 같이 소리 지른다.

절정으로 서서히 고조되는 것, 전환을 예리하게 하는 것, 그리고 비트와 모멘트를 최대한으로 연기하는 것은 훌륭한 연극 연기의 기술적인 측면이다. 테크닉은 사실성을 반영하고 극중 대화를 위한 훌륭한 외양을 제공한다. 그것은 제대로 쓴 희곡의 구조를 만들고, 서툴게 쓴 희곡에 구조감을 제공하기도 한다. 한 장면 내에서 구조를 찾아내는 것이 쉬운 일은 아니지만, 구성 요소들을 알면 그 윤곽을 그려낼 수 있다. 한 장면이 어떻게 구성되는지 규정할 수 있는 능력은 그 장면을 **효과적으로** 만드는 데 필요한 첫 번째 단계이다. 연기를 할 때는 장면이나 등장인물의 목적이 무엇인지뿐만 아니라 그 목적을 드러내기 위해서 장면이나 등장인물이 어떻게 만들어질 수 있는지 알아야 할 필요가 있다.

◆ 연습 26-1

장면 구조 활용

당신의 상대와 〈유리동물원〉 장면을 익혀라. 장면 분석 내용을 면밀히 살펴라. 그 다음, 수업 시간 중에 그 장면을 다른 학생들과 한목소리로 연기하라. 학생들의 절반은 톰을 연기하고, 다른 절반은 아만다를 연기하라. 강도를 높이고 낮추기, '사이' 들의 지속시간, 상승과 하강 억양을 이용하여 대다수의 학생들과 조화를 이루도록 노력하라. 세 번 반복하라. 그런 다음, 새로운 상대와 그 장면을 '즉석에서' 연기하라.

새로운 구성 요소들이 그러한 조화를 통해 나타났는가? 누군가를 따라 하려 애쓰지 말고, 대화의 보편적인 구성 요소들처럼 보이는 것과 씨름하라.

요약

장면들은 단일체가 아니라 구조화된 연극의 재료이다. 그리고 그 구조를 규정하는 것은 배우가 해야 할 임무의 일부이다. 장면들은 각각의 시작과 끝을 규정하는 전환들에 의해 프렌치 씬, 서브씬, 비트, 모멘트로 나눌 수 있다. 구축과 절정의 형태로 이들을 조직화하는 것은 극적 형식을 창조하고, 관객의 흥미를 구축하고 지속시키며, 항상 만족스럽고 종종 카타르시스적인 심미적 '충격'을 전달한다. 이러한 구조는 훌륭한 연극 대본에 내재해 있지만, 많은 부분 배우에 의해 뒷받침되고, 또 많은 부분 배우에 의해 창조된다.

제27강

장면의 구축

쌓기와 덮기

하나의 장면은 배우들 사이의 상호작용의 깊이와 그러한 연기 과정에서의 훌륭한 구축의 결합으로 구축된다.

한 장면의 절정(그리고 그에 선행하는 서브클라이맥스들)은 그 장면의 중심이 된다. 이것은 배우 용어로 **최고점**이며, 그것을 만드는 것은 당신의 임무이다.

하지만 구조는 절정 그 이상의 것을 필요로 하며, 단순히 최고점들이 연속되는 장면은 소리 지르기 시합이 되거나 그 이하가 될 수도 있다. 최고점들을 갖기 위해서는 최저점들을 가져야 하고, 최저점에서 최고점으로 올라간 뒤 다시 최저점으로 돌아가기 위해서는 구축과 컷백cutback을 행해야 한다.

장면의 구조화의 상당 부분은 즉흥성과 무의식적인 리허설을 통해 이루어진다. 하지만 그중 일부는 의식적인 노력을 통해 이루어지며, 당신은 그러한 노력을 할 준비가 되어 있어야 한다.

쌓기(구축)는 강도를 높이는 것을 의미하는데, 대개 증가된 음량, (특히 높은 쪽으로) 증가된 음높이의 범위, 그리고 보다 활기 있는 신체적 활동에 의해 나타난다. 쌓기는 단순히 적극적인 목표 추구와 GOTE 추구의 한 기능이다. 당신이 성공하려고 애쓸 때, 당신은 액션이 계속될수록 더욱더 열심히 노력하고, 그 노력을 단계적으로 높여갈 것이다. **덮기**는 대사 하나하나를 쌓는 것이다. 이전의 대사를 덮는 다음 대사는 더 강하게 전달되며, 대개 소리가 더 크고, 더 예리하고, (논쟁에서) 더 격하고, 더 신체적이다. 표준 구축에서 하나의 대사는 순차적인 방식으로 다른 대사를 덮는다. 표준 구축은 가장 극적인 장면들을 구축하는 기초 재료이기 때문에, 배우들은 그것에 대해 아주 편하게 느껴야 한다.

◆ 연습 27-1

표준 구축 I

다음 장면을 연기하라. 당신은 방금 전 도전자에 의해 녹아웃이 된 챔피언을 카운트아웃 하는 심판이다. 군중들은 당신을 향해 환호하고 있고, 도전자는 카운트하는 당신 옆에서 흥분하여 춤추고 있다고 상상하라. "원, 투, 스리, 포, 파이브, 식스, 세븐, 에이트, 나인, 텐~ 오늘의 챔피언은 [여기에 당신 자신의 이름을 사용하라]!" 매 숫자를 그 이전의 숫자보다 더 흥분되게 만들라.

◆ 연습 27-2

표준 구축 II

다음 장면을 당신의 상대와 함께 연기하라. 어떤 경매에서 두 사람 모두 간절히 원하는 무엇인가를 낙찰받기 위해 가격을 올려 부르고 있다. 당신이 매번 가격을 높일 때마다 낙찰받을 수 있다는 확신감은 점점 더 커진다. 가격을 높일 때마다 당신의 상대를 뛰어넘으면서 경매에서 이기도록 노력하라.

> 당신: 10달러.
> 당신의 상대: 12달러!
> 당신: 30달러!
> 당신의 상대: 40달러!

매 대사를 덮으면서, 100달러가 될 때까지 가격을 높여라. 200달러까지 가격을 높이려고 노력하라.

◆ 연습 27-3
표준 구축 Ⅲ

당신과 당신의 상대는 매번 서로의 대사를 덮으며 다음 대화를 교환한다.

> 당신: 조용히 해.
> 당신의 상대: 너나 조용히 해.
> 당신: 너나 조용히 해.
> 당신의 상대: 너나 조용히 해.
> 당신: 너나 조용히 해.
> 당신의 상대: 너나 조용히 해!

처음엔 여덟 번, 다음엔 열 번, 다음엔 열두 번, 대화를 교환하라. 당신은 얼마나 많은 대화를 교환할 수 있는가? (하지만 당신의 목소리를 망가뜨리지는 말라!) 당신은 이러한 구축 작업에 "너나 그래!", "난 못해!", "그래!", "아니야!" 등과 같이 변화를 꾀할 수도 있다.

이와 같은 연습을 하면서 당신은 수직적인 구축이 그리 오래 지속되지 못한다는 것을 곧 알게 된다. 다시 말해 당신은 당신의 음성 영역의 정점에 빠르게 다다르게 된다. (그리고 장면을 연기하며 당신은 감성적, 언어적 영역의 정점에 이르게 될 것이다). 따라서 더 이상의 구축은 불가능하다. 그것을 방지하는 두 가지 테크닉이 있는데, 그 첫 번째 테크닉은 덮기의 더 미세한 단계적 변화를 발전시키는 것이다. 잘 훈련된 배우들은 '보다 작은 발걸음으로도 사다리를 오를' 수 있고 정교하게 조절된 방법으로 수직적인 구축을 유지할 수 있다. 그 능력은 물론 상당한 훈련과 경험을 필요로 한다. 두 번째 테크닉은 당신이 당장 실행에 옮길 수 있는 커팅 백cutting back이다.

커팅 백

컷백은 당신이 다시 구축을 시작할 수 있게 해주는 (표현된) 강도의 갑작스러운 하락이다. 그렇지만 컷백은 자의적일 수 없으며, 접근에서의 변화와 대개 액션이나 논쟁에서의 부차적인 서브클라이맥스들에서 비롯되어야 한다. 제26강에서 학습한 〈유리동물원〉의 네 개의 서브씬들은 각각의 구축이 그 직전의 것보다 더 높이 도달하는 컷백들이 뒤따르는 네 번의 구축을 보여준다. 대체적으로 이것이 일반적인 극의 양식이다.

각각의 컷백은 장면 자체 내에서 일종의 이해나 사려와 연관되어 있어야 한다. 예를 들어, 경매 연습에서 '80달러'가 나온 다음, 입찰을 멈추고 지갑을 꺼내 '은밀히 감춰둔 비상금'을 확인하고는, 미소를 띠며 '90달러'라고 속삭이는 당신을 상상해보라. 당신은 당신의 상대와 구축을 완전히 다시 시작할 수 있도록 하는 전형적인 컷백을 이용해 강도를 단계적으로 감소시키며, 전반적인 구축을 훼손하거나 당신의 목이 잠기지 않게 하고도 '200달러'에 최종 낙찰되는 절정에 도달하게 되는 것이다.

정복하기

다른 배우의 대사를 덮는 것, 그리고 당신 자신과 당신의 상대가 어딘가로 갈 길을 떠나는 동시에 다른 배우의 대사를 덮는 것은 당신의 목표의 방향성을 예시하고 당신의 등장인물의 기대감의 일부를 (최소한 순간적으로나마) 성취시키기 때문에 훌륭한 연기 기술 중의 하나이다.

음량과 음높이는 정복하는 데 필요한 가장 중요한 요소이다. 당신은 작곡가가 악보에 음성과 악기들을 추가하고, 음량과 음높이를 상승시키면서 흥미를 구축하는 음악에서 이를 들을 수 있다. 미국 뮤지컬에서 전형적인 구축은 솔로에서 코러스로, 코러스가 가미된 솔로로, '모두 춤추는 것'으로 진척시키는 것이다. 종말론적 기운을 상승시켜가는 베르디의 〈레퀴엠 Requiem〉 중에서 '분노의 날 Dies Irae'과 관능성이 점차적으로 상승하는 라벨의 〈볼레로 Bolero〉 등을 들으며 몇몇 위대한 음악적 구축을 경험해보라. 그러한 구축을 숙달할 수 있는 배우는 무대에서 기적에 가까운 성과를 이룰 수 있을 것이다.

배우로서 당신은 더 정밀해짐으로써, 모음을 길게 늘임으로써, 더 대담해짐으로써, 더 전술적으로 위험을 감수함으로써, 더 많은 감정을 표현함으로써,

넥타이를 느슨하게 함으로써, 칼을 부여잡음으로써, 똑바로 일어섬으로써, 긴장하고 서 있음으로써, 한 발 앞으로 나아감으로써, 떠들어댐으로써, 주먹으로 테이블을 내려침으로써, 하고 싶은 말을 참음으로써, 가구를 쓰러뜨림으로써, 벽난로에 술잔을 던져 깨뜨림으로써 논쟁을 구축할 수 있다. 반면에, 당신은 더욱더 외설적이 됨으로써, 목소리를 더욱더 유연하게 냄으로써, 몸을 더욱더 관능적이고 다른 것을 연상하게 함으로써, 행동을 더욱더 매혹적이고 우아하게 함으로서 현혹적인 장면을 구축할 수 있다.

구축의 속도 조절

대사들은 서로를 위한 스프링보드가 **되어야** 하기 때문에, 대사 연결은 구축에서 매우 중요하다. 제25강과 제26강에서 톰과 아만다 사이의 대사 교환을 살펴보라. 각각의 경우 아주 분명한 구축이 밀접하게 연결된 대사들로부터, 실제로 두 번째 장면에서 서로 겹치는 대사들로부터, 어떻게 진화했는지 알아보라. 일반적으로 '사이'들은 구축을 허물어뜨리므로 전환과 컷백을 위해 남겨두어야 한다.

점점 빨라지는 템포는 구축의 특성이다. 이것은 때때로 대사 전달의 속도를 높이는 것을 의미하지만, 대개 큐를 잡아채는 속도를 높이는 것을 의미한다. 절정에 다다르는 장면은 한계점에 다다르는 논쟁과 같은 것이다. 사람들은 단순히 말하고 싶어 **안달하는** 동시에, 대화에 **끼워줄** 때까지 참지 못하며, 대신 그들은 **말참견**을 하게 된다. 이렇게 가속된 템포는 피를 솟구치게 하고 극단적 대립 상황에서의 정서적 충일감의 특성인 무모함을 야기한다. 황소가 투우사에 점점 더 가까워지고 점점 더 순간적으로(점점 더 빠르게) 찌르기를 피할 때 흥분이 최고조에 달하는 투우 경기를 생각해보라. 이와 같은 방법으로 장면은 최고의 강도로 구축된다.

우리가 알아본 것처럼, 속도와 음량에 대한 커팅 백은 대개 절정과 서브클라이맥스들을 수반하는 서브씬들 사이에서, 그리고 비트들 사이에서 필요한 것이지만, 너무 빠르고 너무 빈번한 커팅 백은 초보 배우들에게는 함정이 된다. 커팅 백은 (공교롭게도) 행하기에 편한 것인데, 이는 당신에게 호흡할 공간과 생각할 시간을 제공하고 압박감을 제거하기 때문이다. '공교롭게도'라고 말한 이유는 너무 많은 커팅 백이 한 장면의 극적 구조의 효력을 약화시키면서 극적 긴장감을 감소시키기 때문이다. 그것이 당신에게 편할 수 있지만, 당신의 장면과 당신의 등장인물의 목표 지향적인 착수를 위해서는 좋지 않다. 따라서 **적극적인(목표 지향적인, GOTE 지향적인) 이유로만 컷백을 행하라.** 이는 당신이 피곤해지거나 그 장면으로부터 지나친 압박을 받기 때문이 아니라, 당신의 목표를 성취하도록 도와줄 것이기 때문이다.

그리고 제발 '당신이 일상적으로 한다.'는 이유로 커팅 백을 '정당화하려' 들지 말라. 충분히 검토하지 않는다면 시시한 배우가 되기 십상이다. 만일 투우 경기에서 황소가 자신의 전술을 예리하게 하고 돌진 속도를 높이면서 분노와 강도를 점점 더 높이지 않는다면, 흥행업자는 새로운 황소를 구할 것이라는 사실을 기억하라. 전문 연극계에서 배우가 같은 방법으로 실패한다면, 연출가는 새로운 배우를 구할 것이다.

복합적인 구축

상승하는 음량, 음높이, 템포를 동반한 수직적인 구축은 무기한으로 유지될 수 없으며, 줄에 매달린 소시지들처럼 단순히 서로의 뒤를 이을 수 없다. 수직적인 구축 외에, 또 연극은 복합적이라고 불릴 수 있는 훨씬 더 미묘한 구축을 갖는다.

복합적인 구축은 하나의 구축 내에서 **전술**의 변화를 필요로 한다.

◆ 연습 27-4
난 월요일이 싫어

다음 대사를 구축하라. "난 월요일, 화요일, 수요일, 목요일, 금요일, 토요일, 일요일이 정말 싫어!"

이번에는 다음 대사를 구축하라. "난 월요일, 화요일, 수요일, 목요일, 금요일, 토요일, 일요일이 정말 좋아!"

첫 번째 대사를 구축하는 데는 불만감의 고조가 필요하고, 두 번째 대사를 구축하는 데는 감수성과 기쁨의 고조가 필요하다는 사실을 주목하라. 매 대사는 또 다른 절정이나 종점으로 향한다. 배우로서 당신은 강도에 따라, 양방향으로, 일곱 단계 모두를 차별화할 수 있어야 한다.

◆ 연습 27-5
난 1월이 싫어

연습 27-4를 일곱 단계에서 열두 단계로 늘리면서, '요일'을 '달'로 대체하라.

이리 와

당신의 상대와 함께, 다음 교환을 구축하라.

당신: 이리 와.

당신의 상대: 싫어.

당신: 이리 와.

당신의 상대: 싫어.

당신: 이리 와.

당신의 상대: 싫어.

당신: 이리 와.

당신의 상대: 싫어.

당신은 "이리 와."라는 대사를 수직적인 구축으로서 활용하거나 전술들을 변경할 수 있다. 이 경우, 그러한 전술들이 구축되어 있다면 그것들을 바꾸는 것이 최상의 해결책이다. 즉, 처음에는 부탁하고, 다음에는 명령하고, 다음에는 설득하고, 다음에는 위협할 수 있다. 아니면 부탁하고, 설득하고, 위협하고, 유혹할 수도 있다. 두 경우 모두, 전술의 변화는 하나의 수직적이고 연속적인 구축 내에서 변화된 접근을 허용한다.

구축은 또한 수사법이나 말투의 변화를 사용할 수도 있다. 자식과 말다툼하는 부모는 자주 목소리를 높이고 낮춤으로써, 그리고 "조너선 마크 스펜서, 너 당장 이리 와!" 식으로 자식의 성과 이름을 모두 부름으로써 논쟁을 점점 더 가열시킬 것이다. 높아지는 정서적 압력으로 인해 점점 커지는 격식은 하나의 장면을 구축한다. 17세기 프랑스 희극작가(그리고 전 시대를 통틀어 최고의 연극인 가운데 한 명)인 몰리에르Molière는 이러한 장치를 빈번하게 사용했다. 단순한 조롱에서 더 격식을 차린 것으로, 그리고 지나치게 과장된 것으로 변화하는 〈귀족수업 *Le bourgeois gentilhomme*〉 중 어느 연인들의 말다툼에서 이러한 수직적인 구축을 살펴보자.

조롱 섞인 표현: 좋아, 그럼 설명해보시오.

아니, 제가 충분히 얘기했잖아요.

말해보오.

아니, 전 더 이상 할 말 없어요.

격식 차린 표현: 제발 부탁이오.

싫어요.

내가 이렇게 빌잖소.

날 좀 내버려둬요.

이렇게 애원하는데도.

저리 가세요.

지나치게 과장된 표현: 내게 말해주오!

절대 못해요!

내 의혹을 풀어주오!

전 그럴 생각 없어요.

내 근심을 덜어주오!

그러고 싶은 마음 없다니까요.

몰리에르 구축하기

〈귀족수업〉의 대사들을 이용하여 대화 교환을 구축하는 연습을 하라. 음성뿐 아니라 동작과 표정을 포함시켜라.

다시 말해, 구축은 연극에서뿐만 아니라 현실에서 발생하는 어떤 것이다. 만일 당신이 하나의 목표를 추구하고 있고, 도중에 장애물을 발견한다면, 당신이 원하는 것을 성취하기 위해서 더 열심히 노력해야 한다. 당신이 처음에 성공하지 않는다면, 그리고 당신이 성공하지 못하거나 연극이 첫 대사 이후에 끝나버린다면, 당신은 노력을 거듭해야 할 뿐 아니라 더 **열심히** 노력해야 한다. **더 나은** 노력을 기울여라. 다른 사람은 당신에게 동의하지 않기 때문에, 논쟁은 정밀하게 단계적으로 상승한다. 당신이 욕망하는 대상이 곧바로 당신 품으로 들어오는 것이 아니기 때문에 유혹은 강렬해진다.

연극을 하며 당신이 어떤 노력을 기울이든 저항(드라마투르기에서는 갈등이라 불린다)에 직면하기 마련이다. 그러한 저항을 극복하려는 노력은 당신의 상대를 압도하려는 노력과 유사하며, 그 때문에 당신의 장면들은 구축된다. 그렇다면 한 장면의 구축은 무엇보다도 당신이 **관심 있는** 것을 보여주는 것이다. 구축되

다른 사람 설득하기

당신이 무대로 가져올 수 있는 유일한 것은 다른 사람이 당신의 명령을 수행하게끔 하는 당신의 의지이다.

—윌리엄 H. 메이시

지 않은 장면은 극적으로 밋밋해 보일 뿐 아니라, 자신이 성공하든 실패하든 관심 없는, 그리고 그 성과나 목표 달성에 관심 없는 누군가(만일 당신이 그렇다면, 바로 당신)에 관한 것처럼 보일 것이다. 관심 있는 사람은 자신이 원하는 것을 얻기 위해, 필요하다면 논쟁과 행동을 단계적으로 상승시킬 것이고, 모든 반대를 뛰어넘고 모든 저항을 맞받아칠 것이며, 절정과 카타르시스까지 도달하여 폭발할 것이다. 이러한 강화는 구축이 요구하는 것이자 의미하는 바이고, 단순히 훌륭한 드라마투르기라는 기계적인 사실이 아니며, 이 경우 다만 절실한 인간 상호작용의 반영일 뿐이다.

요약

장면은 그냥 생기는 것이 아니라 구축되는 것이다. 구축한다는 것은 장면의 구조를 찾는 것, 그리고 서브클라이맥스와 절정까지 구축을 연기하는 것을 의미한다. 장면은 상승하는 음량, 음높이, 참여와 관심, 템포에 의해 구축된다. 숙련된 배우들은 대단히 미묘한 단계적 변화로 이루어진 수직적인 구축을 만들 수있다. 한편 초보 배우들은 절정의 정점으로 향하는 그런 작은 단계들을 어떻게 만드는지 배우는 과정을 시작해야 한다. 하지만 구축은 무기한으로 유지될 수는 없기 때문에, 배우들은 다시 구축하기 위한 여지를 두기 위해 대개 서브씬들 사이에서, 혹은 서브클라이맥스들 이후에, 혹은 그 두 가지 모두의 경우에, 때때로 컷백 하는 방법을 배워야 한다. 또한 구축은 수직적인 음량, 음높이, 강도보다는 전술, 어조, 수사적 표현을 토대로 하여 다채롭고 복잡해질 수 있다. 구축은 드라마투르기의 기계적인 문제들에 부응할 뿐 아니라 실감 나는 것이기도하다. 구축은 깊은 관심을 갖고 간절히 욕망했던 목표들을 성취하는 데 전념하는 등장인물들에 대한 인상을 전달한다.

제28강

독백의 창조

혼자서 하기

수업 중에 당신이 독백을 준비하고 발표해야 하는 순간이 올 것이다. 이는 희곡에서 발췌한 대사이거나 당신이 효과적으로 함께 연결할 수 있는 극중 대사들의 모음으로, 무대 위에 아무도 없는 상태에서 연기된다. 간혹 그 대사는 공연할 때는 무대 위에 다른 등장인물들이 있는 상태에서 연기해야 하는 희곡의 한 장면에서 발췌한 것일 수도 있다. 다른 경우, 이러한 대사는 원래 무대 위에 다른 등장인물들 없이 관객에게 직접 말하는 것을 의미한다. 이러한 상황에서 그것은 방백soliloquy이라 불린다.

배우들은 왜 독백을 연기하는가? 한 가지 이유는 다른 누군가와 관련 없이 연기를 연습하는 손쉬운 방법이기 때문이다. 다른 이유는 배우들이 연극에서 배역을 얻기 위해, 또는 연기 학교 입학을 위한 오디션에서 가장 빈번하게 사용하는 형식이기 때문이다. 예를 들어, 가장 권위 있는 연기 학교들은 지원 절차의 일부로서, 적어도 두 개의 대조적인 독백(보통 하나는 고전극, 하나는 현대극)을 준비하길 요구한다. 그래서 연기 수업은 종종 기초 훈련의 일부로 독백을 지정한다. 하지만 독백은 연기하기가 유난히 어려우며, 몇 가지 근본적인 문제들을 야기한다.

독백의 기본적인 문제는 "그 독백의 대상이 누구인가?"이다. 다른 식으로 말하면, 당신의 등장인물의 GOTE, 즉 당신의 '목표-다른 사람-전술-기대' 공식에서 '다른 사람'은 누구인가?

그 답은 모든 독백에서 당신은 '다른 사람'을 당신이 말하고 있는 대상과 동일시하고, 그런 다음 그 대상에게 당신의 독백을 연기해야 한다는 것이다. 독백은 단순히 또는 전적으로 혼잣말이 되어서는 절대 안 된다. 심지어 당신이 '생각을 입 밖에 내어 말할 때'조차, 당신은 '누군가에게' 또는 '누군가를 위해' 말해야 한다.

다른 누군가를 향한 독백

희곡에서 발췌한 독백으로 연기하는 대부분의 경우, 당신은 당신이 상상하는 존재로서의 사람들에게 말하고 있어야 한다. 이 경우, 우선 당신이 등장하는 장면에 실제로 '당신과 함께 그 장면에(또는 배경에)' 존재하는 것처럼 가상의 인물이나 인물들을 '배치하는' 것이 필요하다. 다시 말해, 그들을 '세트' 위에 두는 것이다.

다음에는 이런 가상의 인물들에게 연기할 구체적인 전술을 고안하거나 창조하고, 또한 그들의 '반응'에 따라 당신의 목표와 전술을 조정할 수 있도록 당신의 상상을 통해 당신의 전술에 대한 그들의 반응을 다시 '창조'할 필요가 있다.

그런 다음, 독백을 연기할 때는 이런 가상의 인물들을 통해 당신의 목표를 성취하도록 '정말로 노력할' 필요가 있다. 당신에게 반응하는 '진짜' 연기 상대가 있는 것처럼 당신의 전술들을 강렬하고도 정열적으로 수행할 필요가 있다. 당신의 가상의 상대들을 똑바로 쳐다보고, 기분 나쁘게 노려보고, 앞쪽으로 오라고 손짓할 필요가 있다. 이는 물론 일종의 '이중 상상'을 필요로 하고, 당신에게 당신의 배역을 연기할 뿐 아니라 당신의 상대역을 상상하도록 요구한다. 그러나 이 모든 것은 철저히 연기의 속성에 따른다.

방백

하지만 방백은 당신이 분명히 말하고 있는 대상과 동일시할 수 있는 '다른 사람'이 없다. 방백이 셰익스피어 연기에만 적용되는 문제라고 생각지 말라. 방백은 가장 현대적인 연극으로까지 이어올 정도로 긴 역사를 갖는다. 소포클레스, 몰리에르, 안톤 체호프, 베르톨트 브레히트, 아서 밀러, 테네시 윌리엄스, 사무엘 베케트, 유진 오닐, 랜퍼드 윌슨, 그리고 오늘날 대부분의 미국 극작가들도 방백을 사용한다. 때문에 당신은 분명 방백이 누구를 대상으로 말하는 것인가에 대한 질문을 대하게 될 것이다.

　셰익스피어, 브레히트, 윌슨, 그리고 많은 현대 극작가들의 작품에서, 방백은 종종 관객을 '다른 사람'으로 만들면서 관객에게 직접 전달되기도 하다. 이러한 방백에서 당신은 관객을 (한 사람씩 그리고 하나의 집단으로서) 똑바로 쳐다보고, 당신이 마치 연기 상대나 상대들에게 하는 것처럼 그들에게 직접 (매혹하고, 위협하고, 유인하는) 전술들을 사용할 수 있다. 이 경우, 방백은 **직접적으로 말하는 것**이라 할 수 있다. 예를 들어, 〈오셀로〉에서 이아고의 방백과 〈리처드 3세〉에서 리처드 왕의 방백은 분명 관객을 대상으로 하는 것이고, 이러한 등장인물의 분명한 목표는 관객의 감탄과 지지를 구하기 위한 것이다. **모든** 셰익스피어의 방백은 이런 식이라는 것이 (논쟁의 여지가 있더라도) 나의 개인적인 견해이며, 예를 들어, 햄릿은 자신의 방백을 하며 관객의 반응을 찾고 있는 것이다. "사느냐 죽느냐, 그것이 문제로다(당신들도 그렇게 생각하는가?)."[1] 배우가 손쉽게 자신의 GOTE를 관객에게 직접적으로 연기해 보일 수 있고, 관객과의 전술적 상호작용을 최대한으로 꾀할 수 있기 때문에, 적어도 이러한 견해는 적극적이고 매력적인 방백에 도움이 될 수 있다.

그렇지만 체호프의 작품들처럼 보다 사실적인 연극에서는 등장인물들이 대개 관객을 직접 똑바로 쳐다봐서는 안 되기 때문에, 방백은 일반적으로 '생각을 입 밖에 내어 말하는 것'으로 여겨진다. 이런 경우 사람들이 왜 생각을 입 밖에 내어 말하는지, 그리고 만일 당신도 그러하다면 **당신**이 왜 생각을 입 밖에 내어 말하는지, 그 이유를 곰곰이 생각해보는 것이 도움이 될 것이다.

생각을 입 밖에 내어 말하는 것이 간혹 기도의 한 형태일 때도 있다. 이런 경우 당신은 신이나 신의 대리인에게 말하고 있는 것으로 묘사될 것이다. 어떤 등장인물, 예를 들어 체호프의 〈갈매기〉에서 콘스탄틴은 자신의 문학적 명상에 잠겨 혼잣말을 하고 있다고 여겨질 수도 있다. 다른 등장인물은 천국에 있는 자신의 부모나 자신의 수호천사와 같은 유령이나 영혼에게 말하고 있을 수도 있다. 대부분의 사람들, 그리고 대부분의 극중 등장인물들은 때때로 신, 돌아가신 조상, 일시적으로 부재하는 역할 모델과 사랑하는 사람 등, 어떤 영적인 세계에서 온 여러 등장인물들 앞에서 스스로를 자각하는 것으로 여겨질 수 있다. 방백은 이러한 영적인 피조물들을 대상으로 한 것일 수 있다.

간혹 생각을 입 밖에 내어 말하는 것이 리허설의 한 형식일 때도 있다. 당신은 데이트 신청이나 아직 입 밖에 내지 않은 논쟁의 절정을 언젠가 누군가에게

---

1 셰익스피어 글로브 시어터Shakespeare's Globe Theatre의 좌우로 270도, 상하로 3층 관람석에서 발밑까지 배치된 객석에 둘러싸인 무대 전면에 배우가 서 있다면, 관객을 마주하지 않고 배우가 바라볼 수 있는 곳은 거의 없다고 할 것이다.

말할 생각으로 준비를 하고 있을지도 모른다. 이 경우 당신은 단순히 존재하지 않는 실재 인물에게 말하고 있는 것이다.

간혹 생각을 입 밖에 내어 말하는 것은 '그것이 어떻게 들리는지' 알아보기 위해 여러 가능성을 곰곰이 생각해보려는 시도이다. 모호한 생각을 단어들로 바꾸고, 그런 다음 말로 풀어내는 것은 우리가 우리의 생각을 체계화하는 과정일 수 있다. 이 경우 벽(주위의 상황)은 당신의 마음에 집중하는 것을 돕는 공명판이 될 수 있다. (한 명의 여자가 등장하는 윌리 러셀Willy Russell의 1인극 〈셜리 발렌타인 *Shirley Valentine*〉에서, 그 단 하나의 등장인물은 부엌을 배경으로 하는 첫 번째 막에서는 '벽'에, 그리고 바닷가를 배경으로 하는 두 번째 막에서는 '바위'에 대고 직접 말을 건다.)

등장인물이 '생각에 잠기며 말하는 것'은 허위 대상을 상대로 건네는 말일 수도 있다. 체호프는 종종 등장인물이 귀머거리나 잠자는 사람의 면전에서 방백을 하도록 한다. 그들이 듣고 이해할까? 우리는, 그리고 방백을 하는 등장인물은, 정확히 알지 못한다. 그래서 방백은 제대로 지각하지 못하는 등장인물에게 일종의 의미 없는 자장가처럼 들리는 생각의 발현이다.

그렇지만 모든 경우에서 방백은 단지 '당신 자신에게'가 아니라 **다른 누군가에게**(신, 뮤즈의 여신, 벽, 존재하지 않는 연인이나 적에게) 전달되는 한, 공명과 극

독백

이 세상에 방백 같은 것은 실제 없다. 예를 들어, 당신은 스스로에게 말할 수 없다. 당신이 옆 사람들에게 격렬히 얘기하고, 그래서 그들을 지치게 했을 때, 당신은 갑자기 관객에게 열정적으로 말하기 시작하고, 어리석게도 당신의 그러한 정신 상태로 인해 관객을 걱정시킨다.

—이언 저지Ian Judge*

---

* 1946~ . 영국 태생의 연극, 오페라, 뮤지컬 연출가. 1975년 왕립 셰익스피어 극단Royal Shakes-peare Company에서 작업을 시작한 이래로 활발한 작품 활동을 하고 있다.

적 의미를 동반할 것이다. 그러한 외부의 존재는 당신의 GOTE를 끌어들일 것이다. 그것은 대사를 위한 '다른 사람', 기대, 목표를 창조할 것이고, 당신이 목표 추구에 전술들을 사용하도록 유도할 것이다. 방백이나 독백은 단순히 명상이나 자기 도취가 되어서는 안 된다.

독백 또는 방백 연기

당신이 **관심 있어 하는** 견해를 가진 사람들, 당신이 구체적인 목표들을 달성하도록 도움을 줄 수 있는 행동을 하는 사람들 등, 최소한 한 명의 '다른' 사람 또는 사람들을 대상으로 하는 독백을 선택하라.

특정 장소에 그들을 '배치하라.' 당신이 관객 앞에서 독백을 연기하고 있다면, 그들을 당신과 관객 사이에, 또는 관객 속에, 또는 관객의 뒤편에 위치시켜라. 그 위치를 매우 구체적인 것으로 만들라. 각각의 등장인물에 해당하는 정확한 표적을 정하고, 그러한 표적(말하자면, '비상구' 표지 같은 것)을 등장인물로(등장인물처럼 보이는 것으로, 등장인물처럼 행동하는 것으로) 생각하라.

그렇게 '배치된' 사람들을 해당 공간의 다른 편에 각각 위치시킴으로써 구분하라. 당신이 (실재하는) 도팽Dauphin*과 당신의 (영적인) 신(가령, 〈성 잔 다르크 St. Joan〉에서의 독백의 대상) 모두에게 말하고 있다면, 그 '황태자'는 당신의 왼편에 앉아 있게 하고, 그 '신'은 당신의 오른편 위쪽에 위치시켜라.

관객 자체를 대상으로 하는 방백에서만 관객을 등장인물로서 이용하라. 예를 들어, 객석의 구성원들을 연극의 실제 배역처럼 이용하지는 말라.

독백이나 방백을 지난 강의의 장면 준비에서와 마찬가지로, 고조되는 행동

＊ 1349~1830년 왕조시대의 프랑스 황태자에게 붙이던 칭호.

과 절정에 유의하면서 서브씬, 비트, 전환 등으로 구분하라.

두 사람이 나누는 대화에서처럼 당신의 전술, 논쟁, 요구 등을 구축하는 장면이라 여기고, 독백이나 방백을 준비하고 연기하라. 가상의 연기 '상대들'로부터 당신이 상상했던 반응들을 '뛰어넘으려' 계획하라. 즉, 단순하게 행동하지 말고 상호작용을 하라. 당신의 독백이 갖는 권위는 상당 부분 당신이 정말로 '다른' 사람들(또는 신들이나 유령들)과 얘기를 나누고 있으며, 당신이 그들에게 실제 압박을 가하려 애쓰고 있다는 것을 우리가 얼마나 잘 믿게 만들 수 있는지에 달려 있다.

◆ 연습 28-1

독백 준비하기

연습 7-2로 돌아가라. 긴 대사들 가운데 하나를 골라 그 대사가 발췌된 희곡(또는 장면)을 읽고, 수업 중에 연기할 독백으로 준비하라. 위에서 언급한 원칙들을 따르라.

아무 희곡에서나 독백(긴 대사) 하나를 선택해, 준비하고 상연하라. 아무 희곡에서나 방백 하나를 선택해, 준비하고 상연하라.

요약

독백과 방백은 중요한 연기 연습이다. 두 경우 모두, 당신의 상상력을 이용해 그 대사의 직접적 혹은 간접적 대상이 되는 '다른' 사람 또는 사람들을 확인하고 창조하는 것이 필요하다. 방백은 이러한 가상의 '다른 사람들'과의 상호작용이어야 하며, 당신의 등장인물의 목표, 전술, 기대를 전달해야 한다. 그것은 또한 얼마나 분명히 표현되고 발음되는지와 관계없이 단순히 명상이 되어서는 안 된다.

맺는말 *L'Envoi*

랑부아*L'Envoi*는 일종의 "공은 이제 **당신** 쪽에 있다."라는 말로, 작가의 '맺는 말'을 의미하는 약간은 예스러운 문학적 용어이다. 그것은 또한 작가가 1인칭 문체로 되돌아가는 기회이기도 한데, 나도 지금부터 그럴 작정이다.

연기에 관한 문제들은 문화, 연극적 경험, 교육적 배경을 초월하며, 거의 모든 배우들에게서 나타난다. 훌륭한 배우들은 훈련, 기교, 본능, 헌신을 통해 자신들의 문제를 해결한다. 그들은 자신들의 작업에 시간을 투자한다. 나는 노련한 직업 배우들보다 더 열심히 하는 배우들을 본 적이 없다. 그들은 더 많은 경험을 하면 할수록, 더 많은 시간과 노력을 자신들의 연기에 투자하고, 기교와 기술의 문제에 대해 더 진지해진다.

이 책에 있는 강의들은 1년 과정으로 끝낼 수 있다. 하지만 장면 작업을 병행하면서 1년 반 또는 2년 과정으로 더 깊이 공부하는 것이 바람직하다. 몇몇 강의들은 현장에서 배우들의 연기력 향상에 기여할 것이며, 의심의 여지없이 어떤 배우들에게는 여기서 다뤘던 몇몇 영역들이 일생을 통해 해결해야 할 문제로 남을 것이다.

인간성 연구의 활동으로서나 자기 표현과 자아 확신의 수단으로서 연기를 공부하는 것, 그리고 배우와 연기 과정에 의해 실증된 것으로서 연극 예술을 공부하는 것은 모두 바람직한 목표들이다. 그것들 대부분은 **나의** 목표들이기도 하다. 배우로서, 연극 예술가로서, 생계를 이어갈 목적으로 연기를 공부하는 것

> ## 정말로 노력하라
>
> 당신의 작업은 전구를 끼우는 일 같아야 한다. 당신은 발꿈치를 들고 천장에 매달린 소켓에 전구를 끼우려 애쓰지만, 그것을 제대로 끼울 수 없다. 나는 연기도 마찬가지라고 생각한다. 당신은 목적을 이루어야 하지만, 그것은 항상 불완전하기 마련이다.
>
> —더스틴 호프만Dustin Hoffman*

＊ 1937~ . 미국 태생. 영화 〈졸업 *The Graduate*〉(1967), 〈빠삐용 *Papillon*〉(1973), 〈크레이머 대 크레이머 *Kramer vs. Kramer*〉(1979), 〈레인 맨 *Rain Man*〉(1988) 등에 출연. 〈레인 맨〉으로 아카데미 남우주연상 수상.

도 바람직한 목표이긴 마찬가지지만, 훨씬 더 어려운 목표이다.

나의 '맺는말'은 기본적으로 직업적 경력의 가능성들을 향해 《액팅 원 *Acting One*》 이상으로 계속 전진하고자 하는 배우들을 대상으로 한다. 이러한 경력은 엄청난 헌신과 희생을 요구한다. 오랜 시간이 걸리고, 작업 조건은 척박하고, 생활은 갈피를 못 잡고, 기회는 드물고, 보상은 언제나 목전에 있는 것처럼 보인다. 보수는 (있다 하더라도) 보잘것없고, 작업은 (있다 하더라도) 불규칙하다. 정책들은 넘쳐나지만 불공평하다.

이러한 조건들을 극복하려면 당신은 오디션, 즉석 대본읽기, 인터뷰, 리허설에서, 또는 다급하게 호출된 임시 대역 배우로서 즉각적으로 '대응'할 수 있는 견고한 연기 접근이 필요하다.

당신은 집중적이고 효율적인 작업 습관이 필요하며, 필요하다면 (**아무** 날이든) 하루 24시간 언제나 그럴 태세가 되어 있어야 할 필요가 있다.

당신은 이 세상 최고의 도구가 필요할 것이다. 그것이 없다면, 그것과 매우 근접한 것이 필요하다. 이에 해당하는 직업 배우들은 결국 몇 백 명에 불과한 반면, **수많은** 연기학교 학생들, 동호회 배우들, 그리고 은퇴한 풋볼 선수들과 인기 가수들이 있다.

당신은 충분히 계발된, 암암리에 무의식적으로 작동하고 자연스러워 보이는 뱀가죽처럼 당신의 연기 접근법에 밀착되어 있는 테크닉이 필요할 것이다.

당신은 여러 스타일의 말, 동작, 몸짓, 그리고 언뜻 보기에는 기이하고 우스꽝스럽게까지 보이는 행동으로 당신이 살고 있는 시대와는 다른 시대에서도 편안함을 느낄 필요가 있을 것이다. 당신은 또한, 연기 수업 교실과는 사뭇 다른 공공장소들(대형 야외 원형 극장, 비좁은 TV 스튜디오, 자유 형태의 실험적인 극장, 배역 담당 책임자의 사무실 등)에서 연기하는 것을 편안하게 느낄 필요가 있다.

당신은 각기 다른 등장인물들(뚱뚱한 사람, 마른 사람, 겁 많은 사람, 거만한 사람, 지배자, 노예, 승리자, 패배자, 벙어리, 돌연변이 등)에 대한 이해가 필요할 것이다. 그리고 그들 안에 얼마나 많은 **당신**이 있고, 당신 안에 얼마나 많은 그들이 있는지 알아야 할 것이다. 또한 당신은 발견에 대한 두려움 없이, 당신의 대담무쌍한 자유 안에서 즐거움으로 이 모든 것을 보여주는 방법을 배워야 한다.

당신은 경력을 관리하면서 동시에 예술성을 구축하는 방법, 또 매일 그리고 매년 부족함이 없으면서 지적으로 만족스러운 상태를 유지하는 방법을 알아야 한다.

당신은 연극에 대한, 연기뿐 아니라 희곡에 대한, 아이디어에 대한, 말에 대한, 심오하게 이끌어낸 등장인물과 감정에 대한, 대화의 리듬에 대한, 신체적 표현에 대한, 인간의 신체에 대한, 시에 대한, 뉘앙스에 대한, 심상에 대한, 그리고 인생 그 자체와 우리를 깨우칠 수 있는 모든 것에 대한 애정이 필요할 것이다.

당신은 **당신 자신**에게 가장 중요하고 가장 정확한 기준, 그리고 항상 그 기준에 다가가려는 의지가 필요할 것이다.

만일 이 모든 것들을 갖고 있으면서 말로 다할 수 없는 재능과 행운까지 뒤따른다면, 당신은 기회를 얻을 수 있다. 만일 당신이 이러한 것들을 엄청나게 갖고 있다면, 당신에게 더 많은 기회가 올 것이다. 나는 정말 당신이 잘되길 바란다. 당신의 성공을 위해 이 책을 바친다.

연기 용어 사전

주: 다음 용어들은 이 책에서 모두 사용되지는 않았지만, 연기를 공부하면서 계속 접할 수 있는 단어들이다. 모든 단어들은 연기와 연극의 관점에서만 기술되었다.

감정이입empathy　관객이 연극 속의 하나 또는 그 이상의 등장인물과 개인적으로 동화되는 감정. 배우로서 극중 등장인물과 느낌을 공유하며, 그를 염려하고 성원하는 관객의 수용력.

결과result　흔히 연극의 결말을 나타내는 것으로, 드러나기 전까지 배우는 이것을 염두에 두고 연기해서는 안 된다. "결과를 연기하지 말라."는 말은 연극의 내용상 당신이 결국 실패할지라도 당신이 성공할 것처럼 연기하라는 것을 의미한다. 연출가는 흔히 "결과가 아닌 액션을 연기하라."고 지시한다. '기대' 참조.

고조lift　대사를 전달할 때, 특정 음절의 음의 높낮이를 올리는 것.

공명resonance　목구멍과 콧구멍을 통해 '울려 퍼지는' 음성. 공명은 성음을 증폭시키고 강도, 음조, 음색, 개인적 특성을 부여한다.

관심의 표적targets of attention　등장인물이 집중하는 사람, 장소, 또는 사물.

교감communion　공연 중인 배우들 사이의 완전한 정서적 관계를 이루는 바람직한 상태를 일컫는 스타니슬라프스키의 용어.

기대expectation　이 책에 사용되었듯이, 목표 성취가 가능하다는 자신의 등장인물의 믿음에 대해 (배우가 대본을 읽고 실패로 귀착된다는 사실을 알게 되더라도) 배우도 그렇게 되리라고 여기는 것. 공연 중에 배우에게 활력을 불어넣고 관객의 감정이입을 일으키는 기법.

끝억양end-inflection　대사나 단어의 마지막에 오는 억양. 끝억양의 상승은 행동과 생각을 추진하는 경향이 있는 반면, 끝억양의 하강은 그것들을 결론짓는 경향이 있다.

내면 액션inner action   배우의 말이나 외면 동작으로는 단순히 묘사될 수 없는 연극의 액션. 이것은 마음의 결정, 심기 변화, 정서적 동요 등을 포함한다.

눈속임cheating out(cheating)   당신이 대화하고 있는 등장인물을 바라보는 것처럼 보이면서 몸을 약간 관객 쪽으로 향하는 것. 당신의 얼굴이 관객에게 더 잘 보이도록 연출가는 이를 지시할 수 있다. 이는 일반화되어 있는 무대 기법이긴 하지만, 배우들 간의 개인적 상호작용의 강도를 심하게 훼손하기도 한다.

대사 큐line cue   구체적으로, 당신의 대사에 선행하는 마지막 대사의 마지막 음절.

도취indulging   공연 중에 감정에 사로잡혀 단순히 관객에게 당연한 것으로 여겨지는 극적 충격을 줄 목적으로 그런 감정 상태를 유지하는 것. 이는 액션을 발전시키거나 이에 도움을 주지 않는 연기상의 결함으로 여겨짐.

독백soliloquy   보통 무대 위에 아무도 없을 때 관객에게 직접적으로 전달되는 화법. 고대 연극과 엘리자베스 여왕 시대의 연극뿐 아니라 현대 연극에서도 종종 사용된다. 대개 관객에게 직접 말하는 식으로 연기되고, 때로는 관객의 면전에서 등장인물의 생각을 큰 소리로 밝히는 식으로 연기된다.

'매직 이프'Magic If   스타니슬라프스키가 창안한 용어. 배우가 '마치'as if 등장인물의 상황에 놓인 것처럼 연기하는 것. 줄리엣을 연기할 때, 당신은 '마치' 로미오를 연기하는 배우와 사랑에 빠진 것처럼 연기한다. 햄릿을 연기할 때, 당신은 '마치' 당신과 마주한 여배우가 당신이 학교를 자퇴하고 집에 있기를 바라는 당신의 어머니인 것처럼 연기한다.

모멘트-투-모멘트moment-to-moment   각각의 개별적 순간에서의, 그리고 '시시각각으로' 발생하는 상황의 미세한 변화 속에서의 장면 또는 연극의 액션. 일반적으로 보다 보편적이고 불변하는 상태 또는 상대적으로 안정된 등장인물의 태도와 대조적으로 사용된다.

목적objective   스타니슬라프스키의 용어 자다차zadacha(problem)의 가장 흔한 번역. '목표' 참조.

목표goal   이 책에서 사용되었듯이, 어느 일정 순간에 등장인물이 추구하는 대상. 등장인물이 성취하길 바라는 것. 스타니슬라프스키의 옛 번역서에는 '목적'으로 표기. 또한 경우에 따라 의도 또는 (의도된) 승리victory라고도 함.

묘기virtuosity　연기 또는 모든 공연 예술에서의 훌륭한 기교.

무대 오른쪽stage right　배우의 오른쪽. '무대 왼쪽' 참조. (객석에서 무대를 보았을 때 무대의 왼쪽을 하수下手라고도 함—옮긴이)

무대 왼쪽stage left　프로시니엄 극장에서 배우가 관객을 마주한 상태에서 배우의 왼쪽. "왼쪽으로 이동하라."고 연출가가 무대 위의 배우에게 지시하면, 그것은 당신의(배우의) 왼쪽으로 이동하라는 뜻. (객석에서 무대를 보았을 때 무대의 오른쪽을 상수上手라고도 함—옮긴이)

방백aside　등장인물이 관객에게 직접 전달하는 짧은(흔히 재치 있는) 말. 무대 위의 다른 등장 인물들은 이 말을 듣지 않는다고 가정. 16~19세기 희극에 주로 사용된 공연 기법. '독백' 참조.

블로킹blocking　무대 위에서 배우들의 주요 움직임(입장, 퇴장, 무대 가로지르기, 앉기, 서기, 계단 오르내리기 등)을 정하는 것. 완전한 형태의 연극 공연에서는 흔히 연출가가 결정한다.

비트beat　액션의 최소 단위. 스타니슬라프스키의 문하생이었던 리처드 볼레슬라프스키 Richard Boleslavsky가 자신의 연기 수업에서 배우의 액션의 각각의 작은 조각을 가리키는 'bit'를 폴란드 식 말투로 발음한 것에서 유래되었다고 전해짐. 한편 무대 지시문에 사용될 경우, 대화 중에 있는 짧지만 의미심장한 사이pause, 즉 "말하기 전에 한 박자beat 기다려라."의 줄임말.

사실적인real　무대 위에서의 연기이지만 배우에 의해 충분히 체험된, 관객에게 진짜 인간의 행위로 확신시키는 연기. 여기서 인용 부호를 사용한 이유는, 실제로 연기는 항상 부분적으로 환영illusion이고, 연기의 '현실' reality은 그것이 얼마나 자연스럽게 보이든 간에 항상 일정 부분 인위적이기 때문이다. 극장에서 배우가 등장하고 동시에 관객이 이를 본다는 것은 사실상 연극적 장치의 시작이라고 할 수 있다. 하지만 "좀 더 사실적이 되라."는 연출가의 빈번한 요구 사항 중의 하나이며, 그 밖의 유사 표현으로는 "이것을 좀 더 체험해보라." 또는 "자신을 좀 더 몰입시켜라." 등이 있다. (혹은 빈정대는 연출가는 "좀 더 사실적인 것처럼 보이게 해라."라고 할 수 있다.)

사실주의적realistic　일반적으로, 하지만 동일하지는 않게 '자연주의적'을 의미. 경우에 따라 내보이기도 하지만, 대부분의 관점에서 일상적인 삶과 흡사한 연기(연극).

서브텍스트subtext 등장인물의 내면 액션과 언급되지 않은 목표로 이루어진 극본의 숨겨진 의미.

성대vocal fold(vocal cord) 적당한 자극을 받아 소리를 생성하는 목구멍 안의 발성기관을 지칭하는 용어.

소도구props 또는 **소품**properties 크기가 작고 (대개) 휴대 가능한 물건들. 예를 들어, 공연 중에 배우에 의해 사용되는 빗, 권총, 회중시계, 전화기 등.

스리쿼터three-quarters 배우가 자신의 옆에 있는 배우와 관객의 중간 지점을 향하는 프로시니엄 극장에서의 무대 자세. 따라서 관객은 배우의 정면의 4분의 3을 보게 된다. '눈 속임' 참조.

스타니슬라프스키Stanislavsky 콘스탄틴 스타니슬라프스키Konstantin Stanislavsky, 러시아 태생(1863~1938). 세계 최초의 체계화된 연기 연구로 잘 알려진 모스크바 예술 극장Moscow Art Theatre의 공동 설립자 겸 연출가.

스테이크stakes 연기를 할 때의 정서 수준. 이 용어가 유래된 포커 게임(여기서 stake는 내기 또는 내기 돈을 의미—옮긴이)에서와 마찬가지로, 연기에서 '스테이크 높이기'는 당신이 잃을 것도 많고 얻을 것도 많다는 것을 의미한다. 따라서 당신은 목표를 성취하는 데 정서적으로 보다 더 전념하게 된다.

스트라스버그Strasberg 리 스트라스버그Lee Strasberg, 오스트리아 태생(1901~1982). 액터스 스튜디오Actors Studio(스타니슬라프스키 식의 연기 훈련 방식이 도입되어 1947년에 설립된 뉴욕의 배우 양성 기관—옮긴이)의 연기 교사 겸 예술 감독. 스타니슬라프스키의 초기 이론에 근거한 연기 접근법인 메소드 연기Method acting를 개발했다.

시선 접촉eye contact 두 배우가 서로의 눈을 바라보는 것.

실용 소도구 또는 **실용 소품**practical props 공연 중에 실제로 작동되어야 하는 소도구들. 예를 들어, 공연 중에 작동하는 것으로 보이는 텔레비전이나 휴대전화.

아크arc(배역의 of a role) 연극 공연에서 등장인물의 전반적인 행동, 그리고 연극이 진행되는 동안 등장인물이 변화하고 발전하는 양상.

액션action 배우가 무대 위에서 행하는 모든 것. 외면 액션outward action(줄리엣 앞에서 무릎을 꿇는 로미오)과 내면 액션inner action(줄리엣과 사랑에 빠지는 로미오)으로 구분.

액션 큐action cue 당신의 대사에 선행하는 대사 중의 한 단어로, 주로 당신이 이것에 반응하여 말하도록 자극.

억양inflection   말해지는 대사 안에서의 음조의 변화.

업스테이징upstaging   시선 접촉 또는 실재 대화라는 착각을 유지하기 위해 장면에 함께 등장하는 배우의 시선이 후면무대를 향하도록 의도적으로 상대 배우의 후면무대 쪽으로 이동하는 것. 이러한 목적으로 행해진다면, 이는 프리마 돈나에게 걸맞은 이기적인 행동으로 간주됨.

위협 전술threatening tactic   등장인물이 힘, 폭력, 협박을 수반하여 목표를 성취하기 위해 사용하는 전술. 거의 모든 등장인물들이 어느 시점에선가는 위협 전술을 사용한다고 볼 수 있으나, 그들 중 대부분은 유도 전술을 더 빈번하게 사용한다.

유도 전술inductive tactic   다른 등장인물(배우)의 행동에 변화를 유도하려는 상호작용상의 전술이며, 미소 짓기, 편들기, 부추기기, 유혹하기 등이 있다. '위협 전술' 참조.

의도intention   '목표' 참조.

일상동작business 또는 **무대 일상동작**stage business   배우가 흔히 소도구를 사용하여 만드는 손동작 또는 다른 작은 동작으로, 보통은 플롯에 부차적이지만 실감 나는 행위를 전달. 예를 들어, 독서용 안경을 착용하고, 담배에 불을 붙여 피우고, 책장의 먼지를 터는 행위. 연기에 성격과 세부사항을 부여하기 위해 배우와 연출가가 결정한다.

자연주의적naturalistic   무대 위에서 가급적 일상적인 삶을 표현하려는 극적 (연기) 양식.

재현적인representational   '제시적인'과 상반되는 개념으로, 본질적으로 극적 등장인물의 연극적 제시가 아닌 인간적 재현을 추구하는 연기. 그러나 그 차이는 일반적으로 단순한 반대 개념이 아닌 정도의 문제이다.

전면무대downstage   프로시니엄 극장에서 관객과 가장 가까이 있는 무대의 앞부분.

전술tactics   이 책에서는 등장인물이 그의 목표를 성취하기 위해 사용하는 수단. 전술은 유도적inductive일 수도 있고, 위협적threatening일 수도 있다.

정서 기억emotional memory   배역을 연기하며 당신 자신의 감정을 자극할 수도 있다는 기대에서, 흔히 대용물의 도움으로 공연 중에 자신의 삶을 재현하는 상황. 이는 아주 오래된 기법으로, 스타니슬라프스키는 자신의 초기 저서에서 그 중요성을 부각시켰으나, 이후 이를 등한시했음. affective memory 또는 emotional recall이라고도 함.

제시적인presentational   대사가 단순히 등장인물들 간의 대화라는 환상을 주지 않고 관객에게 공개적으로 '제시되는' 연기. 자연주의 연극에서 보통 연기상의 결함으로 간주되지만, 다른 형식의 연극에서는 그렇지 않을 수도 있다. 독백, 방백, 테이크와 많은 뮤지컬 곡들은 관객들에게 공개적으로 제시된다고 할 수 있다.

즉흥연기improvisation 　정해진 대본 없이 하는 연기. 당신 자신이 즉흥적으로 만들어낸 단어들만으로 등장인물의 행동을 연기하는 것. 종종 리허설 기법으로 사용되기도 하고, 때로는 그 자체로서 연극 형식으로 사용되기도 함.

지시pointing 　사람(장소, 사물)을 한 손가락으로, 손을 펼쳐, 머리를 치켜들어, 또는 다른 몸짓으로 물리적으로 가리키는 것. 흔히 의도된 사람(장소, 사물)을 강조함.

척주spine 　'초목적' 참조.

초목적superobjective 　전체 연극을 통해 등장인물의 장기적인 목표를 나타내는 스타니슬라프스키의 용어(원어로는 sverkhzadacha〔superproblem〕) 때때로 배역의 척주spine라고도 불림.

치환substitution 　사실적인 감정을 자극하기 위해 실제 연기 상대 또는 연극의 상황을 대신할 현실에서의 사람 또는 사건을 의식적으로 상상하는 것. 흔히 정서 기억 기법에서 사용된다.

큐cue 　일반적으로, 당신에게 말하라고 '신호하는' 당신의 대사에 선행하는 대사. '액션 큐'와 '대사 큐' 참조.

테이크take 　명사로 사용될 경우, 관객이나 다른 배우에게 보이는 약거나, 짓궂거나, 우스꽝스런 표정. 소극farce, 笑劇과 코메디아 델라르테commedia dell'arte(즉흥 가면 희극. 16세기 중반 베네치아와 롬바르디아 근교에서 발생한 이탈리아의 연극 형태—옮긴이)에서 흔히 사용되는 제시적인 기법의 하나.

표시indicating 　무대 위에서 감정을 체험하기보다는 내보이는 것. 이는 연기상의 결함으로 여겨지며, 관객은 그 감정이 연극의 액션에서 비롯되는 것이 아니라 감정을 단순히 겉으로 내보이려는, 즉 등장인물의 감정을 기계적인 방식으로 단순히 '나타내려는' 배우의 욕망에서 비롯된다는 사실을 알게 된다.

프로시니엄 극장proscenium theatre 　기술적으로는, 관객과 무대를 구분하는 프로시니엄 아치arch를 가진 극장. 이 용어사전에서는 보다 일반적으로, 관객이 단지 연기 행위를 일방적으로 접하게 되는 무대 환경을 묘사한다.

프리마 돈나prima donna   동료 배우들 사이에서 감정을 언짢게 하는 거만하고 이기적인 남자 또는 여자 배우. 말 그대로는 '첫 번째 여인'을 의미하며, 과장된 연기를 요하는 오페라에서 유래한 용어.

후면무대upstage   '전면무대'의 반대. 프로시니엄 극장에서 무대의 뒷부분으로, 관객으로부터 가장 멀리 있는 부분. 무대 뒤쪽이 앞쪽보다 높은, 관객 쪽으로 기울어진('경사진') 무대를 사용했던 18세기에서 유래된 용어.

옮긴이의 글

《액팅 원 *Acting One*》은 내가 미국의 대학에 입학하여 첫 연기 수업의 교재로 사용했던 책이다. 당시 나는 이 책의 초판이 발행되자마자 첫 혜택을 입은 축복받은 학생들 가운데 하나였다. 또 저자 로버트 코헨은 내가 국내 대학 연극반 시절 난생 처음 읽은 연극 관련 원서 《연극 *Theatre*》의 저자이기도 하다. 이 두 권의 책은 내게 연극이란 무엇인지를 깨우쳐주고 이 분야로 첫 발을 내디딜 수 있게 해준 첫사랑의 감동과도 같은 존재이다. 비록 간접적이긴 하지만, 저자와의 만남은 이렇게 각별했다.

나는 이 책과의 첫 만남 이후 번역의 필요성을 마음속으로만 간직해오다가, 지난 2000년 무렵 막연한 의지를 가지고 틈틈이 작업을 시작했다. 하지만 출판사와 계약을 맺고 서둘러 번역을 해오던 중 대폭 보완된 개정 4판이 나오면서 작업은 간헐적으로 진행되었고, 급기야는 이러저러한 이유로 한동안 손을 놓고 있었다.

그러다가 2005년 겨울, 원서와 본격적인 씨름을 하면서부터 이 책을 처음 접했을 때 받은 감동이 어느새 역경으로 변질되기 시작했다. 한마디로 겁 없이 덤벼들었다가 호되게 당한 꼴이었다. 번역 작업이 이렇게 고될 줄이야! 마음속 깊숙이 간직한 첫사랑의 감동 때문이었는지 유학 초기의 변변치 못한 영어 실력으로도 이 책을 읽고 이해하는 데 큰 어려움이 없었던 것으로 기억한다. 그런데 당시의 감동이 이제는 사라져버린 탓인지 이를 우리말로 옮기는 작업은 내

예상과는 전혀 달랐다.

　문제의 발단은 무엇보다 연극에 대한 나의 부족한 이해와 지식에서 비롯되었다. 이 책에는 다양한 희곡에서 발췌한 많은 예문들이 포함되어 있는데, 나에게 생소한 몇몇 희곡들은 출판된 번역 희곡들을 일부 참조하긴 했지만, 경우에 따라서는 작품의 맥락을 알기 위해 원작 전체를 찾아 읽어야 하는 번거로움을 감수해야 했다. 게다가 저자의 의도에 부합하도록 번역하는 일은 또 다른 골칫거리였다. 통상적 번역으로는 원문의 취지를 살릴 수 없는 경우, 껄끄럽지만 곧이곧대로 직역해야 하는 경우도 있었다. 또 우리말과 영어의 어순이 다르다는 사실도 큰 걸림돌이었다. 예를 들어, 액션 큐와 대사 큐에 관한 대목에서 우리말로 번역된 대사에서는 대사 큐가 액션 큐보다 먼저 나오는 문제 등을 해결해야 했다.

　한편 이 책은 기본적으로 영어권 독자를 대상으로 한 것이기에, 우리 현실에 그대로 적용하는 데 무리가 따르는 부분도 있다. 특히 발음과 화술에 관련된 부분이 그러한데, f, th, z와 같이 우리말에는 없는 발음과, 강세와 억양처럼 우리말에는 적용하기 힘든 내용도 있다. 특히 제2강의 미국 국기를 대상으로 하는 '충성 서약' 연습의 경우 더욱더 그렇다. 우리나라의 '국기에 대한 맹세'로 바꿔도 보고, 심지어 해당 강의를 완전히 들어내는 방법도 고려해봤지만, 변형하거나 생략해버리기에는 너무 아까운 내용이었다. 이 연습을 포함해 발음과 화술에 관련된 내용은 이 책의 독자(연기자와 지도교사)가 적절히 변형, 활용할 수 있을 것이라 기대한다.

　이 책은 나의 첫 경험과 마찬가지로 미래의 연기자를 꿈꾸는 초보 배우에게 자신의 잠재력을 일깨우고 깊은 감동의 기회를 부여하는 자양분이 될 것이다. 한편 다양한 연기 분야에서 이미 활동 중인 직업 배우에게는 연기에 대한 새로운 안목과 더 나은 연기를 위한 활력소가 될 것이다. 더 나아가서 이 책은 연기라는 뚜렷한 목표Goal를 가지고 다른 사람들Other과 함께, 다른 사람들을 위해, 다른 사람들로부터 목표를 추구해야 하는 배우에게 자신의 목표를 이루기 위한 유용한 전술Tactic과 확신에 찬 기대감Expectation을 부여할 것이라 믿는다.

《액팅 원》은 1984년 초판 발행 이후 1992, 1998, 2002, 2008년 네 차례의 개정을 거쳤다. 2006년 우리나라에서 번역 출간한 초판은 개정 4판을, 그리고 이번에 펴내는 개정증보판은 개정 5판을 수정, 보완하여 새롭게 다듬은 것이다.

이 책의 필요성을 느끼게 해준 모든 학생 배우들에게 이 책을 바친다.

2012년 1월

박지홍

찾아보기